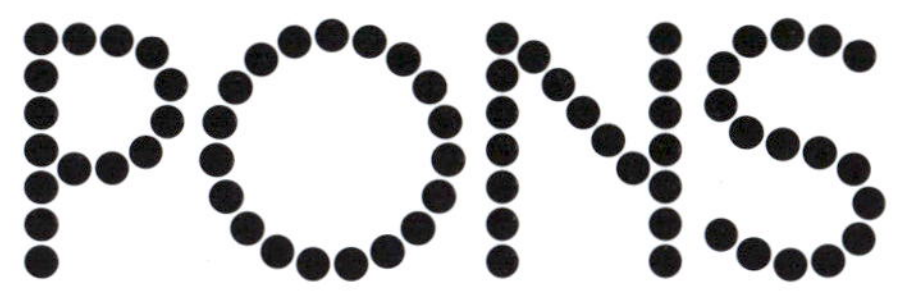

Praxis-Grammatik
ITALIENISCH

von
Beatrice Rovere-Fenati

PONS

Praxis-Grammatik
ITALIENISCH

von
Beatrice Rovere-Fenati

Basiert auf ISBN 978-3-12-562217-3.

Der digitale Zugang zu den online angebotenen Zusatzmaterialien ist für zwei Jahre ab dem Jahr der Erstauflage dieses Buches gewährleistet.

2. Auflage 2025

Redaktion: Susanne Magnani
Online-Übungen: Marisa Silvestri, Beate Stern
Logoentwurf: Erwin Poell, Heidelberg
Logoüberarbeitung: Sabine Redlin, Ludwigsburg
Innenlayout: BÜRO CAÏRO, Stuttgart
Layoutüberarbeitung: one pm, Petra Michel, Stuttgart
Satz: Satzkasten, Stuttgart
Druck und Bindung: Multiprint Ltd., Kostinbrod

ISBN: 978-3-12-566002-1

So benutzen Sie dieses Buch

Sie möchten Ihre italienischen Grammatikkenntnisse verbessern oder bereits Gelerntes wiederholen, trainieren und vertiefen? Oder auch nur schnell etwas nachschlagen? Die Praxis-Grammatik Italienisch hilft Ihnen dabei: mit **einfachen Erklärungen**, einem übersichtlichen Aufbau und vielen Übungen.

Mit dieser ausführlichen Grammatik können Sie sich die Grammatikkenntnisse bis Niveau C1 des Europäischen Referenzrahmens aneignen, d. h. alle wesentlichen Themen der italienischen Grammatik kommen hier zur Sprache.

Zusätzlich finden Sie zu allen Grammatik-Themen, die in diesem Buch behandelt werden, unter **www.pons.de/grammatik** mehr als 120 **Online-Übungen**, mit denen Sie noch sicherer in der Sprache werden. Auf der Innenseite des vorderen Buchdeckels wird Ihnen Schritt für Schritt erklärt, wie Sie zum PONS-Grammatikportal gelangen.

Das Aussprachetraining

Diese Grammatik bietet Ihnen ein spezielles Aussprachetraining zum Hören und Mitsprechen für die italienische Sprache. Hierbei trainieren Sie insbesondere die typischen Laute des Italienischen, aber auch die Satzmelodie.

Die MP3-Hördateien finden Sie zum Downloaden unter **www.pons.de/praxisgrammatik-it**

Der Aufbau eines Kapitels

In **Mini-Dialogen** oder kurzen Texten wird Ihnen zunächst das grammatische Phänomen in einem alltäglichen Zusammenhang vorgestellt.

Leicht verständliche Regeln, übersichtliche Tabellen und **ausführliche Infokästen** vermitteln Ihnen schnell sichere Kenntnisse.

Viele **praktische, realitätsnahe Beispiele** zeigen Ihnen, wie das grammatische Phänomen richtig angewendet wird.

In den zahlreichen **Übungen** können Sie das Erlernte selbst anwenden. Dabei ist der Schwierigkeitsgrad einer Übung jeweils durch Punkte gekennzeichnet:

● = einfache Übung
●● = mittelschwere Übung
●●● = schwierige Übung
●●●● = Experten-Übung

So können Sie selbst auf einfache Weise Ihren Lernfortschritt überprüfen.

In den Randspalten finden Sie jede Menge nützlicher **Tipps** und Informationen zum richtigen Sprachgebrauch:

- einführende Erklärungen zum grammatischen Phänomen
- Lerntipps und ergänzende Hinweise
- wichtige Ausnahmen und Stolpersteine
- Verweise zu anderen Grammatik-Kapiteln
- Wortschatz- und Übersetzungshilfen

Der Anhang

Zu allen Übungen im Buch finden Sie ab Seite 278 die **Lösungen**.

In der **alphabetischen Wortliste** können Sie sämtliche italienischen Wörter nachschlagen, sofern sie nicht direkt im Kapitel übersetzt werden. Ganz nebenbei können Sie so auch Ihren Wortschatz ein wenig erweitern.

Das **Sach- und Stichwortverzeichnis** am Ende des Buches erleichtert Ihnen das Auffinden bestimmter Begriffe in der Grammatik. Wichtige Themen sind zur schnelleren Orientierung farbig hervorgehoben.

Viel Erfolg beim Nachschlagen, Lernen und Üben wünscht Ihnen die PONS-Redaktion!

INHALT

AUSSPRACHETRAINING

Die allermeisten Laute der italienischen Sprache sollten Sie relativ problemlos aussprechen können, da sie sowohl in deutschen als auch in Fremdwörtern vorkommen. Dennoch gibt es einige Herausforderungen, die es zu beachten gilt. So werden z. B. die Laute **c**, **g** und **sc** vor den Vokalen **e** und **i** anders ausgesprochen als vor **a**, **o** und **u**. Vergleichen Sie z. B. **camera** (mit einem **k**-Laut) und **cinema** (mit einem Zischlaut wie in *Tschüss*). Auch die Lautkombinationen **gli** und **gn** sind ganz typisch für den Klang der italienischen Sprache. Und sehr wichtig ist außerdem die korrekte Betonung der Wörter, da es sonst zu Bedeutungsveränderungen kommen kann.
Mit diesem Aussprachetrainer erlernen, üben und meistern Sie das italienische Lautsystem, angefangen von den einzelnen Lauten und Lautkombinationen bis hin zu Wortbetonungen und der Sprachmelodie.

Wo finde ich das Aussprachetraining?

Die MP3-Hördateien zum Aussprachetraining finden Sie zum Downloaden unter
www.pons.de/praxisgrammatik-it
Dort finden Sie auch das dazugehörige PDF.

Wie lerne ich mit dem Aussprachetraining?

Das Aussprachetraining können Sie komplett nur durch Anhören der Audioaufnahmen machen. Sie bekommen in den Aufnahmen alles zur Aussprache erklärt und werden immer wieder aufgefordert nachzusprechen. So erlernen und verbessern Sie schnell Ihre italienische Aussprache.
Sie finden das gesamte Aussprachetraining aber auch als PDF zum Herunterladen und Mitlesen. Das Lesen hilft vor allem dabei, sich die Unterschiede zwischen Schreibung und Aussprache einzuprägen.

Was enthält das Aussprachetraining?

Im Folgenden finden Sie die Inhaltsangabe des Aussprachetrainings, so dass Sie sich auch gezielt einzelne Themen heraussuchen können. Die Angaben in Klammern weisen auf den entsprechenden Audiotrack hin, unter dem Sie das Thema finden.

1. Einstieg (Tr. 1 - 2)

2. Schritt für Schritt - Die italienischen Laute (Tr. 3)

2.1 Die Vokale

- Die Vokale **a**, **i** und **u** **(Tr. 5)**
- Die Vokale **e** und **o** **(Tr. 6)**
- Zwei aufeinanderfolgende Vokale **(Tr. 7 - 9)**
- Drei bis vier aufeinanderfolgende Vokale **(Tr. 10)**

2.2 Die Konsonanten

- Die Konsonanten **p** und **t** **(Tr. 12)**
- Der Konsonant **h** **(Tr. 13)**
- Der Konsonant **q** **(Tr. 14)**
- Das rollende **r** **(Tr. 15)**
- Der Konsonant **v** **(Tr. 16)**
- Der Konsonant **s** + Vokal **(Tr. 17)**
- Die Verbindung **s** + Konsonant **(Tr. 18)**
- Der Konsonant **z** **(Tr. 19)**
- Der Konsonant **c** **(Tr. 20)**
- Der Konsonant **g** **(Tr. 21)**
- Die Kombination **s c** **(Tr. 22)**
- Übungen zu den **c-**, **g-** und **sc-**Lauten **(Tr. 23)**
- Die Kombinationen **gli** und **gn** **(Tr. 24)**
- Die Doppelkonsonanten **(Tr. 25)**
- Die Buchstaben **j**, **w**, **x** und **y** **(Tr. 26)**

3. Vom Wort zum Satz

- Die Betonung der Wörter **(Tr. 28 - 29)**
- Die Aussage- und Fragesätze **(Tr. 30 - 31)**

4. Meisterklasse

- Aussprachefehler mit Konsequenzen **(Tr. 33 - 34)**
- Zungenbrecher **(Tr. 35 - 37)**
- Betonungsfehler mit Konsequenzen **(Tr. 38 - 41)**
- Verben mit Veränderung bei der Aussprache **(Tr. 43 - 44)**
- Substantive mit Veränderung bei der Aussprache **(Tr. 45)**
- Auslassungen beim Schreiben **(Tr. 46)**
- Zusammenfassung **(Tr. 47 - 49)**

1 DER ARTIKEL

Der bestimmte Artikel

Il, **lo**, **l'** oder **la**?
I, **gli** oder **le**?

Welche Form Sie nehmen müssen, hängt vom Geschlecht des Substantivs (männlich, weiblich) und von seinem Anfangsbuchstaben ab.

Formen

1. Vor männlichen Substantiven

Einzahl	Mehrzahl	Bei männlichen Substantiven:
il mese, cane, tè	**i** mesi, cani, tè	verwenden Sie **il** in der Einzahl und **i** in der Mehrzahl, wenn die Substantive mit einem Konsonanten beginnen.
lo studio, specchio, zio	**gli** studi, specchi, zii	nehmen Sie **lo** in der Einzahl und **gli** in der Mehrzahl, wenn sie mit **s** + Konsonant oder mit **z** beginnen.
l' amico, elefante, ufficio	**gli** amici, elefanti, uffici	steht **l'** in der Einzahl und **gli** in der Mehrzahl, wenn das Substantiv mit einem Vokal beginnt.

männliche Substantive S. 22

Die Formen **lo** bzw. **gli** finden Sie auch bei Wörtern wie **lo ps**icologo, **lo y**acht, **lo x**ilofono, **gli gn**occhi, also bei männlichen Substantiven, die mit **pn**, **ps**, **y**, **x** oder **gn** beginnen. Oft werden Sie auf solche Wörter allerdings nicht stoßen.

lo specchio – *der Spiegel*

lo zio – *der Onkel*

l'ufficio – *das Büro*

lo xilofono – *das Xylofon*

Das Brot, den Zucker, das Wasser und das Fleisch habe ich im Supermarkt gekauft; die Paprikaschoten, den Spinat und die Auberginen hingegen auf dem Markt.

weibliche Substantive S. 23

2. Vor weiblichen Substantiven

Einzahl	Mehrzahl	Bei weiblichen Substantiven:
la casa madre bambina	**le** case madri bambine	verwenden Sie in der Einzahl **la**, wenn das Substantiv mit einem Konsonanten beginnt und
l' amica idea ora	**le** amiche idee ore	**l'**, wenn es mit einem Vokal (**a**, **e**, **i**, **o**, **u**) anfängt. In der Mehrzahl steht immer **le**!

Wenn zwischen Artikel und Substantiv ein Adjektiv tritt, richtet sich die Form des Artikels nach dem Geschlecht des Substantivs und nach dem Anfangsbuchstaben des Adjektivs:

il film – **lo st**esso film – **l'u**ltimo film
l'idea – **la s**tessa idea

Gebrauch

Lassen Sie den Artikel weg, wenn Sie die Person ansprechen:

Buongiorno **professore Costa**, come sta?

- Es gibt Fälle, in denen im Italienischen der bestimmte Artikel steht und im Deutschen nicht:

Ieri ho visto **il** signor Busi e **la** signora Merli.
Sai dove abita **la** professoressa Marello?

- Der Artikel steht vor **signor**, **signora**, **signorina** + Name sowie vor Titel + Name, wenn Sie über die Person sprechen.

La mia macchina è rossa.
Stasera vado al cinema con **i** miei amici.

Possessivpronomen S. 51

- Anders als im Deutschen verwendet man den Artikel auch in Verbindung mit dem Possessivpronomen.

Normalmente **la** domenica vado dai miei genitori.
Domenica prossima però vado al mare con alcuni amici.
La sera torno a casa tardi. **Ieri sera** invece ero a casa alle sette.

- Wenn Sie sagen wollen, dass Sie etwas regelmäßig an bestimmten Wochentagen oder zu bestimmten Tageszeiten tun, setzen Sie den bestimmten Artikel. Ansonsten lassen Sie ihn weg.

— Che ora è? — Sono **le** quattro.
Se partiamo verso **l'**una arriviamo dopo **mezzanotte**.

- Wenn Sie die Uhrzeit angeben, benutzen Sie den bestimmten Artikel. Nur bei **mezzanotte** und **mezzogiorno** müssen Sie ihn weglassen!

Der Artikel fällt weg, wenn **in** vor dem Substantiv steht: Quando andate **in** Francia?

Mi piacerebbe vedere **l'**America.
— Ti piace **l'**Italia? — Sì, soprattutto **la** Toscana e **la** Sicilia.

- Der bestimmte Artikel steht bei Kontinenten, Ländern, Regionen und größeren Inseln.

Lea ha **i** capelli corti, **gli** occhi chiari e porta **gli** occhiali.
Fausto ha **le** spalle larghe e **le** braccia muscolose.

- Sie benutzen den bestimmten Artikel bei der Beschreibung von Körperteilen und sonstigen äußeren Merkmalen einer Person ...

Lea non porta mai **i** jeans.
Se vai dal direttore devi mettere **la** cravatta.

- ... sowie bei Kleidungsstücken, wenn damit eine Kleidungsart gemeint ist.

La frutta e **la** verdura fanno bene.
Ascolto volentieri **il** jazz e **la** musica leggera.
— A te piace **l'**opera? — Sì, ma preferisco **l'**operetta.

- Ferner steht der bestimmte Artikel bei verallgemeinernden Aussagen und wenn mit einem Substantiv eine ganze Gattung gemeint ist ...

Il rosso mi piace, **il** giallo no.
Leo sa **il** tedesco, **il** russo e **l'**inglese.
Chiara ha **il** raffreddore e **la** tosse; forse ha **l'**influenza.
Anna sa suonare il pianoforte e il violino.

- ... sowie bei Farben, Sprachen, Krankheiten, Musikinstrumenten ...

Il 1968 e **il** 1969 sono stati anni importanti.

- ... und bei Jahreszahlen.

i capelli - *die Haare*
gli occhi - *die Augen*
gli occhiali - *die Brille*
le spalle - *die Schultern*
largo/-a - *breit*
le braccia - *die Arme*
il raffreddore - *der Schnupfen*
la tosse - *der Husten*
l'influenza - *die Grippe*

Präpositionen S. 248 §

Präpositionen und bestimmter Artikel

1 Dove sono le foto?

2 **Nell'**armadio o **nel** cassetto **della** scrivania.

Formen

Wenn vor dem bestimmten Artikel die Präposition **a**, **da**, **di**, **in** oder **su** steht, verbinden sich die beiden zu einem einzigen Wort.

+	il	lo	l'	la
a	al	allo	all'	alla
da	dal	dallo	dall'	dalla
di	del	dello	dell'	della
in	nel	nello	nell'	nella
su	sul	sullo	sull'	sulla

Das gilt auch dann, wenn der Artikel in der Mehrzahl steht.

+	i	gli	le
a	ai	agli	alle
da	dai	dagli	dalle
di	dei	degli	delle
in	nei	negli	nelle
su	sui	sugli	sulle

Es kann vorkommen, dass auch die Präposition **con** mit dem nachfolgenden bestimmten Artikel verbunden wird. Meist zieht man jedoch die getrennte Variante vor, also zum Beispiel **con il treno**, **con i miei genitori** anstatt **col treno** und **coi miei genitori**.

Gebrauch

il giornale – *die Zeitung*

la cartella – *die Aktentasche*

Il treno parte **alle** nove e arriva **all'**una.
— Dov'è il giornale? — **Sul** tavolo o **nella** cartella.
— Vieni anche tu **al** cinema stasera?
— No, devo andare **dai** miei genitori.

Die Verbindung Präposition + bestimmter Artikel kommt im Italienischen sehr oft vor.

 *Wo sind die Fotos?*

 *Im Schrank oder in der Schublade des Schreibtisches.*

Der unbestimmte Artikel

Formen

1. Vor männlichen Substantiven

un	mese cane amico	**Un** ist die männliche Form bei Substantiven, die mit einem Konsonanten oder einem Vokal (**a**, **e**, **i**, **o**, **u**) beginnen.
uno	studente sciopero zio	**Uno** nehmen Sie, wenn die Substantive mit **s** + Konsonant oder mit **z** beginnen.

Die Form **uno** des unbestimmten Artikels steht auch vor Substantiven, deren Anfangsbuchstaben **gn**, **pn**, **ps**, **y** oder **x** lauten:

uno gnocco, **uno ps**icologo, **uno y**ogurt, **uno x**ilofono

Beim unbestimmten Artikel müssen Sie sich nur wenige Formen einprägen:

un und **uno** als männliche Formen sowie **un'** und **una** als weibliche Formen.

Un hat bei männlichen Substantiven auch vor einem Vokal keinen Apostroph!

Einen Kaffee, ein Bier, ein Mineralwasser und einen Sekt, bitte.

2. Vor weiblichen Substantiven

una	casa madre storia	**Una** ist die weibliche Form bei Substantiven mit einem Konsonanten als ersten Buchstaben.
un'	amica idea ora	**Un'** verwenden Sie, wenn der erste Buchstabe ein Vokal ist.

Vergessen Sie bei **un'** den Apostroph nicht, wenn ein weibliches Substantiv mit einem Vokal anfängt!

Wie beim bestimmten Artikel kann sich auch beim unbestimmten Artikel, die Form verändern, wenn ein Adjektiv vor dem Substantiv steht:

uno specchio - **un g**rande specchio
un'idea - **una b**ella idea

Gebrauch

Chi conosce **un** buon dentista?
Ho bevuto **un** ottimo vino e mangiato **una** bistecca eccellente.

- Wie im Deutschen setzen Sie den unbestimmten Artikel, wenn es um keine bestimmte Person bzw. Sache geht ...

Ho **un** sonno!

- ... oder um eine Aussage zu verstärken.

Che sfortuna!
Che bella giornata!

- Anders als im Deutschen steht kein unbestimmter Artikel bei Ausrufen ...

Mi dia **mezzo** chilo d'uva.
Il treno arriva fra **mezz'**ora.

- ... und vor **mezzo/-a**.

il dentista - *der Zahnarzt*
la bistecca - *das Steak*
il sonno - *die Müdigkeit*
Ho un sonno! - *Ich bin vielleicht müde!*
Che sfortuna! - *Was für ein Pech!*
l'uva - *die Trauben*

Der Teilungsartikel

Ho comprato **del** pane.	**di + il**	**= del**
Nel dessert c'è **dello** yogurt.	**di + lo**	**= dello**
Ho bevuto **dell'**acqua.	**di + l'**	**= dell'**
Ho mangiato **della** frutta.	**di + la**	**= della**
Ho visto **dei** bei film.	**di + i**	**= dei**
Ho comprato **degli** spaghetti.	**di + gli**	**= degli**
Oggi esco con **delle** amiche.	**di + le**	**= delle**

Der Teilungsartikel setzt sich zusammen aus der Präposition **di** und dem bestimmten Artikel. Er dient dazu, eine unbestimmte Menge bzw. eine unbestimmte Anzahl anzugeben.

Lassen Sie den Teilungsartikel aber weg:

Marco non ha **amici**.	bei verneinten Sätzen,
Mi dia un chilo di **mele**, per favore.	bei Mengenangaben
Il condimento è fatto solo con **sale**, **pepe**, **olio** e **aceto**.	und bei Aufzählungen, wenn die Menge dabei unwichtig ist.

il condimento – *die Soße*
il pepe – *der Pfeffer*
il sale – *das Salz*
l'olio – *das Öl*
l'aceto – *der Essig*

 *Willst du Eistee?*
 *Ich habe schon Wasser getrunken, danke.*

1. Wo müssen die Substantive eingetragen werden? Achten Sie jeweils auf den Artikel.

~~un caffè~~	le uova	l'aceto	un'aranciata	la città
il gelato	lo zucchero	l'uva	i panini	un'insalata
una birra	le mele	uno spumante	gli spaghetti	

	Männlich	Weiblich
Einzahl	un caffè	
Mehrzahl		

2. Schreiben Sie die Präpositionen mit bestimmtem Artikel auf und entschlüsseln Sie sie dann.

a) Oggi vado al lavoro in bicicletta. al a + il
b) Alle dieci incontro dei clienti.
c) Vado a pranzo con delle colleghe.
d) Forse prendo il risotto alle vongole.
e) All'una devo tornare in ufficio.
f) Nel pomeriggio vado dal medico.
g) Prima compro della frutta.
h) Forse compro anche del vino.
i) Stasera vado dalla mia amica Eva.

• **3.** Schreiben Sie die Substantive mit dem jeweils dazugehörigen unbestimmten Artikel auf und geben Sie dann den passenden bestimmten Artikel an.

A Natale ho ricevuto un libro, uno scialle, una borsetta e un'agenda. Carlo invece ha ricevuto un pigiama, un abbonamento per il teatro, una sciarpa e una camicia.

Natale – *Weihnachten*
ricevere – *erhalten*
uno scialle – *ein Schultertuch*
una borsetta – *eine Handtasche*
una sciarpa – *ein Schal*
una camicia – *ein Hemd*

un libro – il libro ______

______

______

______

______

•• **4.** Entscheiden Sie, wo Sie den bestimmten Artikel ergänzen müssen und wo kein Artikel benötigt wird.

a) ■ Buonasera, ______ signora Cesari.
□ Buonasera.

b) ■ Che ore sono?
□ Sono ______ undici e mezza.

c) ■ Pronto?!
□ Buongiorno. Sono ______ signora Cecchi. Vorrei parlare con ______ signor Vilardo.
■ Mi dispiace, ma ______ signor Vilardo non c'è.

d) ■ Conosci Carlo Cesari?
□ Certo, è ______ nuovo ragazzo di Angela. È un bel ragazzo alto con ______ capelli neri e ______ occhi azzurri.

e) ■ Dov'è Simona?
□ È a letto con ______ tosse e ______ raffreddore.
■ Ha anche ______ febbre?
□ Certo.

f) ■ Tu sai se Monika sa ______ inglese?
□ Ma certo! Sa anche ______ tedesco e ______ spagnolo.

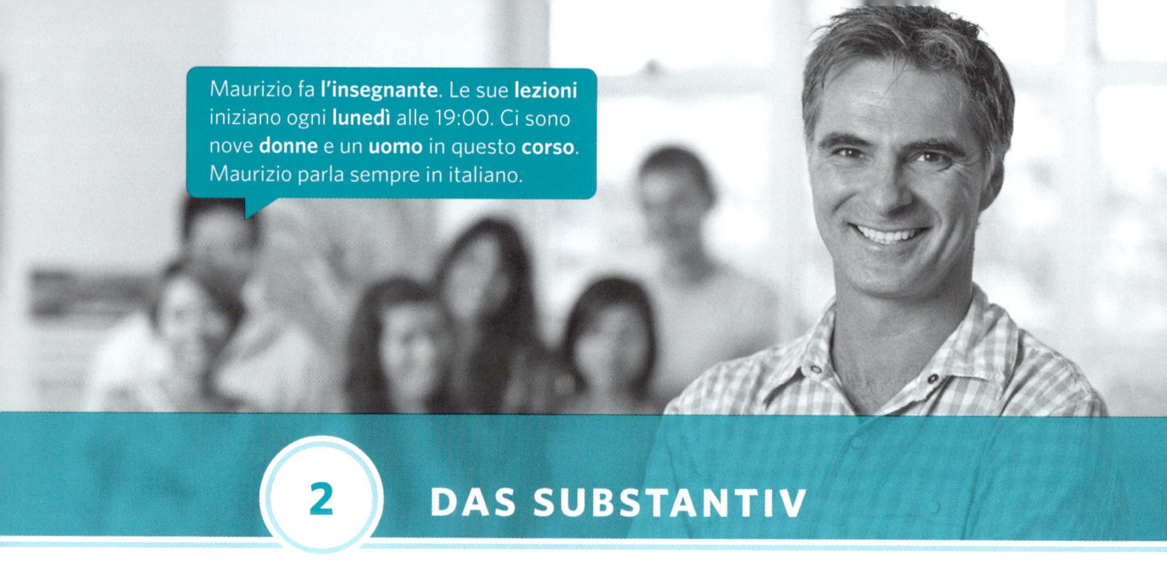

2 DAS SUBSTANTIV

Das Geschlecht der Substantive

Im Italienischen sind die Substantive männlich oder weiblich. Sächliche Substantive wie im Deutschen gibt es nicht.

Das Geschlecht eines Substantivs erkennen Sie in der Regel an seiner Endung. Sollte dies nicht der Fall sein, dann ist meistens der Artikel ein Hinweis für sein Geschlecht. So z. B. bei: **il bar** und **la notte**.

Treffen Sie hingegen auf Fälle wie **l'estate**, bei denen weder die Endung noch der Artikel auf das Geschlecht des Substantivs schließen lassen, hilft Ihnen das Wörterbuch weiter.

Lernen Sie Substantive am besten gleich mit dem zugehörigen Artikel!

1. Männliche Substantive

il lett**o**, lo specchi**o**, l'armadi**o**, il tavol**o**, il piatt**o**, il gatt**o**	Die meisten männlichen Substantive enden auf -**o**,
il mes**e**, il bicchier**e**, il nom**e**, il can**e**, il padr**e**, lo student**e**	viele enden auf -**e**,
il bar, il fil**m**, il fa**x**, lo spor**t**, l'autobu**s**, il compute**r**, il tra**m**	einige enden auf einem Konsonanten,
il programm**a**, il cinem**a**, il sof**à**, il problem**a**, il dramm**a**	einige wenige haben die Endung -**a**
il tax**i**, il cavatapp**i**, il brindis**i**, il giradisch**i**	und manche enden auf -**i**.

lo specchio – *der Spiegel*

l'armadio – *der Schrank*

il cane – *der Hund*

il tram – *die Straßenbahn*

Maurizio ist Lehrer. Sein Unterricht beginnt jeden Montag um 19 Uhr. Es sind neun Frauen und ein Mann in diesem Kurs. Maurizio spricht die ganze Zeit Italienisch.

2. Weibliche Substantive

la cas**a**, l'or**a**, l'aranci**a**, la port**a**, la mod**a**, la pizz**a**	Die weiblichen Substantive enden meistens auf **-a**,
la nott**e**, l'estat**e**, la chiav**e**	viele enden auf **-e**,
la radi**o**, la fot**o**, la man**o**	manche auf **-o**,
l'analis**i**, la cris**i**, la metropol**i**	einige auf **-i**
la gioventù, la servitù, la schiavitù, la virtù	und wenige auf **-ù**.

l'estate – *der Sommer*

la chiave – *der Schlüssel*

la mano – *die Hand*

3. Gleich lautende Substantive mit verschiedenem Geschlecht

Es gibt einige Substantive, die zwar fast identisch sind, sich in ihrer Bedeutung jedoch unterscheiden, je nachdem ob sie männlich oder weiblich sind.

männlich		weiblich	
il banc**o**	*die Sitzbank, die Theke*	**la** banc**a**	*die Bank*
il capitale	*das Kapital*	**la** capitale	*die Hauptstadt*
il fine	*das Ziel*	**la** fine	*das Ende*
il fogli**o**	*das Blatt (Papier)*	**la** fogli**a**	*das Blatt (einer Pflanze)*
il port**o**	*der Hafen*	**la** port**a**	*die Tür*

Das Geschlecht bei Personen- und Berufsbezeichnungen

1 Mio **figlio** vuole diventare **avvocato**, mia **figlia** invece **astronauta**.

2 Il **signor** Merlo è il nostro nuovo **vicino**. È **professore** di filosofia. Sua **moglie** è una **signora** molto gentile. Lei è **farmacista**.

Substantive, die eine Person oder einen Beruf bezeichnen, sind in der Regel männlich, wenn sie sich auf einen Mann beziehen und weiblich, wenn sie eine Frau bezeichnen.

 *Mein Sohn will Rechtsanwalt werden, meine Tochter hingegen Astronautin.*

2 *Herr Merlo ist unser neuer Nachbar. Er ist Philosophieprofessor. Seine Frau ist eine sehr freundliche Dame. Sie ist Apothekerin.*

2 Das Geschlecht bei Personen- und Berufsbezeichnungen

l'impiegato – *der Angestellte*
l'operaia – *die Arbeiterin*
l'infermiere – *der Krankenpfleger*
la parrucchiera – *die Friseurin*
l'attore – *der Schauspieler*
la lavoratrice – *die Arbeiterin*
il pittore – *der Kunstmaler*
il genero – *der Schwiegersohn*
la nuora – *die Schwiegertochter*

il **ragazzo** il **vicino** il **traduttore** il **dottore** il **signore**	la **ragazza** la **vicina** la **traduttrice** la **dottoressa** la **signora**	Personen- und Berufsbezeichnungen können verschiedene Endungen haben.
il figli**o** l'impiegat**o** l'operai**o** l'amic**o** lo zi**o**	la figli**a** l'impiegat**a** l'operai**a** l'amic**a** la zi**a**	In vielen Fällen lautet die männliche Endung -**o** und die weibliche -**a**.
il camer**iere** l'inferm**iere** il parrucch**iere** il signor**e**	la camer**iera** l'inferm**iera** la parrucch**iera** la signor**a**	Auch männliche Substantive auf -**iere** und einige auf -**e** haben eine weibliche Entsprechung auf -**a**.
il dottor**e** il professor**e** lo student**e**	la dottor**essa** la professor**essa** la student**essa**	Einige Berufsbezeichnungen auf -**e** bilden die weibliche Form auf -**essa**.
l'at**tore** il diret**tore** il lavora**tore** il pit**tore**	l'at**trice** la diret**trice** la lavora**trice** la pit**trice**	Endet hingegen die männliche Form auf -**tore**, lautet die weibliche Endung meist -**trice**.
l'insegn**ante** il cli**ente** il franc**ese** il giornal**ista** il farmac**ista**	l'insegn**ante** la cli**ente** la franc**ese** la giornal**ista** la farmac**ista**	Viele Bezeichnungen haben für beide Geschlechter nur eine Form. Meist enden sie auf -**ante**, -**ente**, -**ese** oder -**ista**.
l'**uomo** il **padre** il **marito** il **genero**	la **donna** la **madre** la **moglie** la **nuora**	Es gibt auch Fälle, bei denen ein ganz anderes Wort verwendet wird, je nachdem ob es sich bei der bezeichneten Person um eine Frau oder einen Mann handelt.

Oft werden auch die männlichen Formen **ministro**, **architetto** und **avvocato** für Frauen verwendet, obwohl es eine weibliche Form gibt.

Bei manchen Berufen verwendet man die männliche Form auch für Frauen, so bezeichnet **l'ingegnere** z. B. *die Ingenieurin* ebenso wie *den Ingenieur* und **il medico** *den Arzt* und *die Ärztin*.

Auf der anderen Seite gibt es Berufsbezeichnungen, die auch für Männer verwendet werden, obwohl es nur die weibliche Form gibt: **la guida** bezeichnet z. B. *den Stadtführer* genauso wie *die Stadtführerin*, **la spia** *den Spion* genauso wie *die Spionin*.

Einzahl und Mehrzahl der Substantive

1 Nel centro ci sono poche **abitazioni**. Ci sono soprattutto **negozi** e **uffici**.

2 Alcuni **bar** vendono anche **giornali** e **riviste**.

1. Regelmäßige Bildung der Mehrzahl

Einzahl	Mehrzahl	
il lett**o** il mes**e**	i lett**i** i mes**i**	In der Regel bilden **männliche** Substantive, die in der Einzahl auf -**o** oder -**e** enden, die Mehrzahl auf -**i**.
la ser**a** la nott**e**	le ser**e** le nott**i**	Weibliche Substantive auf -**a** enden in der Mehrzahl auf -**e**. Weibliche Substantive, die in der Einzahl auf -**e** enden, bilden die Mehrzahl auf -**i**.

2. Besonderheiten bei der Mehrzahlbildung

Substantive auf -co oder -go

il tedes**co** il par**co** l'alber**go** il la**go**	i tedes**chi** i par**chi** gli alber**ghi** i la**ghi**	Endet ein Substantiv auf -**co** oder -**go**, lautet die Endung in der Mehrzahl -**chi** bzw. -**ghi**.
il medi**co** lo psicolo**go** l'austria**co**	i medi**ci** gli psicolo**gi** gli austria**ci**	Eine Reihe von Substantiven, die auf der drittletzten Silbe betont werden, befolgen diese Regel allerdings nicht.

1 *In der Innenstadt gibt es wenige Wohnhäuser. Es gibt vor allem Geschäfte und Büros.*
2 *Einige Bars verkaufen auch Zeitungen und Zeitschriften.*

il nemico – *der Feind*
il greco – *der Grieche*

l'ami**co** il nemi**co** il gre**co**	gli ami**ci** i nemi**ci** i gre**ci**	So auch manche Substantive mit Betonung auf der zweitletzten Silbe.

Substantive auf -ca oder -ga

Bei Substantiven auf -**ca** bzw. -**ga** ist die Pluralbildung einfacher.

l'ami**ca** la tede**sca** la psicolo**ga** la colle**ga**	le ami**che** le tede**sche** le psicolo**ghe** le colle**ghe**	Substantive, die in der Einzahl auf -**ca** bzw. -**ga** enden, bilden die Mehrzahl auf -**che** bzw. -**ghe**, wenn sie weiblich sind.
il colle**ga** il patriar**ca** il monar**ca**	i colle**ghi** i patriar**chi** i monar**chi**	Sind sie männlich, lautet ihre Endung in der Mehrzahl meist -**chi** bzw. -**ghi**.

Substantive auf -cia oder -gia

la ciliegia – *die Kirsche*
la provincia – *die Provinz*

la cam**icia** la cili**egia** la farm**acia**	le cam**icie** le cili**egie** le farm**acie**	Substantive mit einem Vokal vor der Endung -**cia** oder -**gia** bilden die Mehrzahl meist auf -**cie** bzw. -**gie**.
l'ara**ncia** la provi**ncia** la spia**ggia**	le ara**nce** le provi**nce** le spia**gge**	Steht vor -**cia** oder -**gia** ein Konsonant, bilden sie die Mehrzahl auf -**ce** bzw. -**ge**.

Substantive auf -io

il pendio – *der Abhang*

il fig**lio** il nego**zio**	i fig**li** i nego**zi**	Endet ein Substantiv auf -**io**, verliert es in der Mehrzahl einfach das -**o**.
lo z**io** il pend**io**	gli z**ii** i pend**ii**	Die Mehrzahl lautet -**ii**, wenn in der Einzahl die Betonung auf das -**i**- der Endung fällt.

Männliche Substantive auf -a

il proble**ma** il program**ma** il farmacis**ta**	i proble**mi** i program**mi** i farmacis**ti**	Viele männliche Substantive, die in der Einzahl auf -**a** enden, haben in der Mehrzahl die Endung -**i**.

Unveränderliche Substantive

		Unveränderlich sind:
il caff**è** la citt**à** l'anali**si**	i caff**è** le citt**à** le anali**si**	Substantive, die mit betontem Vokal oder auf -**i** enden,
il fil**m** il fa**x**	i fil**m** i fa**x**	Substantive, die auf einem Konsonanten enden und
il cinem**a** la fot**o** la radi**o** la mot**o** l'aut**o**	i cinem**a** le fot**o** le radi**o** le mot**o** le aut**o**	Substantive, die eigentlich Kurzformen sind, z. B. **cinema** von **cinematografo**. Meist sind es weibliche Substantive auf -**o**.

Ob ein unveränderliches Substantiv in der Einzahl oder Mehrzahl steht, erkennen Sie am Artikel.

Es empfiehlt sich, diese Substantive als Einzelfälle auswendig zu lernen.

3. Substantive mit unregelmäßiger Mehrzahl

l'uomo la mano	gli uomini le mani	Einige Substantive haben eine unregelmäßige Mehrzahl.
il paio (m) il dito (m) l'uovo (m)	le paia (w) le dita (w) le uova (w)	Manche Substantive ändern in der Mehrzahl sogar ihr Geschlecht.

4. Substantive, die anders verwendet werden als im Deutschen

la gente la roba l'uva	*die Leute* *die Sachen* *die Trauben*	i dintorni le mutande gli occhiali i pantaloni i soldi gli spiccioli	*die Umgebung* *die Unterhose* *die Brille* *die Hose* *das Geld* *das Kleingeld*

Diese Substantive sollten Sie sich merken. Sie werden anders als im Deutschen nur in der Einzahl oder nur in der Mehrzahl verwendet.

Zusammengesetzte Substantive und ihre Mehrzahl

Es gibt im Italienischen verschiedene Möglichkeiten zusammengesetzte Substantive zu bilden:

- in einem Wort
- mit einer Präposition
- oder mit zwei getrennt geschriebenen Substantiven.

1. Zusammengeschriebene Substantive

il passaport**o** il pianofort**e** il marciapied**e** il capolavor**o**	i passaport**i** i pianofort**i** i marciapied**i** i capolavor**i**	Werden die Substantive in einem Wort geschrieben, bilden sie die Mehrzahl oft wie einfache Substantive.

il marciapiede – *der Gehweg*

il capolavoro – *das Meisterwerk*

Einige zusammengeschriebene Substantive bleiben in der Mehrzahl jedoch unverändert. Es handelt sich dabei meist um Substantive, die sich zusammensetzen aus:

il cavatappi	i cavatappi	Verb + Substantiv in der Mehrzahl
l'aspirapolvere	gli aspirapolvere	Verb + weibliches Substantiv in der Einzahl
il saliscendi	i saliscendi	Verb + Verb
il senzatetto	i senzatetto	Präposition + Substantiv

il cavatappi – *der Korkenzieher*

l'aspirapolvere – *der Staubsauger*

il saliscendi – *der Türriegel*

il senzatetto – *der Obdachlose*

Zusammensetzungen aus Verb + **mano** hingegen bilden die Mehrzahl auf -**i**:
l'asciugaman**o** gli asciugaman**i**

l'asciugamano – *das Handtuch*

1 *Briefmarken kauft man beim Tabakhändler.*
2 *Ich brauche ein Nachthemd.*
3 *Mit dem Internet hat man zu unendlich vielen Datenbanken Zugang.*

2. Zwei getrennt geschrieben Substantive

il	**vagone** letto	i	**vagoni** letto
il	**vagone** ristorante	i	**vagoni** ristorante
lo	**studente** modello	gli	**studenti** modello
la	**banca** dati	le	**banche** dati
la	**zona** disco	le	**zone** disco
l'	**anno** record	gli	**anni** record

il fine settimana (*das Wochenende*) bleibt jedoch in der Mehrzahl unverändert:

i fine settimana

Im modernen Italienisch bestehen zahlreiche zusammengesetzte Substantive aus zwei getrennt geschriebenen Substantiven. Hier wird im Allgemeinen nur das erste Substantiv in die Mehrzahl gesetzt.

3. Substantiv + Präposition + Substantiv

la	**barca** a vela	le	**barche** a vela
il	**lavoro** a mano	i	**lavori** a mano
il	**succo** di frutta	i	**succhi** di frutta
il	**pacchetto** di sigarette	i	**pacchetti** di sigarette
il	**costume** da bagno	i	**costumi** da bagno
la	**sala** da pranzo	le	**sale** da pranzo

Viele Zusammensetzungen werden mit den Präpositionen **a**, **da** oder **di** gebildet. Bei diesen Wortbildungen wird in der Regel nur das erste Substantiv in die Mehrzahl gesetzt.

il vagone letto – *der Schlafwagen*

lo studente modello – *der Musterschüler*

la zona disco – *die Zone, in der man nur mit Parkscheibe parken darf*

la barca a vela – *das Segelboot*

il lavoro a mano – *die Handarbeit*

il succo di frutta – *der Fruchtsaft*

1. Ordnen Sie die Substantive dem passenden Artikel zu und setzen Sie sie dann in die Mehrzahl. Geben Sie dabei auch jeweils den Artikel an.

~~valigia~~	radio	vestito	specchio
cinema	ufficio	ristorante	zio
stazione	arancia	città	caffè
sciopero	albergo	sport	uovo

il ______ ______
______ ______
______ ______
______ ______

lo ______ ______
______ ______
______ ______
______ ______

l' ______ ______
______ ______
______ ______
______ ______

la *la valigia –* *le valigie*
______ ______
______ ______
______ ______

2. Ergänzen Sie in der rechten Spalte jeweils die weibliche Form der in der linken Spalte hervorgehobenen Substantive sowie, wo nötig, den passenden Artikel.

a) Il mio nuovo **collega** si chiama Busi.	a) ______ mia nuova ______ si chiama Busi.
b) È sposato e ha due **figli**, Martino e Francesco.	b) È sposata e ha due ______, Martina e Francesca.
c) Francesco è **un ragazzo** simpatico, ha molti **amici** e vuole diventare **medico** come suo **padre**.	c) Francesca è ______ simpatica, ha molte ______ e vuole diventare ______ come sua ______.
d) Martino è ancora **un bambino**.	d) Martina è ancora ______ ______.
e) Lui da grande vuole fare **l'attore**.	e) Lei da grande vuole fare ______.

••• 3. Wie lauten diese zusammengesetzten Substantive in der Mehrzahl?

a) l'ufficio informazioni ____________________
b) il marciapiede ____________________
c) la madre modello ____________________
d) il libro di cucina ____________________
e) la camera da letto ____________________
f) il pianoforte ____________________
g) l'asciugamano ____________________
h) l'anno record ____________________

•• 4. Übersetzen Sie bitte.

a) das Blatt (Papier) ____________
b) die Bank ____________
c) das Ende ____________
d) die Hauptstadt ____________
e) die Tür ____________
f) das Kapital ____________

• 5. Wie lautet die weibliche Form folgender Personen- und Berufsbezeichnungen?

a) il professore
b) l'autore
c) l'insegnante
d) il marito
e) l'uomo
f) il lavoratore
g) l'impiegato
h) il farmacista
i) il tedesco
j) lo studente
k) lo psicologo
l) il parrucchiere

a) ____________________
b) ____________________
c) ____________________
d) ____________________
e) ____________________
f) ____________________
g) ____________________
h) ____________________
i) ____________________
j) ____________________
k) ____________________
l) ____________________

3 DAS ADJEKTIV

Die Endungen der Adjektive

Denken Sie daran, dass das Adjektiv trotz Angleichung eine andere Endung haben kann als das Substantiv:

un lavor**o** semplic**e**, un paes**e** turistic**o**, lingu**e** facil**i**

Ho comprato un paio di pantaloni **larghi** e una gonna **lunga**. I pantaloni sono molto **comodi**, la gonna purtroppo è un po' **stretta**.	Das Adjektiv richtet sich in Geschlecht und Zahl nach dem Substantiv, auf das es sich bezieht.
La birra e il vino sono **cari**. Ho conosciuto un uomo e una donna **meravigliosi**. Emma e Mario sono molto **vivaci**.	Wenn ein Adjektiv sich auf ein männliches und ein weibliches Substantiv bezieht, steht es in der Mehrzahl und ist männlichen Geschlechts.

1. Adjektive mit der Endung -o

	männlich	weiblich
Einzahl	il museo modern**o**	la casa modern**a**
Mehrzahl	i musei modern**i**	le case modern**e**

Adjektive, die in der männlichen Einzahl auf -**o** enden, haben in der Einzahl eine weibliche Form auf -**a**.

In der Mehrzahl wird die männliche Endung -**o** zu -**i** und die weibliche Endung -**a** zu -**e**.

Der Afrikanische Elefant lebt in den weiten Ebenen Afrikas. Er hat größere Ohren als der Asiatische Elefant.

2. Adjektive mit der Endung -e

	männlich	weiblich
Einzahl	l' uomo gentil**e**	la donna gentil**e**
Mehrzahl	gli uomini gentil**i**	le donne gentil**i**

Adjektive, die in der Einzahl auf -**e** enden, haben für beide Geschlechter nur eine Form: -**e** in der Einzahl und -**i** in der Mehrzahl.

Besonderheiten bei der Bildung der Mehrzahl

Bei der Bildung der Mehrzahl gelten für die Adjektive dieselben Regeln wie für die Substantive mit den entsprechenden Endungen.

bian**co**: i capelli bian**chi** bian**ca**: le scarpe bian**che**	Adjektive auf -**co** bzw. -**ca** bilden die Mehrzahl meist auf -**chi** bzw. -**che**, wenn sie auf der zweitletzten Silbe betont sind, und ...
prati**co**: gli stivali prati**ci** prati**ca**: le borse prati**che**	... auf -**ci** bzw. -**che**, wenn die Betonung auf der drittletzten Silbe liegt.
lun**go**: i capelli lun**ghi** lun**ga**: le gonne lun**ghe**	Bei Adjektiven auf -**go** bzw. -**ga** lautet die Endung in der Mehrzahl -**ghi** bzw. -**ghe**.
grig**io**: i capelli grig**i** vecch**io**: i vestiti vecch**i**	Adjektive, die in der Einzahl auf -**io** enden, haben in der Mehrzahl in der Regel nur ein -**i**. Ausnahme: Adjektive, bei denen in der Einzahl die Betonung auf das -**i** der Endung fällt, wie z. B. p**io**: i luoghi p**ii**.

1 *Luciana hat langes graues Haar.*
2 *Auf Sardinien gibt es fantastische Orte.*
3 *Es gibt viele egoistische und nicht sehr sympathische Leute.*

Adjektive auf **-ista** bilden die Mehrzahl:

real**ista**:	gli	uomini	realist**i**	der männlichen Form auf -**i**,
real**ista**:	le	donne	realist**e**	der weiblichen Form auf -**e**.

Die Adjektive bello und buono

Wenn **bello** und **buono** vor einem Substantiv stehen, erhalten sie zum Teil andere Formen, als wenn sie hinter einem Substantiv stehen.

1 Basilea ha un **bel** centro con dei **begli** edifici storici e dei **bei** negozi.

2 Ho comprato un **buon** vino bianco per il pesce e un **buono** spumante per il dolce.

1. Bello vor männlichen Substantiven

Das Adjektiv **bello** verhält sich vor männlichen Substantiven wie der bestimmte Artikel. Seine Form hängt also vom Anfangsbuchstaben des nachfolgenden Wortes ab.

Einzahl

Vor einem männlichen Substantiv in der Einzahl steht:

il regalo	un **bel r**egalo	**bel**, wenn es mit einem Konsonanten beginnt,
lo stile **lo z**oo	un **bello st**ile un **bello z**oo	**bello**, wenn es mit **s** + Konsonant, **z**, **gn**, **pn**, **ps**, **x** oder **y** beginnt,
l'uomo	un **bell'u**omo	**bell'**, wenn der erste Buchstabe ein Vokal ist.

Mehrzahl

In der Mehrzahl steht vor männlichen Substantiven:

i regali	**bei r**egali	**bei**, wenn sie mit einem Konsonanten beginnen,
gli specchi **gli z**oo **gli u**omini	**begli sp**ecchi **begli z**oo **begli u**omini	**begli**, wenn sie mit **s** + Konsonant, **z**, **gn**, **pn**, **ps**, **x**, **y** oder mit einem Vokal beginnen.

1 *Basel hat ein schönes Stadtzentrum mit schönen historischen Gebäuden und schönen Geschäften.*

2 *Ich habe einen guten Weißwein für den Fisch gekauft und einen guten Sekt für den Kuchen.*

2. Bello vor weiblichen Substantiven

Einzahl	Mehrzahl
una **bella** mela	**belle** mele
una **bella** storia	**belle** storie
una **bella** opera	**belle** opere
una **bella** idea	**belle** idee

Vor weiblichen Substantiven können Sie **bello** wie ein normales Adjektiv behandeln. In der Einzahl verwenden Sie also **bella** und in der Mehrzahl **belle**. Wenn das Substantiv mit einem Vokal beginnt, können Sie in der Einzahl auch die apostrophierte Form von **bella** wählen: una **bell'**idea.

3. Buono vor männlichen Substantiven

Einzahl

un film **un a**ttore	un **buon f**ilm un **buon a**ttore	Vor einem Konsonanten oder vor einem Vokal steht **buon**.
uno sport **uno z**io	un **buono sp**ort un **buono z**io	Vor **s** + Konsonant, **z**, **gn**, **pn**, **ps**, **x** oder **y** nimmt man **buono**.

Das Adjektiv **buono** verhält sich vor männlichen Substantiven in der Einzahl wie der unbestimmte Artikel.

Mehrzahl

buoni film **buoni** attori **buoni** gnocchi **buoni** zucchini	**buoni** libri **buoni** amici **buoni** sport **buoni** zii	Die Mehrzahl lautet immer **buoni**, unabhängig vom Anfangsbuchstaben des nachfolgenden Substantivs.

Vor männlichen Substantiven in der Mehrzahl weist **buono** keine Besonderheiten auf.

4. Buono vor weiblichen Substantiven

Einzahl	Mehrzahl
una **buona** famiglia	**buone** famiglie
una **buona** amica	**buone** amiche

Vor weiblichen Substantiven können Sie **buono** wie ein normales Adjektiv behandeln und in der Einzahl die Form **buona** und in der Mehrzahl die Form **buone** benutzen. Beginnt das weibliche Substantiv mit einem Vokal und steht es in der Einzahl, können Sie **buona** auch apostrophieren: una **buon'**amica.

Unveränderliche Adjektive

1 Hai visto Marco con i pantaloni **viola** e la camicia **blu**?

2 Sì, ieri portava anche delle scarpe **verde chiaro** e una giacca **rosso fuoco**.

Die meisten unveränderlichen Adjektive bezeichnen eine Farbe:

gli asciugamani **blu** i pantaloni **beige** il cappotto **lilla** il vestito **rosa** le camicette **turchese** le scarpe **viola**	**blu**, **beige**, **lilla**, **rosa**, **turchese** und **viola**,
una camicetta **giallo chiaro** una gonna **verde scuro**	zusammengesetzte Farbbezeichnungen bestehend aus Farbe + Adjektiv sowie
una macchina **grigio ferro** una borsetta **rosso fuoco**	Farbbezeichnungen bestehend aus Farbe + Substantiv.

giallo chiaro – *hellgelb*

verde scuro – *dunkelgrün*

grigio ferro – *eisengrau*

Die Stellung der Adjektive

3 A Stefano piacciono le macchine veloci, i mobili moderni, l'arte astratta, il buon vino e le belle donne.

Im Italienischen steht das Adjektiv vor oder nach dem Substantiv. Die meisten Adjektive werden jedoch im Gegensatz zum Deutschen nachgestellt. Es gibt auch einige Adjektive, die meistens vorangestellt werden und manche, die je nach Stellung sogar ihre Bedeutung ändern.

1. Häufig vorangestellte Adjektive

Der größte Teil der Adjektive steht nach dem Substantiv. Merken Sie sich also vor allem jene, die auch vorangestellt werden können.

Vor allem vorangestellt werden:

una **bella** / **brutta** giornata un **piccolo** / **grande** regalo	– **bello** / **brutto**, – **piccolo / grande**,

1 *Hast du Marco mit der violetten Hose und dem blauen Hemd gesehen?*
2 *Ja, gestern hatte er auch hellgrüne Schuhe und eine feuerrote Jacke an.*
3 *Stefano mag schnelle Autos, moderne Möbel, abstrakte Kunst, guten Wein und schöne Frauen.*

un **buon** / **cattivo** esempio	- **buono** / **cattivo**,
un **vecchio** / **giovane** amico	- **vecchio** / **giovane**,
un **lungo** / **breve** viaggio	- **lungo** / **breve**,
il **primo** / l'**ultimo** giorno	- **primo** / **ultimo**.

Stellung der Ordnungszahlen beim Substantiv S. 258

Stehen diese Adjektive nach dem Substantiv, erhalten sie besonderes Gewicht und heben sich dadurch ganz besonders von ihrem Gegenteil ab:

Ho una macchina **vecchia**.	**(= non è nuova)**
Ho una casa **piccola**.	**(= non è grande)**
Ho conosciuto una donna **giovane**.	**(= non è vecchia)**

2. Bedeutungsänderung der Adjektive je nach Stellung

Adjektive, die je nach Stellung ihre Bedeutung ändern können, sind z. B.:

grande:	un **grande** uomo un uomo **grande**	*ein bedeutender Mann* *ein großer Mann*
caro:	un **caro** amico un paese **caro**	*ein lieber Freund* *ein teures Land*
povero:	un **povero** ragazzo un ragazzo **povero**	*ein armer (= bemitleidenswerter) Junge* *ein armer (= mittelloser) Junge*
vecchio:	un **vecchio** amico un amico **vecchio**	*ein alter (= langjähriger) Freund* *ein nicht mehr junger Freund*
solo:	una **sola** persona una persona **sola**	*eine einzige Person* *ein einsamer Mensch*

3. Stellung der Kombination Adverb + Adjektiv

un film **molto interessante** un dolce **proprio buono** una macchina **troppo vecchia** un viaggio **incredibilmente lungo**	Ist ein Adjektiv durch ein Adverb näher bestimmt, z. B. durch **molto**, **abbastanza**, **proprio**, **davvero**, **troppo** oder **incredibilmente**, steht es immer hinter dem Substantiv und nach dem Adverb.

abbastanza – *ziemlich*

proprio – *wirklich, echt*

davvero – *wirklich, echt, tatsächlich*

troppo vecchio – *zu alt*

incredibilmente – *unglaublich*

Die Steigerung der Adjektive

1 La bicicletta è **più ecologica** della macchina, ma è anche **meno comoda**.

2 Parigi è una **bellissima** città. Per me è **la** città **più bella** del mondo. Secondo mio marito invece Roma è **bella quanto** Parigi.

1. Der Komparativ

Carlo è **più gentile** di Sandro.
L'espresso è **più forte** del caffè tedesco.
Rosa è **meno sportiva** di Maria.
Torino è **meno grande** di Roma.

più gentile – *freundlicher*
più forte – *stärker*
meno sportivo – *weniger sportlich*
meno grande – *kleiner*

- Im Italienischen kann ein Adjektiv mit **più** zum Positiven gesteigert werden und mit **meno** zum Negativen. Die Adjektive passen sich dabei in Geschlecht und Zahl dem Substantiv, auf das sie sich beziehen, an.

Tua sorella è più gentile **di te**.
La gondola è meno veloce **del motoscafo**.

il motoscafo – *das Motorboot*
meno veloce – *langsamer*

- Wenn zwei Personen bzw. Sachen eine gemeinsame Eigenschaft haben und in Bezug auf diese Eigenschaft verglichen werden, verwendet man für das deutsche *als* im Italienischen **di**. Grammatikalisch gesehen folgt in diesem Fall dem Komparativ ein Substantiv oder ein Pronomen.

In den meisten übrigen Fällen wird *als* mit **che** wiedergegeben, so z. B. wenn dem Komparativ folgende Wortarten folgen:

- ein Adjektiv: Questo vino è più caro **che buono**.
- ein Verb im Infinitiv: È più comodo prendere la macchina **che andare** a piedi.
- ein Adverb: È più bello mangiare fuori **che dentro**.
- eine Präposition: Da noi ci sono più turisti in estate **che in** inverno.

a piedi – *zu Fuß*

Die Wiedergabe von *ebenso / so ... wie*

Das deutsche *ebenso / so ... wie* hat die italienischen Entsprechungen:

Oggi fa (**tanto**) caldo **quanto** ieri.	(**tanto**) ... **quanto**	(**tanto** kann entfallen) oder
Il film non era (**così**) divertente **come** pensavo.	(**così**) ... **come**	(**così** kann entfallen).

1 *Das Fahrrad ist umweltfreundlicher als das Auto, aber es ist auch weniger bequem.*
2 *Paris ist eine sehr schöne Stadt. Für mich ist es die schönste Stadt der Welt. Mein Mann hingegen findet Rom ebenso schön wie Paris.*

2. Der relative Superlativ

I Gotti sono **la** famiglia **più ricca** (**della** città).
Carlo è **il** collega **meno curioso**.
Chi è **il** ragazzo **più simpatico** (**della** classe)?
Questo è **l'**articolo **meno interessante** (**di** tutti).

Mit dem relativen Superlativ drücken Sie aus, wer bzw. was innerhalb einer Gruppe von Personen bzw. Dingen eine bestimmte Eigenschaft im höchsten Maße besitzt.
Gebildet wird er mit dem bestimmten Artikel + **più** bzw. **meno**.
Wird ein Vergleich hergestellt, geschieht dies mit **di**.

ricco/-a - *reich*
curioso/-a - *neugierig*

3. Der absolute Superlativ

Il viaggio è stato faticosissim**o**.
Abbiamo passato **una** bellissim**a** **giornata**.
Gli spaghetti sono buonissim**i**.
Le pizzette sono caldissim**e**.

Mit dem absoluten Superlativ wird kein Vergleich gezogen. Er drückt lediglich einen sehr hohen Grad einer Eigenschaft aus.
Diese Adjektive auf -**issimo** werden ebenfalls in Geschlecht und Zahl dem Substantiv, auf das sie sich beziehen, angeglichen.

faticoso/-a - *anstrengend*
la pizzetta - *die kleine Pizza*

Die Bildung des absoluten Superlativs

car**o**, **-a**: veloc**e**:	car**issimo**, **-a** veloc**issimo**, **-a**	Anstelle des Endvokals wird die Endung -**issimo** bzw. -**issima** angehängt.
ric**co**, **-a**: bian**co**, **-a**: lun**go**, **-a**:	ric**chissimo**, **-a** bian**chissimo**, **-a** lun**ghissimo**, **-a**	Bei Adjektiven auf -**co** / -**ca** und -**go** / -**ga** fügen Sie vor der Superlativendung ein -**h**- ein.
prati**co**, **-a**: simpati**co**, **-a**:	prati**cissimo**, **-a** simpati**cissimo**, **-a**	Lassen Sie dieses -**h**- aber weg, wenn das Adjektiv auf der drittletzten Silbe betont wird.

Einen sehr hohen Grad einer Eigenschaft können Sie auch ausdrücken mit:

- dem Adverb **molto:** una macchina **molto veloce**
- Adverbien wie **incredibilmente**, **terribilmente** und **enormemente**: un uomo **incredibilmente attivo**, sono **terribilmente stanco**, **-a**

terribilmente - *wahnsinnig*
enormemente - *außerordentlich*

Einige Adjektive haben neben den regelmäßigen auch unregelmäßige Steigerungsformen, die zum Teil eine übertragene Bedeutung haben.

4. Die Adjektive mit zwei Steigerungsformen

1 La disoccupazione è un **grande** problema, forse **il maggiore** della nostra società.

2 Carla è la mia sorella **maggiore**, ma è **più piccola** di me.

Die Adjektive buono und cattivo

Grundstufe	Komparativ	relativer Superlativ	absoluter Superlativ
buono	**più buono** **migliore**	**il più buono** **il migliore**	**buonissimo** **ottimo**
cattivo	**più cattivo** **peggiore**	**il più cattivo** **il peggiore**	**cattivissimo** **pessimo**

Werden die regelmäßigen Steigerungsformen von **buono** und **cattivo** bei einer Person angewendet, bezeichnen sie deren Charakter.
„Carlo è **il più buono** di tutti" besagt, dass er „der liebste von allen" ist. Wollen Sie sich jedoch über die Leistungsfähigkeit einer Person äußern, müssen Sie die unregelmäßigen Steigerungsformen benutzen.
„Die beste Studentin" heißt also „**la migliore** studentessa" und „ein sehr guter Lehrer" ist „un **ottimo** insegnante".

Die Adjektive grande und piccolo

Grundstufe	Komparativ	relativer Superlativ	absoluter Superlativ
grande	**più grande** **maggiore**	**il più grande** **il maggiore**	**grandissimo** **massimo**
piccolo	**più piccolo** **minore**	**il più piccolo** **il minore**	**piccolissimo** **minimo**

Die unregelmäßigen Steigerungsformen von **grande** und **piccolo** haben im Allgemeinen eine übertragene Bedeutung, z. B.:

un problema **minore**	*ein geringeres Problem*
una **minima** differenza	*ein sehr geringer Unterschied*
il fratello **maggiore**	*der ältere / älteste Bruder*

1 *Die Arbeitslosigkeit ist ein großes Problem, vielleicht das größte unserer Gesellschaft.*
2 *Carla ist meine ältere / älteste Schwester, aber sie ist kleiner als ich.*

• **1.** Ergänzen Sie die Fragen mit den jeweils korrekten Endungen der Adjektive.

Lei che cosa preferisce,

a) ... i capelli lung____ o i capelli cort____?
b) ... la cucina italian____ o quella frances____?
c) ... le vacanze tranquill____ o le vacanze attiv____?
d) ... il vino bianc____ o quello ross____?
e) ... i mobili modern____ o i mobili antic____?
f) ... i pantaloni strett____ o quelli larg____?
g) ... gli stivali ross____ o quelli viol____?
h) ... gli asparagi bianc____ o gli asparagi verd____?

la cucina - *die Küche*
gli asparagi - *Spargel*

• **2.** Setzen Sie die jeweils passende Form von **bello** bzw. **buono** ein.

bello

a) una ____________ donna
b) delle ____________ vacanze
c) dei ____________ bambini
d) un ____________ film
e) un ____________ albero
f) un ____________ zoo
g) dei ____________ stivali

buono

a) un ____________ romanzo
b) una ____________ cena
c) un ____________ scrittore
d) dei ____________ sci
e) delle ____________ scarpe
f) una ____________ amica
g) dei ____________ gnocchi

il romanzo - *der Roman*
la cena - *das Abendessen*
le scarpe - *die Schuhe*

•• **3.** Ergänzen Sie folgende Vergleiche mit **che** oder mit der passenden Form von **di**.

a) Mio padre è più giovane ____________ mia madre.
b) Preferisco uscire in gruppo ____________ da solo.
c) È più sano finire un pasto con della frutta ____________ con un dolce.
d) Luigi è più largo ____________ alto.
e) Il fitwalking è più sano ____________ jogging.
f) Preferisco andare al cinema ____________ vedere un film alla televisione.

preferire - *bevorzugen*
sano/-a - *gesund*
il pasto - *die Mahlzeit*
la frutta - *das Obst*
il dolce - *die Süßspeise*

●● **4.** Wo sollten in folgenden Sätzen die Adjektive stehen? Achten Sie auf die Endungen und passen Sie gegebenenfalls den Artikel an.

a) Ho conosciuto un ragazzo. (simpaticissimo)

Ho conosciuto un ragazzo simpaticissimo.

b) Ho incontrato alcune persone. (molto interessante)

ho conosciuto – *ich habe kennengelernt*

ho visto – *ich habe gesehen*

ho rotto – *ich habe zerbrochen*

ho passato – *ich habe verbracht*

la telefonata – *der Anruf*

l'amica d'infanzia – *die Jugendfreundin*

il bosco – *der Wald*

il motorino – *das Moped*

c) Ho visto un film. (ottimo, francese)

d) Ho rotto il vaso di mia nonna. (bello, antico)

e) Ho passato una serata con alcuni amici. (molto divertente, vecchio)

f) Ho fatto una telefonata con un'amica d'infanzia. (lungo, caro)

g) Ho fatto una passeggiata nel bosco. (breve)

h) Ho comprato un motorino. (blu)

●●● **5.** Übersetzen Sie.

a) Emma ist meine beste Freundin.

b) Sie ist jünger als ich und sehr hübsch.

c) Sie ist eine sehr gute Übersetzerin.

d) Sie hat drei ältere Schwestern, Rita, Maria und Lucia.

e) Emma ist aber die größte von allen.

4 DAS ADVERB

Die ursprünglichen und die abgeleiteten Adverbien

2 Sai **già** cosa farai a Pasqua?

3 **Forse** vado a Parigi.

Im Italienischen werden Adverbien der Form nach in **ursprüngliche** und **abgeleitete Adverbien** eingeteilt. Die ursprünglichen Adverbien sind nicht an einer bestimmten Endung oder Form erkennbar. Zu dieser Gruppe gehören:

adesso, **ieri**, **spesso**, **tardi**, **già**	Adverbien der Zeit,
qui, **lì**, **davanti**, **fuori**, **sopra**	Adverbien des Ortes,
poco, **molto**, **abbastanza**, **niente**	Adverbien der Menge,
certo, **forse**, **purtroppo**, **sì**, **no**	Adverbien des Urteils.

4 Carlo è **assolutamente** geniale.

5 Sono **perfettamente** d'accordo con te.

Die zweite Gruppe umfasst die sogenannten **abgeleiteten Adverbien**, die von Adjektiven abgeleitet sind und auf -**mente** enden. Die meisten sind Adverbien der Art und Weise und sind unveränderlich.

1 *Anna ist schrecklich müde, weil sie morgen eine Prüfung hat. Leider hat sie wenig geschlafen und kann nicht gut lernen.*
2 *Weißt du schon, was du an Ostern machen wirst?*
3 *Vielleicht fahre ich nach Paris.*
4 *Carlo ist absolut genial.*
5 *Ich bin ganz und gar mit dir einverstanden.*

Deutschsprachigen fällt es in der Regel nicht leicht zu entscheiden, wann man ein Adjektiv und wann ein Adverb verwendet, da diese im Deutschen der Form nach oft identisch sind, z. B.:

Luisa parla **bene** il tedesco. La pizza è **buona**.	Luisa spricht **gut** Deutsch. (*Adv.*) Die Pizza ist **gut**. (*Adj.*)

Fehler in der Anwendung der italienischen Adverbien können Sie vermeiden, wenn Sie wissen, dass Sie mit einem Adverb Folgendes näher bestimmen können:

Laura parla **bene** l'italiano. Questo dolce è **incredibilmente** buono.	ein Verb, ein Adjektiv,
Pietro sta **veramente** male. Non è successo niente, **naturalmente**.	ein Adverb, einen ganzen Satz.

Die Bildung der abgeleiteten Adverbien

Die abgeleiteten Adverbien werden gebildet, indem Sie:

tipico ▸ tipic**a** ▸ tipica**mente** lento ▸ lent**a** ▸ lenta**mente** vero ▸ ver**a** ▸ vera**mente**	die Endung -**mente** an die weibliche Form der Adjektive auf -**o** anhängen.
veloce ▸ veloce**mente** evidente ▸ evidente**mente** enorme ▸ enorme**mente**	die Endung -**mente** an die unveränderte Form der Adjektive auf -**e** anhängen.
regolare ▸ regolar**mente** familiare ▸ familiar**mente** reale ▸ real**mente** facile ▸ facil**mente**	bei den Adjektiven auf -**re** und -**le** das -**e** entfernen und die Endung **-mente** hinzufügen.

Auch hier gibt es leider Ausnahmen, so z. B.:

leggero	▸	legger	▸	**leggermente**
violento	▸	violente	▸	**violentemente**
folle	▸	folle	▸	**follemente**

Buono und **cattivo** haben sogar unregelmäßige Adverbien:

buono	▸	**bene**	cattivo	▸	**male**

Die Stellung der Adverbien

§ Die Satzstellung S. 221

Die Adverbien stehen bei dem Wort bzw. dem Satzteil, auf den sie sich beziehen.

Adverbien der Art und Weise, Adverbien der Menge sowie die Adverbien der Zeit **adesso**, **presto**, **spesso**, **subito** und **tardi** stehen:

Fa **incredibilmente** freddo. Dormo **poco**. Arriviamo **subito.**	nach dem Verb.
La Juve ha giocato **meravigliosamente**. Ci siamo divertiti **molto**. Ho finito il lavoro **adesso**.	bei zusammengesetzten Zeiten nach dem Partizip Perfekt.
Sa spiegare **bene** la grammatica. Dobbiamo alzarci **presto**. Cercate di non bere **troppo**.	bei der Gruppe konjugiertes Verb + Infinitiv nach dem Infinitiv.

La Juve - *Juventus Turin (Fußballclub)*
divertirsi - *sich amüsieren*
spiegare - *erklären*

Die Adverbien **appena**, **ancora**, **già**, **mai** und **sempre** stehen:

Siamo **appena** usciti. Ho **ancora** pensato a te. Il concerto è **già** cominciato.	bei den zusammengesetzten Zeiten zwischen Hilfsverb und Partizip Perfekt.
Non vuole **mai** lavare i piatti. Cerca **sempre** di non arrabbiarsi. Volete **già** partire?	bei der Gruppe konjugiertes Verb + Infinitiv nach dem konjugierten Verb.

appena - *soeben*
arrabbiarsi - *sich ärgern*
suonare - *spielen (Instrument)*
purtroppo - *leider*

Anche tu suoni la chitarra? Suoni **anche la chitarra?** **Purtroppo** non ho visto Franco. Non ho visto Franco, **purtroppo**.	**Anche** steht vor dem Wort, das hervorgehoben wird. Adverbien, die sich auf einen ganzen Satz beziehen, stehen am Satzanfang oder am Satzende.

Die Steigerung der Adverbien

Gut zu wissen: Adverbien werden ähnlich wie Adjektive gesteigert.

1. Der Komparativ

1 La domenica mangiamo **più tardi**.

2 Il lavoro avanza **meno rapidamente** del solito.

3 Pia ci telefona **tanto spesso quanto** Paolo.

vestirsi – *sich anziehen*

prontamente – *schnell, schlagfertig*

alzarsi – *aufstehen*

Oggi la posta è arrivata **più tardi** di ieri.	Mit **più** steigern Sie ein Adverb zum Positiven,
Mi vesto **meno rapidamente** del solito.	mit **meno** zum Negativen.
Carlo ha risposto (**così**) **prontamente come** te. Oggi ci siamo alzati (**tanto**) **presto quanto** ieri.	Das deutsche *ebenso / so … wie* wird mit (**così**) **… come** oder (**tanto**) **… quanto** übersetzt, wobei der erste Teil auch wegfallen kann.

2. Der relative Superlativ

4 Tu hai reagito **più velocemente di tutti**.

Lisa lavora **più rapidamente di tutti** (gli altri / gli impiegati). Lisa mangia **più velocemente di tutte** (le altre / le sue colleghe).	Der relative Superlativ wird mit dem Komparativ + **di tutti / tutte** gebildet. Wer mit **tutti / tutte** gemeint ist, kann auch angegeben werden.

3. Der absolute Superlativ

5 Oggi sono tornato a casa **prestissimo**.

6 Il signor Rosa ci ha accolti **molto calorosamente**.

1 *Sonntags essen wir später.*
2 *Die Arbeit geht langsamer voran als sonst.*
3 *Pia ruft uns ebenso oft an wie Paolo.*
4 *Du hast am schnellsten von allen reagiert.*
5 *Heute bin ich sehr früh nach Hause gekommen.*
6 *Herr Rosa hat uns sehr herzlich empfangen.*

tardi ▸ **tardissimo** presto ▸ **prestissimo** spesso ▸ **spessissimo**		Den absoluten Superlativ der ursprünglichen Adverbien bilden Sie, indem Sie den Endvokal durch die Endung -**issimo** ersetzen. Er ist wie alle Adverbien unveränderlich.

lentamente ▸ **molto lentamente** gentilmente ▸ **molto gentilmente** rapidamente ▸ **molto rapidamente**	Bei den Adverbien auf -**mente** bilden Sie den absoluten Superlativ mit **molto**.

4. Adverbien mit unregelmäßiger Steigerung

1 Rosa balla **bene**. Balla **meglio** di me. Elena però balla **meglio di tutte**.

2 Carlo ride **molto**, ma suo fratello ride **più** di lui.

Die Adverbien **bene**, **male**, **poco** und **molto** haben eine unregelmäßige Steigerung:

	Komparativ	relativer Superlativ
bene	**meglio**	**meglio di tutti / tutte**
male	**peggio**	**peggio di tutti / tutte**
poco	**meno**	**meno di tutti / tutte**
molto	**più**	**più di tutti / tutte**

Den absoluten Superlativ bilden sie allerdings regelmäßig:

bene ▸	**benissimo**	poco ▸	**pochissimo**
male ▸	**malissimo**	molto ▸	**moltissimo**

1 *Rosa tanzt gut. Sie tanzt besser als ich. Elena tanzt jedoch am besten.*
2 *Carlo lacht viel, aber sein Bruder lacht mehr als er.*

Adjektive als Adverbien

1 State **zitti**, per favore!

2 Andate **piano**!

Nach einigen Verben wird anstelle eines Adverbs ein Adjektiv verwendet. So z. B. nach:

stare fermo – *ruhig bleiben, sich nicht bewegen, still halten*

la giacca – *die Jacke*

l'errore – *der Fehler*

parlare chiaro – *deutlich, offen reden*

parlare forte – *laut reden*

Com'è **diventata grande** tua figlia! Dovete **restare calmi**. Le difficoltà **sembrano enormi**. **Stai fermo**, per favore!	**diventare**, **restare**, **sembrare**, **stare**.
La giacca **è costata cara**. I propri errori si **pagano cari**.	**costare**, **pagare**, **comprare** und **vendere** in Verbindung mit dem Adjektiv **caro**.
Andate piano, per favore! Con me dovete **parlare chiaro**. Maria, **parla più forte**, non ti sento!	**andare** und **parlare**. Ihnen folgt ein Adjektiv, das jedoch unverändert bleibt.

Allerdings heißt es **parlare lentamente** und **andare lentamente**.

Stare wird sowohl mit dem Adjektiv **buono** als auch mit dem Adverb **bene** bzw. **male** kombiniert.

sto bene – *es geht mir gut*

il caldo – *die Hitze*

stare buono – *brav sein*

Ieri la nonna **stava bene**. Oggi con questo caldo **sta male**.	**Bene** und **male** beziehen sich auf die Gesundheit oder die Psyche.
Cercate di **stare buoni** quando noi non ci siamo!	Mit dem Ausdruck **stare** + **buono** hingegen ist das Benehmen gemeint.

1 *Seid ruhig, bitte!*

2 *Fahrt langsam!*

• **1. Wie lautet das Adverb zu folgenden Adjektiven?**

a) normale ______

e) folle ______

b) raro ______

f) cattivo ______

c) leggero ______

g) violento ______

d) felice ______

h) diretto ______

•• **2. Entscheiden Sie, ob jeweils das Adjektiv oder das Adverb zu ergänzen ist. Achten Sie bei den Adjektiven auch auf die passende Form.**

a) Mario non è una persona (*facile*) ______ .
b) È uno che si irrita (*facile*) ______ .
c) Vivere con lui è abbastanza (*difficile*) ______ .
d) Ha anche delle qualità, (*naturale*) ______ :
sa cucinare molto (*buono*) ______ , è un (*buono*) ______ padre ed è (*puntuale*) ______ ;
non è come tante altre persone che agli appuntamenti arrivano (*regolare*) ______ in ritardo.

irritarsi – *sich ärgern*
la qualità – *die Tugend*
cucinare – *kochen*
puntuale – *pünktlich*
in ritardo – *mit Verspätung*

•• **3. Wohin gehört jeweils das Adverb?**

a) I clienti sono arrivati. (appena)

______

b) Il film non è cominciato. (ancora)

______

c) Carlo suona il pianoforte. (anche)

______

d) Non riesco a finire il lavoro per venerdì. (purtroppo)

______

il cliente – *der Kunde*
riuscire a fare qc – *es schaffen etw zu tun*

e) Sandra è uscita. (tardi)

____

stancarsi – *müde werden, ermüden*

f) Cerca di non stancarti. (tanto)

____

g) Sono partiti gli ospiti? (già)

____

h) Dovresti rispondere. (subito)

____

i) Ines non vuole uscire il sabato sera. (mai)

____

●● **4. Ergänzen Sie jeweils den ersten Satz mit dem Komparativ und den zweiten mit dem absoluten Superlativ des angegebenen Adverbs.**

a) Luigi canta male.

Carlo canta ______________ di Luigi.

Carlo canta ______________.

b) Oggi sto bene.

Oggi sto ______________ di ieri.

Oggi sto ______________.

c) Emilio beve poco.

Emilio beve ______________ di me.

Emilio beve ______________.

d) Ieri ci siamo divertiti molto.

Ci siamo divertiti ______________ di sabato scorso.

Ci siamo divertiti ______________.

e) Stasera torno a casa tardi.

Torno ______________ del solito.

Torno a casa ______________.

f) Mi preparo rapidamente.

Mi preparo ______________ di mio marito.

Mi preparo ______________.

5 DAS POSSESSIVPRONOMEN

Gebrauch

Mit dem Possessivpronomen, auch besitzanzeigendes Fürwort genannt, gibt man an, wem etwas gehört.

— Non c'è più **il mio** impermeabile, l'ha preso qualcuno!
— Si calmi, signora. Vedrà che troveremo **il suo** impermeabile.

- In der Regel steht das Possessivpronomen vor dem Substantiv, dessen Besitz es bezeichnet. Man spricht in diesem Fall von adjektivischem Gebrauch.

— Signora, è questo **il suo** impermeabile?
— No, **il mio** è più chiaro.

- Es kann aber auch alleine stehen. Dann handelt es sich um pronominalen Gebrauch.
  Bei den Possessivpronomen gelten für den pronominalen Gebrauch dieselben Regeln wie für den adjektivischen Gebrauch.

l'impermeabile - *der Regenmantel*

si calmi - *beruhigen Sie sich*

trovare - *finden*

chiaro/-a - *hell*

1 *Darf ich dein Fahrrad nehmen?*
2 *Aber siehst du denn nicht, dass meins kaputt ist?*

Formen

1. Besitz in der Einzahl

Achtung! Anders als im Deutschen werden die Possessivpronomen meistens vom bestimmten Artikel begleitet.

Besitz / Besitzer	Einzahl männlich	Einzahl weiblich
io	**il mio** amico	**la mia** amica
tu	**il tuo** amico	**la tua** amica
lui, lei	**il suo** amico	**la sua** amica
Lei	**il Suo** amico	**la Sua** amica
noi	**il nostro** amico	**la nostra** amica
voi	**il vostro** amico	**la vostra** amica
Voi	**il Vostro** amico	**la Vostra** amica
loro	**il loro** amico	**la loro** amica

Das Possessivpronomen wird außer bei Verwandtschaftsbezeichnungen zusammen mit dem bestimmten Artikel verwendet.
Dabei richten sich sowohl der bestimmte Artikel als auch das Possessivpronomen selbst in Geschlecht und Zahl nach dem Besitz.
Nur **loro** bleibt unverändert.

2. Besitz in der Mehrzahl

Besitz / Besitzer	Mehrzahl männlich	Mehrzahl weiblich
io	**i miei** amici	**le mie** amiche
tu	**i tuoi** amici	**le tue** amiche
lui, lei	**i suoi** amici	**le sue** amiche
Lei	**i Suoi** amici	**le Sue** amiche
noi	**i nostri** amici	**le nostre** amiche
voi	**i vostri** amici	**le vostre** amiche
Voi	**i Vostri** amici	**le Vostre** amiche
loro	**i loro** amici	**le loro** amiche

Auch wenn der Besitz in der Mehrzahl steht, richten sich sowohl der bestimmte Artikel als auch das Possessivpronomen in Geschlecht und Zahl nach dem Besitz. Nur **loro** bleibt immer unverändert.

3. Ein Besitz unter mehreren

1 Il signor Vinti è **un mio** conoscente, la signora Vinti è **una mia** cliente.

Carlo è **un nostro** cugino. Cinzia è **una mia** amica. È **una tua** allieva, Simona? Emilio è **un vostro** vicino, vero? Il signor Ruffo è **un Suo** paziente?	Wenn „ein Besitz" bezeichnet wird, bei dem es sich um eine Person unter mehreren handelt, dann steht das Possessivpronomen mit dem unbestimmten Artikel.

il cugino - *der Cousin*

l'allieva - *die Schülerin*

il paziente - *der Patient*

4. Unterschiede zwischen italienischen und deutschen Possessivpronomen

2 Emilio ha perso **il suo libro di tedesco** e Sandra **il suo libro d'inglese**.

3 Rosa e Rocco hanno venduto **la loro casa**.

4 Sandra ha venduto **la sua bicicletta**.

Emilio ha ritrovato **il suo libro**. Anche Sandra ha ritrovato **il suo libro**.	Die Formen **suo**, **sua**, **suoi** und **sue** werden sowohl bei einem Besitzer als auch bei einer Besitzerin verwendet, z. B. kann **il suo libro** *sein Buch* aber auch *ihr Buch* heißen.
Emilio ha perso il **suo** portafoglio con la più bella foto **di lei**. *Emilio hat **seine** Brieftasche mit **ihrem** schönsten Foto verloren.* Sandra ha perso il **suo** portafoglio con la più bella foto **di lui**. *Sandra hat **ihre** Brieftasche mit **seinem** schönsten Foto verloren.*	Statt des Possessivpronomens kann zur Verdeutlichung die Präposition **di** zusammen mit dem entsprechenden betonten Personalpronomen verwendet werden.

ritrovare - *wiederfinden*

1 *Herr Vinti ist ein Bekannter von mir, Frau Vinti ist eine Kundin von mir.*
2 *Emilio hat sein Deutschbuch verloren und Sandra ihr Englischbuch.*
3 *Rosa und Rocco haben ihr Haus verkauft.*
4 *Sandra hat ihr Fahrrad verkauft.*

Was im Deutschen mit *ihr* bzw. *Ihr* ausgedrückt wird, müssen Sie im Italienischen auf unterschiedliche Weise wiedergeben:

*Carla hat **ihr** Auto verkauft.* Carla ha venduto **la sua** macchina.	mit den Formen von **suo**, wenn Sie über eine Besitzerin sprechen.
*Rosa und Rocco haben **ihr** Haus verkauft.* Rosa e Rocco hanno venduto **la loro** casa.	mit **loro**, wenn Sie über mehrere Besitzer sprechen.
*Hier ist **Ihr** Schlüssel, Frau Conte.* Ecco **la Sua** chiave, signora Conte. *Hier ist **Ihr** Schlüssel, Herr Conte.* Ecco **la Sua** chiave, signor Conte.	mit den Formen von **Suo**, wenn Sie einen Besitzer oder eine Besitzerin höflich ansprechen bzw. siezen.
*Wie geht es **Ihrem** Sohn?* Come sta **Vostro** figlio?	mit den Formen von **Vostro**, wenn Sie mehrere Personen höflich ansprechen.
*Hier ist **Ihr** Zimmer.* Ecco **la Loro** camera.	In einer sehr formellen Situation mit **Loro**.

Das Possessivpronomen bei Verwandtschaftsbezeichnungen

Al mio matrimonio c'erano quasi tutti i miei parenti.
Mancavano solo **mio** fratello, **i miei** cugini e **la mia** vecchia zia.

An meiner Hochzeit waren fast alle meine Verwandten da. Es fehlten nur mein Bruder, meine Cousins und meine alte Tante.

Mia sorella ha 20 anni. Cosa fa **tuo** padre? **Nostro** figlio è in Inghilterra. I signori Gallo sono venuti con **la loro** figlia.	Der bestimmte Artikel fällt bei Verwandtschaftsbezeichnungen in der Einzahl in der Regel weg. Nur bei **loro** müssen Sie den bestimmten Artikel immer setzen.

Ebenso müssen Sie den bestimmten Artikel verwenden, wenn die Verwandtschaftsbezeichnung:

I miei nonni vivono a Roma.	in der Mehrzahl steht,
Come sta **la tua sorellina?** **La mia mamma** sta bene.	eine Verkleinerungsform oder eine Koseform ist,
Il nostro vecchio zio è andato a vivere da sua figlia.	durch ein Adjektiv näher bestimmt wird
— Mio figlio quest'anno va in Germania. — **Il mio** invece vuole andare in Francia.	oder wenn das Possessivpronomen pronominal gebraucht wird.

i nonni - *die Großeltern*

la sorellina - *die kleine Schwester*

lo zio - *der Onkel*

Sonderfälle

Es gibt weitere Fälle, bei denen man das Possessivpronomen ohne den bestimmten Artikel benutzt:

Vieni **a casa mia** dopo il cinema? Saluta tua madre **da parte mia!** Sandro è sempre **in camera sua**. **È colpa vostra** se arriviamo tardi.	Bei einigen Wendungen mit nachgestelltem Possessivpronomen.
— **È tua** questa borsa? — No, non **è mia**, è di Chiara.	Oft bei der Verbindung **essere** + Possessivpronomen, die mit *gehören* übersetzt wird.

a casa mia - *zu mir (nach Hause), bei mir (zu Hause)*

da parte mia - *meinerseits, von mir*

la colpa - *die Schuld*

la borsa - *die Tasche*

● **1. Formen Sie die angegebenen Possessivpronomen in die Einzahl bzw. Mehrzahl um.**

Einzahl	Mehrzahl
a) il mio disco	____________ dischi
b) ____________ foto	le tue foto
c) il suo biglietto	____________ biglietti
d) ____________ problema	i nostri problemi
e) la vostra difficoltà	____________ difficoltà
f) il loro cane	____________ cani

●● **2. Massimo zeigt einem Freund alte Familienfotos. Ergänzen Sie seine Kommentare mit suo und loro.**

il fidanzato – *der Verlobte, der Freund*
il cane – *der Hund*
il suocero – *der Schwiegervater*
la compagna – *die Partnerin*

a) Questa è mia sorella Luisa con ____________ fidanzato.
b) Qui Luisa è con ____________ marito e Sara, ____________ figlia.
c) Questi sono i miei zii di Imola con ____________ figlie Maria e Pia.
d) Questa invece è mia madre al mare con ____________ cugine.
e) Qui vedi i miei genitori con Gino e Rosa, ____________ migliori amici.
f) E qui vedi i miei nonni con ____________ prima macchina. Accanto c'è Socrate, ____________ cane.

●● **3. Setzen Sie das angegebene Possessivpronomen vor die Substantive. Ergänzen Sie, falls nötig, den bestimmten Artikel.**

mio

mio padre, ____________ famiglia, ____________ moglie, ____________ vecchia zia, ____________ nonni, ____________ ragazza, ____________ zio

tuo

____________ genitori, ____________ fidanzata, ____________ amico, ____________ sorellina, ____________ colleghe, ____________ mamma

suo

____________ fratello, ____________ cara cugina, ____________ nonni, ____________ suocero, ____________ sorelle, ____________ compagna

●● **4.** Ergänzen Sie die Dialoge mit den passenden Possessiva.

Zwei Mütter:

a) — __________ figlia quest'anno va in Inghilterra.
— __________ invece vuole andare in Francia.

b) — __________ figli aiutano molto in casa. Anche __________, signora?
— Eh, __________ purtroppo no.

c) — __________ figlio vuole sempre uscire la sera.
— __________ per fortuna preferisce rimanere a casa.

d) — Quest'anno __________ figlia vuole andare al mare con __________ ragazzo.
— Ma quanti anni ha __________ figlia?
— Diciassette.
— Beh, a diciassette anni anche __________ è andata in vacanza con __________ ragazzo.

Zwei Mädchen:

e) — __________ genitori litigano spesso. Anche __________?
— No, __________ no.

f) — __________ fratello ha 18 anni e __________ quanti anni ha?
— __________ ha già 25 anni.

●● **5.** **Entscheiden Sie, wo die vorgegebenen Possessivpronomen stehen müssen.**

a) Chi viene a __________ casa __________ dopo il cinema? (mia)

b) Saluta i nonni da __________ parte __________ e anche da parte di __________ padre __________. (nostra, mio)

c) Se arriviamo in ritardo è __________ colpa __________. (tua)

d) Roberto è in __________ camera __________ con __________ cugino __________. (sua, suo)

6 DAS DEMONSTRATIV-PRONOMEN

Mit dem Demonstrativpronomen lenkt man die Aufmerksamkeit des Gesprächspartners auf eine bestimmte Person oder Sache.

Gebrauch

Questa marmellata è di ciliegie.
Quei pantaloni e **questa** camicetta sono vecchi.

- Das Demonstrativpronomen kann beim Substantiv stehen, auf das es sich bezieht. Man spricht in diesem Fall von adjektivischem Gebrauch.

— Sono mature le pere? — **Queste** sì, **quelle** non ancora.

- Es kann aber auch alleine stehen und man spricht dann von pronominalem Gebrauch.

la marmellata - *die Marmelade*
la camicetta - *die Bluse*
maturo/-a - *reif*
la pera - *die Birne*

Scusi, è **questo** il treno per Napoli?
Quest'inverno fa proprio freddo.

- Sie nehmen **questo**, wenn die Sache bzw. Person Ihnen räumlich oder zeitlich nahe steht.

È carina **quella** ragazza seduta in fondo al corridoio.
Vi ricordate **quella** sera di tanti anni fa quando papà ritornò dal Canada?

- Mit **quello** drücken Sie hingegen eine räumliche oder zeitliche Entfernung aus.

in fondo a - *hinten*
il corridoio - *der Gang*
tanti anni fa - *vor vielen Jahren*

1 *Welches Kleid bevorzugst du, dieses oder das schwarze?*
2 *Das schwarze; es ist eleganter.*

Mi piacciono molto **i romanzi** dei giovani scrittori italiani; **quelli** di Baricco, per esempio, o **quelli** di De Carlo.
— Quale **vino** preferisci, **quello** bianco o **quello** rosso? — **Quello** rosso.

- Ohne jeglichen Bezug auf räumliche oder zeitliche Entfernungen kann **quello** ein Substantiv ersetzen, das zuvor genannt wurde.

il romanzo - *der Roman*

Formen

1. Questo

Questo verhält sich wie ein Adjektiv auf **-o**, auch wenn man es pronominal anwendet.

	Einzahl	Mehrzahl
männlich	**questo** vino	**questi** vini
weiblich	**questa** borsa	**queste** borse

Die Formen **questo** und **questa** werden vor einem Substantiv, das in der Einzahl steht und mit einem Vokal anfängt, meist apostrophiert: **quest'a**nno, **quest'e**state, **quest'i**nverno, **quest'o**ra, **quest'u**va.

2. Quello

Das Demonstrativpronomen richtet sich in Geschlecht und Zahl nach seinem Bezugswort.

Männliche Formen

Einzahl				Bei männlichen Substantiven in der Einzahl nehmen Sie:
il	**tr**eno	**quel**	**tr**eno	**quel** vor Konsonant,
lo	**sc**ialle	**quello**	**sc**ialle	**quello** vor **s** + Konsonant, vor
lo	**z**aino	**quello**	**z**aino	**z** oder vor **gn**, **pn**, **ps**, **x** und **y**,
l'	**a**nno	**quell'**	**a**nno	**quell'** vor Vokal.

Mehrzahl				In der Mehrzahl nehmen Sie:
i	**tr**eni	**quei**	**tr**eni	**quei** vor Konsonant,
gli	**sc**ialli	**quegli**	**sc**ialli	**quegli** vor **s** + Konsonant, vor
gli	**z**aini	**quegli**	**z**aini	**z** oder vor **gn**, **pn**, **ps**, **x** und **y**
gli	**a**nni	**quegli**	**a**nni	sowie vor Vokal.

Wenn Sie **quello** adjektivisch benutzen, verhält es sich wie der bestimmte Artikel.

Weibliche Formen

Einzahl				Vor weiblichen Substantiven in der Einzahl nimmt man:
la	casa	**quella**	casa	**quella** vor Konsonant,
l'	amica	**quell'**	amica	**quell'** vor Vokal.

Mehrzahl				In der Mehrzahl nimmt man
le	case	**quelle**	case	immer **quelle**.
le	amiche	**quelle**	amiche	

Wenn **quello** alleine steht, sind seine Formen viel einfacher.

Die Formen von quello beim pronominalen Gebrauch

Preferisci lo yogurt alle fragole o **quello** al limone?
Vi piacciono di più i mobili moderni o **quelli** antichi?
Quale camicia metto, questa o **quella**?
— Quali scarpe metto per la passeggiata? — Metti **quelle** più comode.

Wie Sie an den Beispielen erkennen können, verhält sich **quello** beim pronominalen Gebrauch wie ein Adjektiv auf -**o**.

• **1.** Ergänzen Sie die Sätze mit der jeweils passenden Form von **quello**.

Ti ricordi ...

a) ______________ anno in cui siamo andati in Irlanda per la prima volta?

b) ______________ famiglia greca che abbiamo conosciuto al mare, anni fa?

c) ______________ ragazzi che non avevano i soldi per tornare a casa?

d) ______________ estate caldissima in cui dormivamo in terrazza?

e) ______________ studente che aveva attraversato l'Italia in bicicletta?

f) ______________ giorno in cui ci hanno rubato la macchina?

g) ______________ spaghetti che preparammo di notte sulla spiaggia?

•• **2.** **Entscheiden Sie, ob Sie die Dialoge mit questo oder mit quello ergänzen müssen und welches die jeweils passende Form des gewählten Demonstrativpronomens ist.**

a) — Senti, quale gonna metto stasera, ______________ o ______________ blu?

— Mah, non so, metti ______________ più comoda.

b) — Scusi, dov'è il ristorante «Le tre sorelle»?

— Allora, vede ______________ semaforo là in fondo? Ecco, è lì a destra.

c) — Senti, sai chi sono ______________ signori là accanto alla porta?

— Certo, ______________ più piccolo è il professor Minelli, l'altro è l'avvocato Pastrani.

d) — Sai che ______________ estate non andiamo in vacanza?

— Ma come, rimanete in città tutta l'estate?

— Eh sì, purtroppo è così.

e) — Quali pantaloni preferisci, ______________ qui o ______________ neri?

— Mah, secondo me ti stanno meglio ______________ rossi.

f) — Scusi, quanto costano ______________ stivali, là a destra?

— Quali, ______________ neri?

— No, ______________ beige.

— ______________ costano 150 euro.

comodo/-a - *bequem*

il semaforo - *die Ampel*

là in fondo - *dort hinten*

a destra - *rechts*

accanto a - *neben*

rimanere - *bleiben*

qui - *hier*

7 DIE UNBESTIMMTEN PRONOMEN

Gebrauch

Man unterscheidet zwischen unbestimmten Pronomen, die ...

Ho fatto **tante foto**. Purtroppo **tante** non sono venute bene.
Alla televisione ci sono **tanti film**, **tanti** purtroppo non sono belli.

... sowohl beim Substantiv als auch alleine stehen können.
Im ersten Fall spricht man von adjektivischem, im zweiten von pronominalem Gebrauch.

venire bene – *(gut) gelingen*
succedere – *geschehen*

Ha telefonato **qualcuno?**
È successo **qualcosa**?

... sich nur pronominal gebrauchen lassen, d. h. alleine stehen.

Ho invitato **qualche** amico.
Ogni mattina faccio ginnastica.

... nur adjektivisch benutzt werden können, d. h. sie stehen bei einem Substantiv.

Unbestimmte Pronomen mit adjektivischem und pronominalem Gebrauch

2 **Tutti** sanno che faccio jogging **tutti i** giorni.

1 *An ihrer Hochzeit wollte meine Tochter ein großes Fest machen. Sie hat alle ihre Freunde eingeladen und sogar einige Nachbarn. Es sind nicht alle gekommen. Einige konnten an dem Tag leider nicht kommen, aber es waren trotzdem viele Leute da.*

2 *Alle wissen, dass ich jeden Tag jogge.*

Die unbestimmten Pronomen, die zu dieser Gruppe gehören, richten sich in Geschlecht und Zahl nach dem Substantiv, auf das sie sich beziehen:

Ho scritto a **molte** amiche,	sowohl beim adjektivischen Gebrauch
poche mi hanno risposto.	als auch beim pronominalen.

Wenn **poco**, **molto**, **tanto** und **troppo** Adverb sind, bleiben sie aber unverändert:

Ho mangiato **poco** e bevuto **molto**.

1. Poco, molto, tanto, troppo

1 **Tutti** sanno chi è la nuova direttrice, ma **pochi** l'hanno vista.

Poco, **molto**, **tanto** und **troppo** haben im Deutschen folgende Bedeutungen:

C'è **poco** spazio per ballare. Claudia ha **poche** amiche.	**poco**, **-a**: **pochi**, **-e**:	*wenig* *wenige*
C'è ancora **molto** pane. **Molti** giovani sono disoccupati.	**molto**, **-a**: **molti**, **-e**:	*viel* *viele*
C'era **tanta** gente. Ho comprato **tanti** grissini.	**tanto**, **-a**: **tanti**, **-e**:	*viel* *viele*
Nella minestra c'è **troppo** sale. Ci sono **troppe** macchine.	**troppo**, **-a**: **troppi**, **-e**:	*zu viel* *zu viele*

lo spazio – *der Platz*

ballare – *tanzen*

disoccupato – *arbeitslos*

la minestra – *die Suppe*

2. Tutto

2 Oggi ho dormito **tutta la** mattina. Ma di solito mi alzo **tutti i** giorni alle sette.

Steht **tutto** vor einem Substantiv, wird dieses immer mit dem bestimmten Artikel verwendet!

Steht **tutto** vor einem Substantiv, bedeutet es:

Non ho visto **tutto il** film. Ho visto **tutti i** film di Antonioni.	in der Einzahl *ganz* und in der Mehrzahl *alle* bzw. *jeder*.

1 *Alle wissen, wer die neue Leiterin ist, aber wenige haben sie gesehen.*

2 *Heute habe ich den ganzen Morgen geschlafen. Aber normalerweise stehe ich jeden Tag um sieben auf.*

— Che cosa vedete? — **Tutto**. — Hai mangiato **tutto il** riso? — Sì, **tutto**.	Steht **tutto** alleine, entspricht die Einzahl meist dem deutschen *alles* bzw. *ganz*.
— Hai salutato **tutti**? — Sì, **tutti**.	Die Mehrzahl wird mit *alle* wiedergegeben.
Ho i vestiti **tutti bagnati**. Claudia è diventata **tutta rossa**. Anna e Sara erano **tutte felici** di andare al concerto di Zucchero. Il cielo è **tutto coperto**.	Vor einem Adjektiv wird **tutto** meist mit *ganz (und gar)* wiedergegeben. Es richtet sich in Geschlecht und Zahl nach dem Substantiv, auf das es sich bezieht, auch wenn es die Funktion eines Adverbs hat.

bagnato/-a - *nass*
felice - *glücklich*
il cielo - *der Himmel*
coperto/-a - *bedeckt*

3. Alcuno

Ho ricevuto **alcuni** messaggi e **alcune** e-mail.

— Hanno risposto le tue amiche? — **Alcune** sì.	**Alcuno** wird vor allem in der Mehrzahl verwendet und heißt *einige, manche*.
Non ho **alcuna** voglia di partire. Sabrina si è arrabbiata **senza alcun** motivo.	In der Einzahl gebraucht man es auch in verneinten Sätzen mit **non** oder **senza**. In diesen Fällen bedeutet es *kein(e) einzige(r, s)* bzw. *ohne jegliche(n, s)*.

aver voglia - *Lust haben*
arrabbiarsi - *sich ärgern*
il motivo - *der Grund*

Wenn **alcuno** beim Substantiv steht und in der Einzahl ist, bildet es die Formen nach den Regeln des unbestimmten Artikels:

Männliche Formen:	**un**	**m**otivo	**alcun**	**m**otivo
	uno	**sb**aglio	**alcuno**	**sb**aglio
	un	**a**iuto	**alcun**	**a**iuto
Weibliche Formen:	**una**	**l**ettera	**alcuna**	**l**ettera
	un'	**i**dea	**alcun'**	**i**dea

lo sbaglio - *der Fehler*
l'aiuto - *die Hilfe*

Ich habe einige Nachrichten und einige E-Mails erhalten.

4. Nessuno

1 Oggi non c'è stata **nessuna** telefonata e non ho visto **nessuno**.

Nessuno können Sie nur in der Einzahl benutzen.

Non ho **nessun** problema. Non ho fatto **nessuno** sbaglio.	Im adjektivischen Gebrauch heißt es *kein (einzige(r, s))*.
Qui non conosciamo **nessuno**. Non ha scritto **nessuno**.	Pronominal verwendet heißt **nessuno** *niemand*.

Die Verneinung S. 215

Wenn **nessuno** beim Substantiv steht, bildet es die Formen nach den Regeln des unbestimmten Artikels:

Männliche Formen:	**un**	**m**otivo	**nessun**	**m**otivo
	uno	**sb**aglio	**nessuno**	**sb**aglio
	un	**a**iuto	**nessun**	**a**iuto
Weibliche Formen:	**una**	**l**ettera	**nessuna**	**l**ettera
	un'	**i**dea	**nessun'**	**i**dea

Unbestimmte Pronomen mit pronominalem Gebrauch

2 Hai trovato **qualcosa** per Nadia? Sabato è il suo compleanno.

3 No, non ho trovato ancora **niente**.

Zu den unbestimmten Pronomen, die Sie nur pronominal, also alleine, benutzen können, gehören **qualcuno**, **ognuno**, **qualcosa**, **niente** und **nulla**.

1. Qualcuno, ognuno

Qualcuno und **ognuno** werden nur in der Einzahl verwendet.

C'è **qualcuno**? Conosci **qualcuna** di quelle ragazze?	**Qualcuno** heißt *jemand*. Die weibliche Form ist seltener und bedeutet *(irgend)eine*.

1 *Heute gab es keinen Anruf und ich habe niemanden gesehen.*
2 *Hast du etwas für Nadia gefunden? Am Samstag ist ihr Geburtstag.*
3 *Nein, ich habe noch nichts gefunden.*

Ognuno vuole aver ragione.	**Ognuno** bedeutet *jeder (einzelne)*
Ognuna di noi ha dei problemi.	und **ognuna** *jede (einzelne)*.

2. Chiunque, qualcosa

aver ragione – *recht haben*
dimmelo – *sag es mir*
sentire – *hören*

Chiunque und **qualcosa** sind unveränderlich.

Chiunque può fare questo lavoro.	**Chiunque** heißt *jeder (beliebige)*.
Se sai **qualcosa** dimmelo.	**Qualcosa** bedeutet *etwas*.

3. Niente, nulla

§ Die Verneinung S. 215

Non si vede **niente**. Non ho sentito **niente**. Non è successo **nulla**.	**Niente** und die etwas gehobenere Form **nulla** sind unveränderlich und heißen auf Deutsch *nichts*.

Etwas und *nichts* kommen außerdem oft in Ausdrücken wie z. B. *etwas/ nichts Schönes* oder *etwas/nichts zu tun* vor. Auf Italienisch drücken Sie solche Wendungen mithilfe der Präpositionen **di** bzw. **da** folgendermaßen aus:

Deutsch	Italienisch
etwas/nichts + substantiviertes Adjektiv: *etwas/nichts* Gutes	**qualcosa / niente + di +** Adjektiv: **qualcosa / niente di** buono
etwas/nichts + zu + Verb: *etwas/nichts zu* sehen	**qualcosa / niente + da +** Verb: **qualcosa / niente da** vedere

Unbestimmte Pronomen mit adjektivischem Gebrauch

1 Mario è qui da **qualche** giorno.

2 In estate vado **ogni** giorno in piscina.

Unbestimmte Pronomen, die man nur adjektivisch verwenden kann, sind z. B. **qualche**, **ogni**, **qualsiasi** und **qualunque**. Sie sind unveränderlich und kommen nur in der Einzahl vor.

1 *Mario ist seit einigen Tagen hier.*
2 *Im Sommer gehe ich jeden Tag ins Schwimmbad.*

1. Qualche

Ho invitato **qualche** amica. Ho **qualche** giorno di vacanza.	**Qualche** heißt *einige* und ist gleichbedeutend mit **alcuni**, **-e**.

Achten Sie auf den grammatischen Unterschied zwischen **qualche** und **alcuni**, **-e**:

Mario è partito **qualche** giorno fa. **Qualche studente** non ha capito niente.	Mario è partito **alcuni** giorni fa. **Alcuni studenti** non hanno capito niente.

Bei **qualche** steht das nachfolgende Substantiv in der Einzahl, bei **alcuni**, **-e** hingegen in der Mehrzahl.

C'è qualche tavolo **libero**. Qualche mio amico non **è puntuale**.	**Ci sono** alcuni tavoli **liberi**. Alcuni miei amici non **sono puntuali**.

Bei **qualche** + Substantiv stehen auch Verben und Adjektive, die sich auf dieses Substantiv beziehen, in der Einzahl. Bei **alcuni**, **-e** verwendet man die Formen in der Mehrzahl.

Ogni kann auch von einem Substantiv im Plural begleitet werden, wenn vor diesem Substantiv eine Zahl steht: **ogni** due giorni, **ogni** tre anni.

2. Ogni

Enzo ed io ci vediamo **ogni** giorno.	**Ogni** bedeutet *jede(r, s)*.

3. Qualunque, qualsiasi

Potete venire a **qualsiasi** ora. Va a sciare con **qualunque** tempo.	**Qualsiasi** und **qualunque** entsprechen im Deutschen beide dem Ausdruck *jede(r, s) (beliebige)*.

l'ora – *die Uhrzeit*
il tempo – *das Wetter*

sbagliare – *sich irren, einen Fehler machen*
un incidente grave – *ein schwerer Unfall*
guadagnare – *verdienen*
il mazzo di fiori – *der Blumenstrauß*
la roba – *das Zeug, die Sachen*
il mal di testa – *die Kopfschmerzen*

●● **1.** Welches der angegebenen unbestimmten Pronomen passt jeweils? Setzen Sie es, falls nötig, in die richtige Form und verwenden Sie, wo nötig, den entsprechenden Artikel.

a) **tutto**, **ogni**, **ognuno**

__________ anno a Natale, faccio i tortellini.

b) **qualcosa**, **alcuno**, **ognuno**

__________ di noi può sbagliare.

c) **tutto**, **qualche**, **alcuno**

__________ giorno fa è successo un incidente grave davanti a casa nostra.

d) **qualsiasi**, **tutto**, **ognuno**

Per guadagnare un po' durante le vacanze farei __________ lavoro.

e) **qualunque**, **qualche**, **tutto**

__________ anni, per il mio compleanno, i miei colleghi mi regalano un enorme mazzo di fiori.

f) **niente**, **troppo**, **qualcosa**

Quando vado al mercato compro sempre __________ roba.

g) **qualcuno**, **nessuno**, **alcuno**

Marco quando ha mal di testa non vuole vedere __________.

h) **niente**, **qualunque**, **ogni**

Stasera alla televisione non c'è __________ di interessante.

● **2.** Tragen Sie die passende Form von **nessuno** ein.

a) __________ errore
b) __________ film
c) __________ scrittore
d) __________ yogurt
e) __________ macchina
f) __________ foto
g) __________ zoo
h) __________ idea
i) __________ amico
j) __________ amica
k) __________ psicologo
l) __________ città

8 DIE PERSONALPRONOMEN

3 — **Noi** restiamo a casa; **voi** cosa fate?
— **Noi** andiamo al cinema.

4 — Quando fai i compiti?
— **Li** faccio subito.

Mit den Personalpronomen kann man bereits Erwähntes anders und in verkürzter Form wiedergeben.

Das Subjektpronomen

Formen

In der Einzahl lauten die Formen des Subjektpronomens:

Io ho fame, anche	**io** (*ich*) für die 1. Person,
tu hai fame?	**tu** (*du*) für die 2. Person,
Lui vuole andare al lago, **lei** al mare.	**lui** (*er*) für die 3. Person männlichen Geschlechts, **lei** (*sie*) für die 3. Person weiblichen Geschlechts,
Lei, signor Masu, che cosa prende da bere? **Lei**, signora, prende un'acqua minerale?	**Lei** (*Sie*) bei der höflichen Anrede einer Person männlichen oder weiblichen Geschlechts.

Das Subjektpronomen steht für das Subjekt. Es wird nur dann verwendet, wenn es hervorgehoben werden soll.

1 *Wer wäscht heute ab, du oder ich?*
2 *Du.*
3 *— Wir bleiben zu Hause; was macht ihr? — Wir gehen ins Kino.*
4 *— Wann machst du die Hausaufgaben? — Ich mache sie sofort.*

In sehr formellen Situationen verwendet man bei der höflichen Anrede mehrerer Personen **Loro** anstatt **Voi**. Die Großschreibung kommt immer seltener vor.

In der Mehrzahl lauten sie:

Noi andiamo al cinema,	**noi** (*wir*) für die 1. Person,
voi cosa fate?	**voi** (*ihr*) für die 2. Person,
Anche **Voi**, signori, prendete un caffè?	**Voi** (*Sie*) bei der höflichen Anrede mehrerer Personen,
Loro sono tedeschi, io sono italiano.	**loro** (*sie*) für die 3. Person.

Gebrauch

Anders als im Deutschen lässt man das Subjektpronomen meistens weg.

Die entsprechende Person erkennt man an der Verbform:

Mangio – *Ich esse.*

Fumi? – *Rauchst du?*

Siamo stanchi. – *Wir sind müde.*

— I Masu sono sardi? — **Lui** sì, **lei** no.

- Das Subjektpronomen kann alleine, d. h. ohne Verb stehen, ...

Io sono italiana, **lui** è svizzero.

- ... oder es wird mit einem Verb verwendet.

Benutzen Sie das Subjektpronomen nur:

— Chi va al mare quest'estate? — **Noi**.

- um die Person bzw. die Personen gegenüber anderen hervorzuheben,

Noi torniamo a casa in macchina, **loro** preferiscono tornare a piedi.

- bei Gegenüberstellungen,

Lei, signora, che cosa prende?

- bei der höflichen Anrede und

Venite **anche voi** in discoteca?

- nach **anche**.

Die Formen **lui**, **lei** und **loro** können Sie nicht verwenden, wenn es sich um Gegenstände handelt. Bei Gegenständen benutzen Sie das Verb jeweils ohne Subjektpronomen oder Sie nehmen das entsprechende Substantiv wieder auf, z. B.:

I Nardelli hanno comprato <u>una casa</u> . **È** bella e molto spaziosa.

Nardellis haben ein Haus gekauft. Es ist schön und sehr geräumig.

Vi do i compiti . Non **sono** difficili, ma **sono** utili.
Ich gebe euch Hausaufgaben. Sie sind nicht schwierig, aber sie sind nützlich.

Das Objektpronomen

2 **Ti** ha scritto Lucia?

Im Italienischen gibt es wie im Deutschen direkte und indirekte Objektpronomen.

— Hai fatto **la spesa**? — Non ancora, **la** faccio più tardi.	Die direkten Objektpronomen stehen für ein direktes Objekt (Akkusativobjekt).
La sera guardo volentieri **la TV**. Oggi non ho visto **Carlo**. Dove compri **la carne**?	Das direkte Objekt erkennen Sie am Fehlen der Präposition **a** vor dem jeweiligen Substantiv.
— Hai scritto **alla nonna**? — Certo, **le** ho scritto stamattina.	Mit den indirekten Objektpronomen ersetzen Sie ein indirektes Objekt (Dativobjekt).
Che cosa regali **a tuo marito**? Hai risposto **ai tuoi genitori**? Telefono **al dottor Renzi**.	Das indirekte Objekt erkennen Sie am Vorhandensein der Präposition **a** beim jeweiligen Substantiv.

fare la spesa – *einkaufen*

guardare la TV – *fernsehen*

la carne – *das Fleisch*

rispondere – *antworten*

Perché hai invitato **me** e non **lei**? **A me** la cucina giapponese piace, piace anche **a te**?	Es gibt **betonte** Formen sowohl für das direkte als auch für das indirekte Objektpronomen.
Perché **mi** hai invitato? La cucina giapponese **mi piace**. **Ti** piace la cucina francese?	Und es gibt **unbetonte** Formen für beide Objektpronomen.

invitare – *einladen*

giapponese – *japanisch*

1 *Ich liebe dich.*

2 *Hat dir Lucia geschrieben?*

Formen und Gebrauch der betonten Objektpronomen

Die betonten Formen des indirekten und des direkten Objektpronomens unterscheiden sich lediglich durch das Vorhandensein oder Fehlen der Präposition **a**. Diese steht:

A te piace sciare?	bei den indirekten Objektpronomen …
Voglio vedere solo **te**.	… und fehlt bei den direkten.

Indirekte Objektpronomen		Direkte Objektpronomen	
Laura scrive … (*Laura schreibt …*)		**Laura conosce solo …** (*Laura kennt nur …*)	
a me.	(*mir.*)	**me.**	(*mich.*)
a te.	(*dir.*)	**te.**	(*dich.*)
a lui.	(*ihm.*)	**lui.**	(*ihn.*)
a lei.	(*ihr.*)	**lei.**	(*sie.*)
a Lei.	(*Ihnen.*)	**Lei.**	(*Sie.*)
a noi.	(*uns.*)	**noi.**	(*uns.*)
a voi.	(*euch.*)	**voi.**	(*euch.*)
a Voi.	(*Ihnen.*)	**Voi.**	(*Sie.*)
a loro.	(*ihnen.*)	**loro.**	(*sie.*)
a Loro.	(*Ihnen.*)	**Loro.**	(*Sie.*)
Laura pensa **a sé**. (*Laura denkt an sich.*)		Laura ama solo **sé** stessa. (*Laura liebt nur sich selbst.*)	

A sé und **sé** stehen für das Reflexivpronomen. Vor **stesso** kann **sé** auch ohne Akzent geschrieben werden: **Vede solo se stessa**.

A Lei und **Lei** nimmt man bei der höflichen Anrede einer Person.

A Voi und **Voi** nimmt man bei der höflichen Anrede mehrerer Personen. In sehr formellen Situationen bevorzugt man stattdessen **a Loro** und **loro**.

Die betonten Objektpronomen werden gebraucht:

Flavio guarda solo **te**.
A noi l'aglio piace molto.

- wenn die Person bzw. die Personen hervorgehoben werden.

Conosco **lui**, **lei** no.

- bei Gegenüberstellungen.

l'aglio – *der Knoblauch*

Io vado al mare, chi viene **con me**?
C'è una lettera **per te**.
Abbiamo parlato **di lui**.
Possiamo venire **da voi** stasera?
Carla è **fuori di sé**.
Secondo me Franca ha ragione.

- nach Präpositionen, wie z. B. **con**, **per**, **di**, **da**, **fuori di**, **sotto di**, **dopo di**, **senza di**, **secondo**.

Mio fratello è più alto **di me**.
Mia sorella è alta **come me**.

- bei Vergleichen nach **di**, **come** und **quanto**.

Anche a te piace la rucola?

- nach **anche**.

Povera me!
Fortunato lui!

- in Ausrufen.

fuori di sé - *außer sich*

secondo me - *meiner Meinung nach*

aver ragione - *recht haben*

alto/-a - *groß, hoch*

Formen und Gebrauch der unbetonten Objektpronomen

1 — Che cosa regali **a Marco**?
— Forse **gli** regalo un libro.

2 — Da quando conosci **Marco?**
— **Lo** conosco da due anni circa.

In der 1. und 2. Person Einzahl und Mehrzahl unterscheiden sich die unbetonten Formen des indirekten und des direkten Objektpronomens nicht. Achten Sie aber bei der 3. Person Einzahl und Mehrzahl auf die unterschiedlichen Formen der Objektpronomen für das männliche und das weibliche Objekt!

Indirekte Objektpronomen		Direkte Objektpronomen	
Luca ...	(*Luca schreibt ...*)	**Luca ...**	(*Luca grüßt ...*)
mi scrive.	(*mir.*)	**mi** saluta.	(*mich.*)
ti scrive.	(*dir.*)	**ti** saluta.	(*dich.*)
gli scrive.	(*ihm.*)	**lo** saluta.	(*ihn.*)
le scrive.	(*ihr.*)	**la** saluta.	(*sie.*)
Le scrive.	(*Ihnen.*)	**La** saluta.	(*Sie.*)

Le und **La** nimmt man bei der höflichen Anrede einer Person.

1 *— Was schenkst du Marco? — Vielleicht schenke ich ihm ein Buch.*
2 *— Seit wann kennst du Marco? — Ich kenne ihn seit ungefähr zwei Jahren.*

Bei der höflichen Anrede mehrerer Personen nimmt man **Vi**.

In sehr formellen Situationen **Loro** bzw. **Li** oder **Le**.

ci scrive.	*(uns.)*	**ci** saluta.	*(uns.)*
vi scrive.	*(euch.)*	**vi** saluta.	*(euch.)*
Vi scrive.	*(Ihnen.)*	**Vi** saluta.	*(Sie.)*
gli scrive.	*(ihnen.)*	**li** saluta.	*(sie.)* (männlich)
gli scrive.	*(ihnen.)*	**le** saluta.	*(sie.)* (weiblich)
scrive **Loro**.	*(Ihnen.)*	**Li** saluta?	*(Sie.)* (männlich)
scrive **Loro**.	*(Ihnen.)*	**Le** saluta?	*(Sie.)* (weiblich)

Die reflexiven Verben S. 171

Perché **si** fa un tè? *(Warum macht er / sie sich einen Tee?/Warum machen Sie sich einen Tee?)*	Perché **si** scusa? *(Warum entschuldigt er / sie sich?/ Warum entschuldigen Sie sich?)*
Perché **si** fanno un tè? *(Warum machen sie sich einen Tee?)*	Perché **si** scusano? *(Warum entschuldigen sie sich?)*

Die Reflexivpronomen haben außer in der 3. Person Einzahl und Mehrzahl dieselben Formen wie die direkten und indirekten Objektpronomen.

Die unbetonten Objektpronomen können nicht alleine stehen.
Sie werden immer zusammen mit einem Verb verwendet:

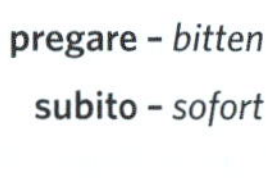

appena - *sobald*
pregare - *bitten*
subito - *sofort*

— **Mi** telefoni? — Certo, appena arrivo **ti** telefono.
Vi prego di ascoltar**mi**.
— Quando fai i compiti? — **Li** faccio subito.

Merken Sie sich zu **lo**, **la**, **li** und **le** Folgendes:

— Hai già letto l'ultimo libro di Baricco? — No, non **l'h**o ancora letto.
— Potresti aiutare **Carla**? — Certo, **l'a**iuto subito.

- Vor **h** und oft auch vor einem Vokal werden **lo** und **la** apostrophiert.

Li und **le** werden nie apostrophiert!

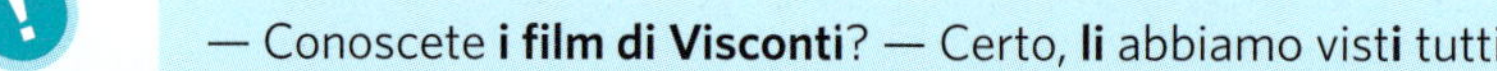

— Conoscete **i film di Visconti**? — Certo, **li** abbiamo visti tutti.
— Hai preso **la medicina**? — **L'**ho pres**a** stamattina.

- Wenn **lo**, **la**, **li** oder **le** vor einem Partizip Perfekt stehen, das in einer zusammengesetzten Zeit mit **avere** konjugiert wird, richtet sich das Partizip Perfekt in Geschlecht und Zahl nach dem vorausgehenden direkten Objektpronomen.

— Chi ha telefonato? — Non **lo** so.

- Die Form **lo** kann sich auch auf einen Sachverhalt beziehen und *es* bedeuten.

Die Stellung der unbetonten Objektpronomen

— **Vi** disturba se fumo? — No, non **ci** disturba affatto.	Die unbetonten Objektpronomen stehen in der Regel vor dem konjugierten Verb.
Perché non sei venuto? **Ti** abbiamo aspettato tutta la sera.	Bei zusammengesetzten Zeiten stehen sie vor dem Hilfsverb.
Signori, posso offrire **Loro** un aperitivo?	Nur das sehr formelle **Loro**, das bei der höflichen Anrede mehrerer Personen verwendet wird, steht nach dem Verb.

disturbare - *stören*
fumare - *rauchen*
offrire - *anbieten*

In gewissen Fällen werden die unbetonten Pronomen jedoch angehängt, so z. B.:

Ho cercato di telefonar**ti**. Siamo felici di veder**vi**.	an den Infinitiv, der dabei den Endvokal verliert.
Vedendo**mi** è diventato tutto rosso.	an das Gerundium.
Guarda**mi**! Che bella frutta, prendiamo**la**! Riposate**vi**, se siete stanchi!	an den Imperativ,
Signora, questo prosciutto è ottimo, **lo** prenda!	nicht aber an den höflichen Imperativ.
— Ma dove siete? — Ecco**ci**. — Mi dai le chiavi? — Ecco**le**.	an **ecco**.

Der Imperativ S. 146

eccoci - *hier sind wir*
eccole - *hier sind sie*

Es gibt auch Fälle, in denen Sie das unbetonte Objektpronomen vor das konjugierte Verb stellen oder an das Verb anhängen können. Dies gilt:

Vi devo parlare./Devo parlar**vi**. **Li** ho potuti vedere./Ho potuto veder**li**.	wenn auf **dovere**, **potere**, **volere** oder **sapere** ein Verb im Infinitiv folgt.
Ti vengo a prendere. Vengo a prender**ti**.	wenn auf **andare** oder **venire** ein Verb im Infinitiv folgt.

venire a prendere - *abholen*

Der Imperativ S. 146

Non far**lo**!/Non **lo** fare! Non fate**lo**!/Non **lo** fate!	beim verneinten Imperativ,
Signora, non **lo** faccia!	aber nicht beim höflichen Imperativ. Hier kann es nur vor dem Verb stehen.

Verben mit unterschiedlichem Objekt im Deutschen und im Italienischen

Um Fehler zu vermeiden, lernen Sie ein Verb am besten immer gleich zusammen mit seinem Objekt!

Es gibt Verben, die im Italienischen ein direktes Objekt verlangen, im Deutschen hingegen ein indirektes Objekt bzw. ein präpositionales Objekt.

aiutare qu	*jdm helfen*
ascoltare qu	*jdm zuhören*
aspettare qu	*auf jdn warten*
ringraziare qu	*jdm danken*
seguire qu	*jdm folgen*

Der umgekehrte Fall, bei dem nach einem italienischen Verb ein indirektes Objekt folgt, das entsprechende deutsche Verb hingegen ein direktes Objekt bzw. ein präpositionales Objekt verlangt, kommt natürlich auch vor.

domandare a qu	*jdn fragen*
chiedere a qu	*jdn fragen*
pensare a qu	*an jdn denken*
telefonare a qu	*jdn anrufen*

Die Pronominaladverbien ci und ne

1 *Gehst du oft ins Restaurant?*
2 *Ja, ich gehe ziemlich oft dorthin.*
3 *Nimmst du Zucker?*
4 *Ich habe schon welchen genommen, danke.*

Die Pronominaladverbien **ci** und **ne** erfüllen mehrere Funktionen.

1. ci

— Andate spesso **a Monaco**? — **Ci** andiamo ogni anno in autunno. — Quando vai **dal parrucchiere**? — **Ci** vado sabato.	Das Pronominaladverb **ci** steht für Ortsangaben und wird im Deutschen mit *(da)hin*, *(dort)hin*, *da* oder mit *dort* wiedergegeben.
— Credi **a quello che scrivono i giornali**? — No, non **ci** credo. — Pensi ancora **all'esame**? — No, adesso non **ci** penso più.	**Ci** steht auch für Ergänzungen mit **a**, die sich auf Dinge oder Sachverhalte beziehen. Es entspricht dem deutschen *daran*.

l'autunno - *der Herbst*

il parrucchiere - *der Friseur*

il giornale - *die Zeitung*

l'esame - *die Prüfung*

2. ne

— Ho comprato **troppe ciliegie**, **ne** vuoi un po'? — Grazie, ma **ne** ho comprate anch'io. — Hai **dei colleghi italiani**? — Sì, **ne** ho due.	**Ne** kann sich auf zuvor genannte Personen oder Dinge beziehen und eine Teilmenge davon bezeichnen. In solchen Fällen bleibt **ne** im Deutschen meist unübersetzt.
— Hai fatto **delle foto**? — Sì, **ne** ho fatt**e** tante. — **Quanti biglietti** hai preso? — **Ne** ho pres**i** quattro. — Vuoi **una birra**? — Grazie, ma **ne** ho bevut**a** già abbastanza.	Bezeichnet **ne** eine Teilmenge und steht es bei einer zusammengesetzten Zeit vor einem mit **avere** verbundenen Partizip Perfekt, richtet sich dieses in Geschlecht und Zahl nach dem durch **ne** ersetzten Begriff.
— Sei convinto **di quello che** dici? — **Ne** sono convinto, sì. — Hai voglia **di uscire** stasera? — No, stasera non **ne** ho tanta voglia. — Hai bisogno **del dizionario**? — No, adesso non **ne** ho bisogno.	**Ne** kann auch für Ergänzungen mit **di** stehen. Im Deutschen wird es meist mit *davon*, *dazu* oder *darüber* wiedergegeben. In Einzelfällen kann es auch unübersetzt bleiben.
Il gatto è salito sul tetto, ma non **ne** è più sceso. (**ne = dal tetto**) Ho visto il tuo quadro. **Ne** sono affascinato. (**ne = dal quadro**)	**Ne** ersetzt überdies Ergänzungen mit **da** und bedeutet *von dort* oder *davon*.

il dizionario - *das Wörterbuch*

il tetto - *das Dach*

affascinato/-a - *fasziniert*

Die Stellung der unbetonten Objektpronomen § S. 75

3. Die Stellung von ci und ne

— Quando vai al corso di italiano? — **Ci** vado il martedì sera. — Hai tanti compiti? — **Ne** ho sempre tanti.	Wie die unbetonten Objektpronomen stehen **ci** und **ne** in der Regel vor dem konjugierten Verb.
— È vero che hai abitato a Parigi? — Certo, **ci** ho abitato per tre anni. — Carla ha fatto un ottimo tiramisù. — Sì, **ne** ho mangiato la metà.	Bei zusammengesetzten Zeiten stehen **ci** und **ne** vor dem Hilfsverb.

ottimo - *sehr gut*

la metà - *die Hälfte*

Die Doppelpronomen

1 — Mi dai il giornale, per favore?
— Aspetta, finisco di leggere un articolo e **te lo** do.

2 — Ci sono ancora delle uova?
— No, non **ce ne** sono più.

Oft trifft ein unbetontes indirektes Objektpronomen auf ein unbetontes direktes Objektpronomen.

Ci date **il vostro indirizzo**? ▸ **Ce lo** date? Maria **si** fa **un caffè**. ▸ Maria **se lo** fa. **Ti** do **la mia giacca**. ▸ **Te la** do.	In der Kombination, die dann zustande kommt, steht das indirekte Objektpronomen immer vor dem direkten, wobei das **-i** des indirekten Objektpronomens zu **-e** wird.
Darò **i libri a Gianni**. ▸ **Glieli** darò. Presto **la macchina a Rosa**. ▸ **Gliela** presto. Signora, **Le** do **il mio libro**. ▸ **Glielo** do.	Die unbetonten Dativpronomen **gli**, **le** und **Le** werden in der Kombination mit einem direkten Objektpronomen zu **glie** und verschmelzen mit diesem zu einem einzigen Wort.
Potresti dar**mi il tuo dizionario**? ▸ Potresti dar**melo?** Dam**mi la lettera**! ▸ Dam**mela!**	Die anderen Kombinationen verschmelzen nur dann zu einem Wort, wenn sie an das Verb angehängt werden.

1 *— Gibst du mir die Zeitung, bitte? — Warte, ich lese einen Artikel zu Ende und gebe sie dir.*

2 *— Sind noch Eier da? — Nein, es sind keine mehr da.*

Kombinationsmöglichkeiten

+		lo	la	li	le	ne
mi	*(mir)*	me lo	me la	me li	me le	me ne
ti	*(dir)*	te lo	te la	te li	te le	te ne
gli	*(ihm)*					
le	*(ihr)*	glielo	gliela	glieli	gliele	gliene
Le	*(Ihnen)*					
ci	*(uns)*	ce lo	ce la	ce li	ce le	ce ne
vi	*(euch/Ihnen)*	ve lo	ve la	ve li	ve le	ve ne
gli	*(ihnen)*	glielo	gliela	glieli	gliele	gliene
si	*(sich)*	se lo	se la	se li	se le	se ne
ci	*(da/dort)*	ce lo	ce la	ce li	ce le	ce ne

Für die Doppelpronomen gelten dieselben Regeln wie für die unbetonten Pronomen. Achten Sie also auf ihre Stellung beim Verb:

Che bello scialle! **Me lo** dai? **Me lo** devi dare. Devi dar**melo**.	Sie stehen vor dem konjugierten Verb oder werden an den Infinitiv angehängt.
Che buono questo dolce! **Dam**mene un pezzo! **Me ne** dia un pezzo!	Sie werden an den Imperativ angehängt, außer an den Imperativ der Höflichkeitsform.

Achten Sie außerdem auf:

— I vicini sanno già che mi sposo. — Ah sì, e chi **gliel'h**a detto?	das Apostrophieren von **lo** und **la** vor **h** und oft auch vor Vokal.
Che **bei fiori**! Chi **te li** ha portat**i**? Ho conosciuto **la fidanzata** di Marco. **Me l'**ha presentat**a** ieri.	die Angleichung in Geschlecht und Zahl des mit **avere** verbundenen Partizip Perfekts in den zusammengesetzten Zeiten bei **lo**, **la**, **li**, **le** oder **ne**, wenn diese vor dem Partizip Perfekt stehen.

il pezzo - *das Stück*

il vicino - *der Nachbar*

sposarsi - *heiraten*

il fiore - *die Blume*

la fidanzata - *die Verlobte*

presentare qu - *jdn vorstellen*

●● **1.** **Lesen Sie den Dialog und ergänzen Sie ihn mit den passenden Subjektpronomen und betonten Objektpronomen sowie mit dem Pronominaladverb ci.**

prima - *zuerst*
poi - *dann*
siccome - *da, weil*
andare d'accordo - *sich mit jdm (gut) verstehen*

— Ragazzi, ______________ quest'estate vado in Germania, ______________ che cosa fate?

— Mah, ______________ vado prima in montagna con i miei genitori, sto due settimane con ______________ e poi vado in Inghilterra. ______________ vado con Sandro. ______________ siamo già stati l'anno scorso, e ci siamo divertiti moltissimo. Poi non so, forse andrò al mare.

— E ______________ Elena, vai a Savignano Mare come ogni anno?

— Sì, ma non ______________ sto tutta l'estate. Quest'anno ______________ sarà anche mia cugina Graziella e siccome ______________ e ______________ non andiamo molto d'accordo, preferisco non starci troppo a lungo.

●● **2.** **Die Sätze in der linken Spalte richten sich an eine Person, die man duzt. In der rechten Spalte richten sich dieselben Sätze an jemanden, den man siezt. Ergänzen Sie das jeweils passende Pronomen.**

TU	**LEI**
a) Ti piace la musica classica?	a) Signora Rota, ______________ piace la musica classica?
b) Ti ringrazio per il bel regalo.	b) Signora, ______________ ringrazio per il bel regalo.
c) Ti dovrei chiedere qualcosa, posso?	c) Signor Valli, ______________ dovrei chiedere qualcosa, posso?
d) Cosa ti posso offrire?	d) Professore, cosa ______________ posso offrire?
e) Ti vorrei invitare a cena.	e) Signorina, ______________ vorrei invitare a cena.
f) A che ora ti posso telefonare?	f) Ingegnere, a che ora ______________ posso telefonare?

3. Verbinden Sie die Sätze in der linken Spalte mit der jeweils passenden Fortsetzung oder Antwort in der rechten Spalte. Die Pronomen in der rechten Spalte helfen Ihnen dabei.

a) Ottimo questo pesce!	1) Te l'ha regalata Mario?
b) Che buoni questi cioccolatini!	2) No, faccela vedere!
c) Abbiamo sentito che cambiate casa.	3) Ce n'è ancora un po'?
d) Sai che ho un nuovo computer?	4) Chi ve l'ha detto?
e) Avete visto la mia nuova bicicletta?	5) Me ne dai ancora uno?
f) Buongiorno, sono Carla Franchi, c'è il professor Carli?	6) Me li hai presi tu, forse?
g) Che bella borsetta!	7) Glielo passo subito.
h) Non trovo i miei occhiali.	8) Ah sì, e te lo sei comprato tu?

a) b) c) d) e) f) g) h)

il pesce - *der Fisch*

il cioccolatino - *die Praline*

cambiare casa - *umziehen*

la borsetta - *die Handtasche*

passare qu a qu - *jdn mit jdm verbinden*

4. Markieren Sie das jeweils passende Pronomen.

a) — Siete già stati a Los Angeles? — Sì, ci / ne siamo stati due anni fa.
b) — Anche tu porti gli occhiali? — Eh sì, per leggere gli / li devo mettere.
c) — Guardate spesso la televisione? — Ne / La guardiamo spesso, sì.
d) — Che cosa hai portato a Gino? — Gli / Le ho portato del vino.
e) — È ottima la tua carne! — La / Ne vuoi ancora una fetta?
f) — Hai scritto alla nonna? — Senti, le / la scriverò.
g) — Incontri le tue amiche, oggi? — No, gli / le incontro domani.
h) — È pratico questo vestito, vero? — Sì, lo / ne metto spesso.
i) — Vuoi un po' d'uva? — Ci / Ne ho già presa, grazie.
j) — Cosa mangiano i bambini? — Se vuoi li / gli puoi preparare della pasta.
k) — Hai trovato qualcosa per Anna? — Sì, gli / le ho comprato un foulard.
l) — Andiamo al cinema stasera? — No, guarda, non ci / ne ho voglia.

la carne - *das Fleisch*

la fetta - *die Scheibe, das Stück*

il foulard - *das Halstuch*

vero? - *nicht wahr?*

5. Geben Sie jeweils die Alternative zum unterstrichenen Satzteil an.

assaggiare - *probieren, kosten*
trasferirsi - *(um) ziehen*
spiegare - *erklären*
presentare - *vorstellen*
mandare - *schicken*

a) Quando ci vieni a prendere? *Quando vieni a prenderci?*
b) Le posso telefonare stasera? ____________
c) ____________ Posso assaggiarne un po'?
d) Ci dobbiamo vedere stasera. ____________
e) ____________ Carlo deve trasferirsi a Roma.
f) Mi vorrei scusare per ieri sera. ____________
g) Al cinema non ci voglio andare. ____________
h) ____________ Vorrei presentarvi un mio collega.
i) ____________ Purtroppo non so spiegarti niente.

6. Übersetzen Sie, bitte.

a) Ich entschuldige mich.
____
b) Kann ich Ihnen helfen, Frau Nuti?
____
c) Ich rufe ihn morgen an.
____
d) Ich schicke euch eine Mail.
____
e) Ich danke Ihnen, Herr Carli.
____
f) Ich warte auf Sie, Frau Lanzi.
____

7. Ergänzen Sie die Dialoge mit den passenden Doppelpronomen.

ve lo	me li	glieli	glielo	ce lo

a) — Hai detto a Mario che partiamo tra una settimana?
— No, ____________ dirò stasera.
b) — Ho comprato dei bellissimi stivali.
— Ah sì? ____________ fai vedere?
c) — Mamma, non ci prepari mai il tiramisù, quando ____________ prepari? — Se volete ____________ faccio sabato.
d) — Signora, sono arrivati dei bellissimi vestiti estivi; ____________ faccio vedere? — Sì, volentieri.

9 DAS PRÄSENS

Die italienischen Verben lassen sich aufgrund der Endung ihres Infinitivs in drei Konjugationen einteilen:

Infinitiv	
guard**are**	1. Konjugation oder Verben auf -**are**,
prend**ere**	2. Konjugation oder Verben auf -**ere**,
dorm**ire**	3. Konjugation oder Verben auf -**ire**.

Die meisten Verben auf -**are** und -**ire** sind regelmäßig.

Man unterscheidet dabei zwischen regelmäßigen und unregelmäßigen Verben.

Infinitiv	(io)	
guardare **prend**ere **dorm**ire	**guard**o **prend**o **dorm**o	Beim Konjugieren bleibt der Verbstamm, z. B. **guard-**, **prend-**, **dorm-**, der regelmäßigen Verben unverändert.
andare **usc**ire	**vad**o **esc**o	Bei den unregelmäßigen Verben hingegen verändert er sich.

guardare - *(an)sehen*
prendere - *nehmen*
dormire - *schlafen*
andare - *gehen*
uscire - *(hin)ausgehen*

1 *Was machst du heute Abend? Schaust du das Fußballspiel an?*
2 *Nein, ich gehe ins Theater; ich habe eine Eintrittskarte für die Vorstellung von Dario Fo.*

Das Präsens der regelmäßigen Verben

La domenica **guardo** la televisione, **leggo** un po' e **pulisco** la casa.

Die Betonung der 3. Person Mehrzahl ist nicht einfach! Üben Sie diese, indem Sie jeweils zuerst die 1. Person Einzahl aussprechen und gleich darauf die 3. Person Mehrzahl.

guardo ▸ guardano
prendo ▸ prendono
dormo ▸ dormono

1. Verben auf -are, -ere und -ire

Verben auf -are

	guardare	
(io)	guard**o**	Das Präsens der regelmäßigen Verben auf -**are** bilden Sie, indem Sie die Endungen der einzelnen Personen -**o**, -**i**, -**a**,-**iamo**, -**ate** und -**ano** an den jeweiligen Verbstamm, z. B. **guard**-, anhängen.
(tu)	guard**i**	
(lui/lei/Lei)	guard**a**	
(noi)	guard**iamo**	
(voi)	guard**ate**	
(loro)	guard**ano**	

Verben auf -ere

	prendere	
(io)	prend**o**	Bei den regelmäßigen Verben auf -**ere** lauten die Endungen der einzelnen Personen -**o**, -**i**, -**e**, -**iamo**, -**ete** und -**ono**. Sie werden an den jeweiligen Verbstamm, z. B. **prend**-, angehängt.
(tu)	prend**i**	
(lui/lei/Lei)	prend**e**	
(noi)	prend**iamo**	
(voi)	prend**ete**	
(loro)	prend**ono**	

Haben Sie bemerkt, dass die Verbformen der drei Konjugationen sich nur in der 3. Person Einzahl und in der 2. und 3. Person Mehrzahl voneinander unterscheiden?

Verben auf -ire ohne Stammerweiterung

	dormire	
(io)	dorm**o**	Die regelmäßigen Verben auf -**ire** konjugieren Sie, indem Sie die Endungen der einzelnen Personen -**o**, -**i**, -**e**, -**iamo**, -**ite** und -**ono** an den entsprechenden Verbstamm, z. B. **dorm**-, anhängen.
(tu)	dorm**i**	
(lui/lei/Lei)	dorm**e**	
(noi)	dorm**iamo**	
(voi)	dorm**ite**	
(loro)	dorm**ono**	

Sonntags sehe ich fern, lese ein bisschen und putze die Wohnung.

Verben auf -ire mit Stammerweiterung

	capire	
(io)	cap**isc**o	Bei nahezu 500 Verben auf -**ire** werden die Endungen des Präsens an den erweiterten Verbstamm -**isc**-, z. B. **cap**- + -**isc**- ▸ **capisc**-, angehängt. Nur die 1. und 2. Person Mehrzahl, d. h. **noi** und **voi**, sind davon ausgenommen.
(tu)	cap**isc**i	
(lui/lei/Lei)	cap**isc**e	
(noi)	capiamo	
(voi)	capite	
(loro)	cap**isc**ono	

Welche Verben zu dieser Gruppe gehören, müssen Sie auswendig lernen. Merken Sie sich deshalb neben dem Infinitiv immer auch die 1. Person Einzahl (**io**)!

Die wichtigsten Verben auf -**ire** mit Stammerweiterung sind:

abolire	*abschaffen*	impedire	*hindern*
abortire	*abtreiben*	preferire	*vorziehen*
agire	*handeln*	proibire	*verbieten*
capire	*verstehen*	pulire	*putzen*
chiarire	*klarstellen*	punire	*bestrafen*
colpire	*treffen*	reagire	*reagieren*
contribuire	*beitragen*	restituire	*zurückgeben*
costruire	*bauen*	riferire	*berichten*
definire	*definieren*	smentire	*widerrufen*
digerire	*verdauen*	sostituire	*ersetzen*
distribuire	*verteilen*	sparire	*verschwinden*
fallire	*scheitern*	spedire	*schicken*
favorire	*begünstigen*	subire	*erleiden*
ferire	*verletzen*	suggerire	*empfehlen*
finire	*beenden*	tossire	*husten*
fornire	*liefern*	tradire	*verraten*
gestire	*leiten, führen*	ubbidire	*gehorchen*
guarire	*heilen*	unire	*verbinden*

2. Besonderheiten

Verben auf -care und -gare

	giocare	pagare	
(io)	gioco	pago	Damit die Aussprache von -**c**- bzw. von -**g**- durch alle Personen hindurch [k] bzw. [g] bleibt, haben die Verben auf -**care** bzw. -**gare** ein -**h**- vor der Endung der 2. Person Einzahl (**tu**) und vor der Endung der 1. Person Mehrzahl (**noi**).
(tu)	gio**chi**	pa**ghi**	
(lui/lei/Lei)	gioca	paga	
(noi)	gio**ch**iamo	pa**gh**iamo	
(voi)	giocate	pagate	
(loro)	giocano	pagano	

giocare - *spielen*
pagare - *bezahlen*

Verben auf -iare

studiare - *studieren*
sciare - *Ski laufen*

	studiare	
(io)	studio	Die Verben auf -**iare** haben in der Regel in der 2. Person Einzahl (**tu**) und in der 1. Person Mehrzahl (**noi**) nur ein -**i**.
(tu)	stu̲d**i**	
(lui/lei/Lei)	studia	
(noi)	studi**amo**	
(voi)	studiate	
(loro)	studiano	

	sciare	
(io)	scio	Nur wenige Verben auf -**iare** haben wie **sciare** in der 2. Person Einzahl zwei -**i**. Sie behalten das betonte -**i**- des Verbstammes bei.
(tu)	sc**ii**	
(lui/lei/Lei)	scia	
(noi)	sc**i**amo	
(voi)	sciate	
(loro)	sciano	

Folgende Verben werden wie **sciare** konjugiert:

avviare *(in Gang setzen, beginnen)*, **deviare** *(abweichen, ablenken)*, **espiare** *(sühnen)*, **inviare** *(schicken)*, **rinviare** *(zurückschicken)* und **spiare** *(spionieren)*.

Verben auf -(s)cere und -gere

conoscere - *kennen*
leggere - *lesen*
vincere - *gewinnen*

	cono**scere**	leggere
(io)	conosco [k]	leggo [g]
(tu)	conosci	leggi
(lui/lei/Lei)	conosce	legge
(noi)	conosciamo	leggiamo
(voi)	conoscete	leggete
(loro)	conoscono [k]	leggono [g]

Bei den Verben auf -**(s)cere**, z. B. **conoscere** oder **vincere**, und -**gere**, z. B. **leggere**, wird die Aussprache von -**c**- und -**g**- durch den nachfolgenden Vokal bestimmt. Sie ändert sich also bei der 1. Person Einzahl (**io**) sowie bei der 3. Person Mehrzahl (**loro**) und lautet [k] bzw. [g].

Das Präsens der unregelmäßigen Verben

1 Io **vado** al cinema, tu cosa **fai?**

2 Io **rimango** a casa, non **ho** voglia di uscire.

Es gibt eine ganze Reihe unregelmäßiger Verben. Viele davon gehören zum Grundwortschatz und lassen sich in Gruppen zusammenfassen.

1. Sehr häufig benutzte Verben

Einige unregelmäßige Verben werden sehr oft gebraucht. Dazu gehören:

	essere	avere
(io)	sono	ho
(tu)	sei	hai
(lui/lei/Lei)	è	ha
(noi)	siamo	abbiamo
(voi)	siete	avete
(loro)	sono	hanno

Verwechseln Sie nicht **è** (mit Akzent) und **e** (ohne Akzent).
è = *er/sie/es ist*
e = *und*

Essere ist durch alle Personen hindurch unregelmäßig.
Bei **avere** ist nur die Verbform **avete** regelmäßig.

	dovere	potere	volere	sapere
(io)	devo	posso	voglio	so
(tu)	devi	puoi	vuoi	sai
(lui/lei/Lei)	deve	può	vuole	sa
(noi)	dobbiamo	possiamo	vogliamo	sappiamo
(voi)	dovete	potete	volete	sapete
(loro)	devono	possono	vogliono	sanno

dovere - *müssen, sollen*

potere - *können*

volere - *wollen*

sapere - *wissen, können*

Die 2. Person Mehrzahl ist bei allen vier Verben regelmäßig.

1 *Ich gehe ins Kino, was machst du?*
2 *Ich bleibe zu Hause, ich habe keine Lust auszugehen.*

Verwechseln Sie bitte nicht die Verbform **dà** (mit Akzent) mit der Präposition **da** (ohne Akzent).

	andare	dare	fare	stare
(io)	vado	do	faccio	sto
(tu)	vai	dai	fai	stai
(lui/lei/Lei)	va	dà	fa	sta
(noi)	andiamo	diamo	facciamo	stiamo
(voi)	andate	date	fate	state
(loro)	vanno	danno	fanno	stanno

Andare, **dare**, **fare** und **stare** sind die einzigen unregelmäßigen Verben auf -**are**.

	dire	uscire	venire
(io)	dico	esco	vengo
(tu)	dici	esci	vieni
(lui/lei/Lei)	dice	esce	viene
(noi)	diciamo	usciamo	veniamo
(voi)	dite	uscite	venite
(loro)	dicono	escono	vengono

contraddire - *widersprechen*

disdire - *absagen*

ridire - *wieder sagen*

riuscire - *gelingen*

avvenire - *geschehen*

convenire - *sich lohnen, sich einigen*

prevenire - *vorwegnehmen, zuvorkommen*

svenire - *ohnmächtig werden*

trarre - *ziehen, entnehmen*

Dire, **uscire** und **venire** gehören zu den wenigen Verben auf -**ire**, die unregelmäßig konjugiert werden. Eine ganze Reihe von Verben, die mit ihnen verwandt sind, haben dasselbe Konjugationsmuster:

dire ▸ **contraddire**, **disdire** und **ridire**
uscire ▸ **riuscire**
venire ▸ **avvenire**, **convenire**, **intervenire**, **prevenire** und **svenire**

2. Verben auf -arre, -urre und -orre

	trarre	
(io)	traggo	Ebenso wie **trarre** werden konjugiert:
(tu)	trai	**attrarre** (*reizen, anziehen*),
(lui/lei/Lei)	trae	**contrarre** (*zusammenziehen*),
(noi)	traiamo	**distrarre** (*ablenken*),
(voi)	traete	**protrarre** (*hinausziehen*).
(loro)	traggono	

	produrre	
(io)	produco	Wie **produrre** werden behandelt:
(tu)	produci	**condurre** (*führen*),
(lui/lei/Lei)	produce	**introdurre** (*einführen*),
(noi)	produciamo	**sedurre** (*verführen*) und
(voi)	producete	**tradurre** (*übersetzen*).
(loro)	producono	

produrre - *produzieren*

	porre	
(io)	pongo	Nach dem Muster von **porre**
(tu)	poni	werden konjugiert:
(lui/lei/Lei)	pone	**esporre** (*ausstellen*),
(noi)	poniamo	**imporre** (*aufzwingen*),
(voi)	ponete	**opporre** (*entgegensetzen*) und
(loro)	pongono	**proporre** (*vorschlagen*).

porre - *stellen, legen*

3. Verben auf -gliere

	scegliere	
(io)	sce**lg**o	Zwei Unregelmäßigkeiten weisen
(tu)	sce**gl**i	diese Verben auf: In der 1. Person
(lui/lei/Lei)	sceglie	Einzahl (**io**) und in der 3. Person
(noi)	sce**gl**iamo	Mehrzahl (**loro**) endet der Stamm
(voi)	scegliete	auf -**lg**-. In der 2. Person Einzahl (**tu**)
(loro)	sce**lg**ono	und in der 1. Person Mehrzahl (**noi**)
		fällt das -**i**- des Stammes weg.

scegliere - *(aus)wählen*

Zu dieser Gruppe gehören u. a.: **accogliere** *(empfangen)*, **cogliere** *(pflücken, wahrnehmen)*, **raccogliere** *(aufheben, sammeln)*, **sciogliere** *(lösen, losmachen)* und **togliere** *(entfernen, ausziehen)*.

4. Verben mit Verdoppelung von -c-

	piacere	
(io)	pia**cc**io	Dieselbe Unregelmäßigkeit
(tu)	piaci	weisen auf:
(lui/lei/Lei)	piace	**compiacere** (*gefällig sein*),
(noi)	pia**cc**iamo	**dispiacere** (*leidtun, missfallen*) und
(voi)	piacete	**tacere** (*schweigen, verschweigen*).
(loro)	pia**cc**iono	

piacere - *gefallen*

5. Verben mit Unregelmäßigkeiten bei der 1. Person Einzahl und der 3. Person Mehrzahl

rimanere - *bleiben*
spegnere - *ausmachen, löschen*
valere - *wert sein*

Verben auf -ere

	rimanere	spegnere	valere
(io)	rima**ng**o	spe**ng**o	va**lg**o
(tu)	rimani	spegni	vali
(lui/lei/Lei)	rimane	spegne	vale
(noi)	rimaniamo	spegniamo	valiamo
(voi)	rimanete	spegnete	valete
(loro)	rima**ng**ono	spe**ng**ono	va**lg**ono

Man konjugiert:

- wie **rimanere**: **permanere** *(andauern)*.
- wie **valere** u. a.: **equivalere** *(entsprechen)*, **prevalere** *(überwiegen)*.

apparire - *erscheinen*
salire - *hinaufgehen, einsteigen*

Verben auf -ire

	apparire	salire
(io)	app**ai**o	sa**lg**o
(tu)	appari	sali
(lui/lei/Lei)	appare	sale
(noi)	appariamo	saliamo
(voi)	apparite	salite
(loro)	app**ai**ono	sa**lg**ono

Sparire wird im Gegensatz zu **apparire** regelmäßig mit Stammerweiterung konjugiert (io sparisco, tu sparisci ...)

Man konjugiert:

- wie **apparire**, z. B.: **comparire** (*erscheinen*), **scomparire** (*verschwinden*), **trasparire** (*durchscheinen, durchschimmern*).
- wie **salire**: **assalire** (*überfallen*), **risalire** (*wieder hinaufsteigen*).

6. Weitere unregelmäßige Verben

	bere	morire	sedere	tenere
(io)	bevo	muoio	siedo	tengo
(tu)	bevi	muori	siedi	tieni
(lui/lei/Lei)	beve	muore	siede	tiene
(noi)	beviamo	moriamo	sediamo	teniamo
(voi)	bevete	morite	sedete	tenete
(loro)	bevono	muoiono	siedono	tengono

Wie **sedere** wird **possedere** *(besitzen)* konjugiert und wie **tenere** konjugiert man u. a.: **appartenere** *(gehören)*, **contenere** *(enthalten)*, **intrattenere** *(unterhalten)*, **mantenere** *(wahren, halten)*, **ottenere** *(erlangen)*, **trattenere** *(zurückhalten)*.

Gebrauch

Oggi **fa** molto caldo. Chi non **deve** uscire **rimane** chiuso in casa.

- Wie im Deutschen verwendet man das Präsens bei Vorgängen und Zuständen, die im Moment des Sprechens aktuell sind.

A mezzogiorno **non torno mai** a casa.
Il lunedì **esco** sempre con le mie amiche.

- Mit dem Präsens bezeichnet man auch Wiederholungen, Regelmäßigkeiten und Gewohnheiten, ...

L'Africa **è** un continente.

- ... allgemeingültige Aussagen ...

Domani devo alzarmi presto.
Fra due giorni iniziano le vacanze.
La settimana prossima è il compleanno di mio padre.

- ... sowie Geschehnisse, die in einer nahen Zukunft liegen, wenn die Zukunft durch eine Zeitangabe verdeutlicht wird.

fa caldo - *es ist heiß*

il lunedì - *montags*

fra due giorni - *in zwei Tagen*

la settimana prossima - *nächste Woche*

1. Welche Präsensformen kommen in den Sätzen vor? Ordnen Sie sie dem passenden Personalpronomen zu.

a) Che cosa cercate?

b) Tutti dicono che Elio è un bravo ragazzo.

c) Perché non leggi mai il giornale?

d) A tavola bevo volentieri un po' di vino.

e) Mi tieni un momento la borsetta, per favore?

f) Chi vuole ancora una fetta di dolce?

g) A che ora parte il treno?

h) La sera non mangiamo mai prima delle otto.

io	______	noi	______
tu	______	voi	______
lui/lei/Lei	______	loro	______

2. Wie lauten die anderen Formen folgender Verben?

	avere	dare	essere	sapere
(io)	ho	______	______	______
(tu)	______	dai	______	______
(lui/lei/Lei)	______	______	è	______
(noi)	______	______	______	sappiamo
(voi)	______	date	______	______
(loro)	______	______	sono	______

3. Ergänzen Sie den Text mit den Verben in der jeweils passenden Form.

— Noi questo fine settimana ______ (andare) tutti via. Io ______ (andare) a Bologna, Carlo ______ (andare) a Torino e i bambini ______ (andare) in montagna con degli amici. E voi cosa ______ (fare)? ______ (andare) via anche voi?

— No, noi ______ (rimanere) qui.

●●● **4.** Wenn Sie die Buchstaben in die richtige Reihenfolge setzen, erhalten Sie Verbformen der angegebenen Verben (Tipp: eines der Verben kommt zweimal vor). Schreiben Sie auch den Infinitiv auf.

~~rimanere~~	produrre	spegnere	tenere
scegliere	salire	piacere	volere

a) o a i g m n r ______ rimanere
b) n n p g s o e o ______ ______
c) o o a s l g n ______ ______
d) i e e n t ______ ______
e) t n n g o o e ______ ______
f) o i o a i c p c n ______ ______
g) i o o o l g v n ______ ______
h) o o e g l c n s ______ ______
i) e u o c p d r ______ ______

● **5.** Vervollständigen Sie den Text mit der passenden Verbform.

a) Io in estate ______ (andare) sempre dai miei nonni.
b) ______ (loro – stare) in una vecchia casa vicino al mare.
c) La mattina ______ (io – dormire) fino a tardi, ______ (io – fare) colazione e poi ______ (io – andare) in spiaggia.
d) Lì ______ (io – incontrare) i miei amici.
e) Qualche volta ______ (noi – rimanere) in spiaggia e ______ (noi – giocare) a pallavolo, ______ (noi – chiacchierare), ______ (noi – andare) a fare il bagno o non ______ (noi – fare) assolutamente niente.
f) Certe volte invece ______ (noi – decidere) di andare a giocare a calcetto nel bar del paese.
g) Quando ______ (io – essere) stanco ______ (io – preferire) stare a casa: ______ (io – leggere) un po', o ______ (io – guardare) la televisione.
h) La sera ______ (io – uscire) sempre. Purtroppo a mezzanotte ______ (io – dovere) essere di nuovo a casa.

la pallavolo – *der Volleyball*

chiacchierare – *schwatzen*

il calcetto – *der Tischfußball*

10 DAS PASSATO PROSSIMO

Die Bildung des Passato Prossimo

Das **Passato prossimo** wird in vielen Fällen anders verwendet als das deutsche Perfekt.

Das **Passato prossimo** ist eine Zeit der Vergangenheit. Man bildet es mit dem Präsens von **avere** oder **essere** und dem Partizip Perfekt des jeweiligen Hauptverbs.

1. Das Passato prossimo mit avere

	lavorare		
(io)	**ho**	lavorat**o**	Wenn das **Passato prossimo** mit **avere** gebildet wird, bleibt das Partizip unverändert. Es endet dann immer auf -**o**.
(tu)	**hai**	lavorat**o**	
(lui/lei/Lei)	**ha**	lavorat**o**	
(noi)	**abbiamo**	lavorat**o**	
(voi)	**avete**	lavorat**o**	
(loro)	**hanno**	lavorat**o**	

— Hai incontrato **Gianni**, vero? — Sì, **l'**ho incontrat**o** ieri. — Hai fatto **i compiti**? — No, non **li** ho fatt**i**. — Avete mangiato **la pizza**? — Sì, **l'**abbiamo mangiat**a**. — Hai visto **le tue amiche**? — No, non **le** ho vist**e**. — Avete fatto **delle foto**? — Sì, **ne** abbiamo fatt**e** molte.	Das mit **avere** gebildete **Passato prossimo** verändert sich aber, wenn eines der direkten Objektpronomen **lo**, **la**, **li**, **le** oder **ne** vor dem Hilfsverb steht. Das Partizip Perfekt richtet sich dann in Geschlecht und Zahl nach dem direkten Objekt.

 *Und, wie ist es gestern Abend gelaufen?*

 *Gut, es war ein schöner Abend. Zuerst sind wir ins Kino gegangen und dann in die Pizzeria. Wir haben viel geredet; ich bin spät nach Hause gekommen.*

— **Anna**, ma perché Gianni non **ti** ha salutat**o**/salutat**a**? — **Perché** mi ha già vist**o**/vist**a** mezz'ora fa.	Bei den direkten Objektpronomen **mi**, **ti**, **ci** und **vi** ist die Übereinstimmung fakultativ.

mezz'ora fa – *vor einer halben Stunde*

2. Das Passato prossimo mit essere

	arrivare		
(io)	**sono**	arrivat**o**, **-a**	Wenn das **Passato prossimo** mit **essere** konjugiert wird, dann richtet sich das Partizip Perfekt in Geschlecht und Zahl nach dem Subjekt.
(tu)	**sei**	arrivat**o**, **-a**	
(lui/lei/Lei)	**è**	arrivat**o**, **-a**	
(noi)	**siamo**	arrivat**i**, **-e**	
(voi)	**siete**	arrivat**i**, **-e**	
(loro)	**sono**	arrivat**i**, **-e**	

Das Partizip Perfekt endet:

Il pacco è arrivat**o**.	auf -**o** in der männlichen Einzahl,
L'e-mail è arrivat**a**.	auf -**a** in der weiblichen Einzahl,
I clienti sono arrivat**i**.	auf -**i** in der männlichen Mehrzahl,
Le clienti sono arrivat**e**.	auf -**e** in der weiblichen Mehrzahl.
Fabio è andat**o** a Berlino. **Rita** è andat**a** a Berlino. **Fabio e Rita** sono andat**i** a Berlino.	Wenn das Subjekt aus mehreren Personen oder Sachen verschiedenen Geschlechts besteht, dann endet das Partizip auf -**i**.

il pacco – *das Paket*

Die Bildung des Partizip Perfekts

1. Das regelmäßige Partizip Perfekt

Das regelmäßige Partizip Perfekt bilden Sie, indem Sie anstelle der jeweiligen Infinitivendung folgende Endungen verwenden:

and**are**	▸ and**ato**	-**ato** bei den Verben auf -**are**,
av**ere**	▸ av**uto**	-**uto** bei den Verben auf -**ere**,
dorm**ire**	▸ dorm**ito**	-**ito** bei den Verben auf -**ire**.
cap**ire**	▸ cap**ito**	

cono**scere** cre**scere** pia**cere**	▶ ▶ ▶	conosc**iuto** cresc**iuto** piac**iuto**	Die Verben auf -**(s)cere**, die ein regelmäßiges Partizip haben, bilden es auf -**iuto**.
attr**arre**	▶	attr**atto**	Die Verben auf -**arre** bilden das Partizip Perfekt auf -**atto**.
prod**urre**	▶	prod**otto**	Bei den Verben auf -**urre** lautet die Endung des Partizip Perfekts -**otto**.
prop**orre**	▶	prop**osto**	Bei den Verben auf -**orre** endet das Partizip Perfekt auf -**osto**.

2. Die wichtigsten unregelmäßigen Partizipien

accendere	▶	**acceso**	nascere	▶	**nato**
accorgersi	▶	**accorto**	offrire	▶	**offerto**
apparire	▶	**apparso**	perdere	▶	**perso**
aprire	▶	**aperto**	prendere	▶	**preso**
bere	▶	**bevuto**	ridere	▶	**riso**
chiedere	▶	**chiesto**	rimanere	▶	**rimasto**
chiudere	▶	**chiuso**	risolvere	▶	**risolto**
cogliere	▶	**colto**	rispondere	▶	**risposto**
concedere	▶	**concesso**	rompere	▶	**rotto**
correre	▶	**corso**	scegliere	▶	**scelto**
decidere	▶	**deciso**	scendere	▶	**sceso**
dire	▶	**detto**	scrivere	▶	**scritto**
dirigere	▶	**diretto**	spegnere	▶	**spento**
discutere	▶	**discusso**	spendere	▶	**speso**
escludere	▶	**escluso**	succedere	▶	**successo**
essere	▶	**stato**	togliere	▶	**tolto**
fare	▶	**fatto**	valere	▶	**valso**
insistere	▶	**insistito**	vedere	▶	**visto**
leggere	▶	**letto**	venire	▶	**venuto**
mettere	▶	**messo**	vincere	▶	**vinto**
morire	▶	**morto**	vivere	▶	**vissuto**
muovere	▶	**mosso**			

Es ist wichtig zu wissen, dass Verben, die sich aus einer Vorsilbe, z. B. **ac-**, und einem Grundverb, z. B. **cogliere**, zu **accogliere** zusammensetzen, das Partizip Perfekt wie das Grundverb bilden, z. B. **cogliere** ▶ **colto**, **accogliere** ▶ **accolto**.

Einige weitere Beispiele sind:

dire	▸ **detto**	contraddire disdire	▸ ▸	**contraddetto** **disdetto**
mettere	▸ **messo**	promettere trasmettere	▸ ▸	**promesso** **trasmesso**
venire	▸ **venuto**	convenire intervenire	▸ ▸	**convenuto** **intervenuto**

Wann bildet man das Passato prossimo mit avere und wann mit essere?

Ieri **ho invitato** alcuni amici a cena. **Sono venuti** verso le otto. **Abbiamo preso** un aperitivo e poi **siamo andati** a tavola.

Meistens entspricht der Gebrauch von **avere** und **essere** der Anwendung von ***haben*** und ***sein*** beim deutschen Perfekt.

1. Wann bildet man das Passato prossimo mit essere?

Entsprechend dem Deutschen bilden die Verben, die kein direktes Objekt haben, das **Passato prossimo** im Allgemeinen mit **essere**. Dazu gehören:

Siamo stati in montagna. Pia e Rosa **sono diventate** amiche. La risposta di Carlo mi **è sembrata** strana. I vicini **sono partiti** per gli Stati Uniti. **Siamo usciti** senza ombrello.	**apparire**, **essere**, **rimanere**, **sembrare**, **stare** und die meisten Verben der Bewegung, z. B. **andare**, **cadere**, **partire**, **uscire** sowie Verben, die einen Zustandswechsel ausdrücken, z. B. **dimagrire**, **ingrassare**, **invecchiare**, **diventare**, **crescere**.

diventare – *werden*

sembrare – *scheinen*

strano/-a – *seltsam*

l'ombrello – *der Schirm*

bastare – *genügen*

dispiacere – *leidtun*

durare – *dauern*

mancare – *fehlen*

parere – *scheinen*

servire – *nützen*

Anders als im Deutschen müssen Sie auch in folgenden Fällen das **Passato prossimo** mit **essere** bilden:

Ci siamo divertiti moltissimo.	bei reflexiven Verben.
I panini **sono bastati**. Quant'**è costata** la cena di ieri? Ci **è dispiaciuto** molto. **È durato** a lungo lo spettacolo? Il tuo consiglio non mi **è servito**.	bei den Verben **bastare**, **costare**, **dispiacere**, **durare**, **esistere**, **mancare**, **parere**, **piacere**, **sembrare**, **servire**, **valere**.

Gestern habe ich einige Freunde zum Abendessen eingeladen. Sie sind gegen acht Uhr gekommen. Wir haben einen Aperitiv genommen und dann sind wir zu Tisch gegangen.

In der Umgangssprache wird allerdings oft das Hilfsverb **avere** genommen: **Ho dovuto rimanere**. **Non ho potuto partire**. **Ha voluto venire**.

Siamo dovuti rimanere a casa. (siamo rimasti) Non **siamo potuti partire**. (siamo partiti) **È voluta venire** da sola. (è venuta)	bei **dovere**, **potere** und **volere**, wenn ihnen ein Verb im Infinitiv folgt, welches das **Passato prossimo** mit **essere** bildet.
Ho voluto invitare i colleghi. (ho invitato)	Ansonsten bilden Sie das **Passato prossimo** mit **avere**.
È bastato lasciare un messaggio.	bei unpersönlichen Verben.

Bei Verben, die atmosphärische Erscheinungen beschreiben, können Sie das **Passato prossimo** mit **essere** oder mit **avere** bilden, z. B.:

§ Unpersönliche Verben und Ausdrücke S. 180

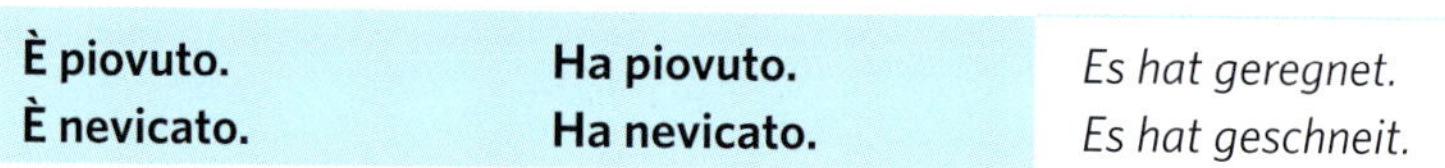

È piovuto. **È nevicato.**	**Ha piovuto.** **Ha nevicato.**	*Es hat geregnet.* *Es hat geschneit.*

Sie nehmen aber **avere** bei den atmosphärischen Erscheinungen, die mit **fare** ausgedrückt werden, z. B.:

Ha fatto molto **caldo**.	*Es ist sehr heiß gewesen.*
Stanotte **ha fatto** molto **freddo**.	*Heute Nacht ist es sehr kalt gewesen.*
Ha fatto bel tempo.	*Es ist schönes Wetter gewesen.*

2. Wann bildet man das Passato prossimo mit avere?

Entsprechend dem Deutschen bilden alle Verben, die ein direktes Objekt haben, das **Passato prossimo** mit **avere**.

noleggiare - *mieten*

Abbiamo noleggiato una macchina.
Abbiamo visitato Ferrara e Mantova.

camminare - *gehen, laufen*
nuotare - *schwimmen*
passeggiare - *spazieren gehen*
sciare - *Ski laufen*
viaggiare - *reisen*
marciare - *marschieren*

Im Gegensatz zum Deutschen wird das **Passato prossimo** bei Verben der Bewegungsart mit **avere** gebildet. Dazu gehören:

Abbiamo camminato per due ore almeno. **Ho nuotato** nel lago. Dopo cena **ho passeggiato** lungo il fiume. **Ho sciato** tutto il pomeriggio. Mio nonno **ha viaggiato** molto.	**camminare**, **marciare**, **nuotare**, **passeggiare**, **sciare** und **viaggiare**.

Wann bildet man das Passato prossimo mit avere und wann mit essere?

Ho corso sotto la pioggia. Non **ho** ancora mai **volato**.	Die Verben **correre** und **volare** haben als Hilfsverb **avere**, wenn weder Ausgangspunkt noch Ziel der Bewegung angegeben sind.
Sono corsa a casa al più presto. **Siamo volati** ad Amburgo.	Ansonsten bilden Sie das Passato prossimo mit **essere**.

correre – *rennen*

volare – *fliegen*

Einige Verben bilden das **Passato prossimo** mit **avere**, wenn ihnen ein direktes Objekt oder die Präposition **a** bzw. **di** + Infinitiv folgt. Ansonsten bilden sie es mit **essere**. Die Bedeutung des Verbs kann sich dabei ändern:

Ho cambiato dei soldi. Carla **è cambiata**.	*wechseln* *sich verändern*
Abbiamo cominciato una nuova lezione. **Ho cominciato** a dipingere. Il film **è** già **cominciato**.	*beginnen (mit)* *beginnen mit* *beginnen, anfangen*
Ho finito la traduzione. **Ho finito** di mangiare. **È finito** lo spettacolo?	*beenden, zu Ende bringen* *fertig sein mit* *zu Ende sein*

Gebrauch

Sabato scorso **siamo andati** a giocare a golf.

- Das **Passato prossimo** wird verwendet, um über einmalige Handlungen und Ereignisse in der Vergangenheit zu berichten, ...

Dopo il lavoro **ho fatto** prima la spesa, poi **sono andata** a prendere la bambina e l'**ho portata** dalla parrucchiera.

- ... um mehrere aufeinanderfolgende und jeweils abgeschlossene Handlungen und Ereignisse in der Vergangenheit wiederzugeben, ...

Ho fatto la patente tanti anni fa.
Mio padre **è andato** in pensione nel 1978.
Ho conosciuto mia moglie nell'estate del 1969.

- ... um über Handlungen und Ereignisse zu erzählen, deren Bedeutung in der Gegenwart anhält bzw. die Auswirkungen auf die Gegenwart haben.

sabato scorso – *letzten Samstag*

andare a prendere qu – *jdn abholen*

Neben dem **Passato prossimo** hat das Italienische eine weitere wichtige Vergangenheitszeit, das **Imperfetto**. Einiges Vergangene kann erst mithilfe des **Passato prossimo** und des **Imperfetto** korrekt erzählt werden.

§ Das Imperfetto S. 102

● **1.** Ergänzen Sie die fehlenden Formen des **Passato prossimo**.

lavorare	partire	capire	sapere
ho lavorato	______	______	______
______	sei partito, -a	______	______
______	______	______	ha saputo
______	______	______	______
______	______	______	______
______	______	hanno capito	______

● **2.** Welches Partizip gehört zu welchem Infinitiv? Ordnen Sie zu.

dovuto	messo	vissuto	risposto	venuto	visto
rimasto	~~proposto~~	rotto	promesso	deciso	mosso

a) proporre *proposto* — rispondere ______ — muovere ______ — vedere ______

b) rompere ______ — dovere ______ — decidere ______ — mettere ______

c) venire ______ — promettere ______ — vivere ______ — rimanere ______

●● **3.** Vervollständigen Sie das jeweilige Partizip Perfekt mit der jeweils passenden Endung **-o**, **-a**, **-i** oder **-e**.

il regalo – *das Geschenk*
da tempo – *seit Langem*
la traduzione – *die Übersetzung*
l'errore – *der Fehler*

a) — Hai già comprat____ i regali di Natale?
— Certo, li ho già comprat____ da tempo.

b) — Bravo, hai fatt____ un'ottima traduzione!
— L'ho fatt____ bene veramente?
— Come no, ho trovat____ solo due o tre errori.

c) — Che buone queste paste! Da chi le hai pres____?
— Le ho comprat____ da Rossi.

•• **4.** Wie lautet bei diesen Verben die 1. Person Einzahl des **Passato prossimo**?

a) dire	conoscere	aprire	disdire
ho detto	______	______	______
b) essere	produrre	bere	chiedere
______	______	______	______
c) discutere	offrire	leggere	nascere
______	______	______	______

•• **5.** Setzen Sie die Sätze ins **Passato prossimo**.

Oggi	Ieri
a) Pia va in città.	*Pia è andata in città.*
b) Pia compra un paio di scarpe.	______
c) Le scarpe costano molto.	______
d) I soldi non bastano.	______
e) Deve pagare con la carta di credito.	______
f) Paola e Maria escono alle 8.	______
g) Anna e Marco vanno al bar.	______
h) Michela e Franco mangiano in ufficio.	______
i) Maurizio va al cinema.	______
j) Il film comincia alle 7.30 e finisce alle 8.	______
k) Il film gli piace.	______
l) Dopo il film Maurizio deve tornare subito a casa.	______
m) Fa molto caldo.	______
n) Chiara non vuole uscire.	______

un paio di scarpe – *ein Paar Schuhe*

11 DAS IMPERFETTO

Bildung

Auch das **Imperfetto** ist eine Zeit der Vergangenheit.

1. Die regelmäßigen Verben

Verben auf -are

Die meisten Verben bilden das **Imperfetto** regelmäßig. Sie sind leicht zu lernen.

	abitare	
(io)	abit**avo**	Das **Imperfetto** der Verben auf -**are** bilden Sie, indem Sie die **Imperfetto**-Endungen der einzelnen Personen -**avo**, -**avi**, -**ava**, -**avamo**, -**avate** und -**avano** an den Verbstamm anhängen.
(tu)	abit**avi**	
(lui/lei/Lei)	abit**ava**	
(noi)	abit**avamo**	
(voi)	abit**avate**	
(loro)	abit**avano**	

Die Betonung der 3. Person Mehrzahl können sie üben, indem sie zuerst die 1. Person Einzahl sagen und dann gleich darauf die 3. Person Mehrzahl. Die Betonung bleibt auf derselben Silbe:

abitavo ▸ abitavano
avevo ▸ avevano
dormivo ▸ dormivano

Verben auf -ere

	avere	
(io)	av**evo**	Bei den Verben auf -**ere** lauten die **Imperfetto**-Endungen für die einzelnen Personen -**evo**, -**evi**, -**eva**, -**evamo**, -**evate** und -**evano**. Auch sie werden an den Verbstamm angehängt.
(tu)	av**evi**	
(lui/lei/Lei)	av**eva**	
(noi)	av**evamo**	
(voi)	av**evate**	
(loro)	av**evano**	

Als wir in Turin lebten, wohnten wir in einer Wohnung am Po. Es war eine schöne Wohnung mit einem langen Flur, in dem ich gerne spielte.

Verben auf -ire

	dormire	
(io) (tu) (lui/lei/Lei) (noi) (voi) (loro)	dorm**ivo** dorm**ivi** dorm**iva** dorm**ivamo** dorm**ivate** dorm**ivano**	Bei den regelmäßigen Verben auf -**ire** hängen Sie die **Imperfetto**- Endungen -**ivo**, -**ivi**, -**iva**, -**ivamo**, -**ivate** und -**ivano** an den Verbstamm an.

2. Die unregelmäßigen Verben

	essere	
(io) (tu) (lui/lei/Lei) (noi) (voi) (loro)	**ero** **eri** **era** **eravamo** **eravate** **erano**	Das Verb **essere** ist innerhalb der unregelmäßigen Verben ein Einzelfall, da es völlig unregelmäßig ist.

	dire	fare	bere
(io)	**dic**evo	**fac**evo	**bev**evo
(tu)	**dic**evi	**fac**evi	**bev**evi
(lui/lei/Lei)	**dic**eva	**fac**eva	**bev**eva
(noi)	**dic**evamo	**fac**evamo	**bev**evamo
(voi)	**dic**evate	**fac**evate	**bev**evate
(loro)	**dic**evano	**fac**evano	**bev**evano

Nur wenige Verben haben im **Imperfetto** unregelmäßige Formen, weil sie von einer früheren Infinitivform abgeleitet werden. Dies ist der Fall bei **fare** (**fac**ere), **bere** (**bev**ere) und **dire** (**dic**ere). Die Imperfektendungen der Verben auf -**ere** werden an den erweiterten Verbstamm gehängt.

Trarre, porre und produrre dienen als Muster für die weiteren Verben auf -arre, -orre und -urre.

	trarre	porre	produrre
(io)	**tra**evo	**pon**evo	**produc**evo
(tu)	**tra**evi	**pon**evi	**produc**evi
(lui/lei/Lei)	**tra**eva	**pon**eva	**produc**eva
(noi)	**tra**evamo	**pon**evamo	**produc**evamo
(voi)	**tra**evate	**pon**evate	**produc**evate
(loro)	**tra**evano	**pon**evano	**produc**evano

Bei den Verben auf -**arre** hängen Sie die Endungen des **Imperfetto** direkt an das -**a**- des Verbstamms an. Bei **porre** und **produrre** werden die **Imperfetto**-Endungen an den Stamm der veralteten Infintivformen **ponere** und **producere** gehängt.

Gebrauch

il telefonino – *das Handy*
raggiungere – *erreichen*
il divorzio – *die Scheidung*
snello/-a – *schlank*
in fretta – *schnell*

Quando ancora non **esisteva** il telefonino, raggiungere una persona **poteva** essere difficile, e chi non **era** a casa, se **voleva** telefonare, **doveva** cercare un bar o una cabina telefonica.
Una volta **c'erano** meno divorzi.

- Mit dem **Imperfetto** beschreiben Sie frühere Zustände und Situationen, ...

Ezio **era** un bell'uomo. **Era** alto e snello e **aveva** dei bellissimi capelli neri. **Era** anche molto gentile e simpatico.

- ... Personen und Sachen, wie sie einmal waren, ...

Quando **andavo** a scuola **mi alzavo** sempre tardi, **mi** lavavo e **mi vestivo** in fretta e **correvo** a scuola.

- ... ehemalige Gewohnheiten und in der Vergangenheit regelmäßig wiederholte Handlungen ...

Ieri sera, mentre io **studiavo**, gli altri **guardavano** la televisione.

- ... und zwei gleichzeitig verlaufende Handlungen in der Vergangenheit.

Scusi, **volevo** solo un'informazione.

- Mit dem **Imperfetto** können Sie auch Anliegen vorbringen ...

— Andiamo al cinema, stasera? — Mah, **pensavo** di rimanere a casa.

- ... sowie Einwände höflich ausdrücken

Passato prossimo oder Imperfetto?

Erano le tre di notte, **dormivamo** tutti tranquillamente, quando un tuono fortissimo ci **ha svegliati**.

Imperfetto und **Passato prossimo** sind in ihrem Gebrauch verschieden.

Erano le tre di notte, **dormivamo** tutti tranquillamente,	Das **Imperfetto** antwortet auf die Frage: „Was war, als etwas geschah?". Es gibt die Begleitumstände eines Ereignisses in der Vergangenheit wieder.
quando un tuono fortissimo ci **ha svegliati**.	Das **Passato prossimo** hingegen erzählt das Ereignis selbst und gibt Antwort auf die Frage: „Was geschah?". Es ist die Haupterzählzeit der Vergangenheit.

Es gibt Fälle, in denen sowohl das **Imperfetto** als auch das **Passato prossimo** verwendet werden können. Allerdings haben sie dann jeweils eine andere Bedeutung:

Quando mi **vedeva** mi **salutava**.	Das **Imperfetto** drückt aus, dass das Geschehen gewohnheitsmäßig war: Jedes Mal, wenn er mich gesehen hat, hat er mich gegrüßt.
Quando mi **ha visto** mi **ha salutato**.	Das **Passato prossimo** hingegen sagt aus, dass es sich um zwei einmalige Handlungen handelte: Als er mich gesehen hat, hat er mich gegrüßt.
Ieri **avevo** mal di testa. Nel 1998 **abitavo** a Forlì.	Das **Imperfetto** gibt einen Zustand in der Vergangenheit an: Die Kopfschmerzen dauerten vielleicht den ganzen Tag. Ich wohnte das ganze Jahr über und vielleicht auch die Jahre davor und danach in Forlì.

Es war drei Uhr nachts, wir schliefen alle friedlich, als uns ein sehr lauter Donnerschlag geweckt hat.

Passato prossimo oder Imperfetto?

	Das **Passato prossimo** grenzt das vergangene Geschehen ab:
Ieri **ho avuto** mal di testa. Nel 1998 **ho abitato** a Forlì.	Die Kopfschmerzen kamen und verschwanden. Ich wohnte nur einen Teil des Jahres oder das ganze Jahr in Forlì, aber nicht davor und nicht danach.
Ieri **ho avuto** mal di testa **tutto il giorno**. **Dal** 1992 **al** 1999 **ho abitato** a Forlì. **Ho camminato per tre ore.**	Sobald Anfang und/oder Ende des Geschehens durch eine Zeitangabe genau abgegrenzt sind, z. B. **tutto il giorno**, **da** ... **a** ..., **per** ... **ore**, muss das **Passato prossimo** stehen.

per tre ore – *drei Stunden lang*

Nach **mentre** (*während*) folgt das **Imperfetto**. Bei den weiteren Handlungen kann sowohl das **Imperfetto** als auch das **Passato prossimo** stehen. Dabei kommt es zu Bedeutungsunterschieden hinsichtlich der Zeitdauer der Handlungen:

Mentre tu **dormivi**, Giulio **telefonava**. Mentre la madre **preparava** la cena, il padre **leggeva** e i bambini **giocavano**. Mentre **aspettavo** il tuo ritorno, **fumavo** una sigaretta dopo l'altra.	Wenn die weitere(n) Handlung(en) im **Imperfetto** steht/stehen, dann verlief(en) sie alle gleichzeitig. Die Dauer der verschiedenen Handlungen ist dabei unbestimmt.
Mentre tu **dormivi**, Giulio **ha** telefonato. Mentre **aspettavo** il tuo ritorno, **ho acceso** una sigaretta.	Steht/stehen die weitere(n) Handlung(en) im **Passato prossimo**, dann ging(en) diese zu Ende, bevor die erste Handlung aufhörte.

Einige Verben und Ausdrücke haben eine unterschiedliche Bedeutung, je nachdem, ob sie im **Imperfetto** oder im **Passato prossimo** stehen:

sapere:	
Non **sapevo** niente. **Ho saputo** che ti sei sposato.	***Ich wusste*** *nichts.* ***Ich habe erfahren****, dass du geheiratet hast.*
conoscere:	
Non **conoscevo** nessuno. **Ho conosciuto** tanta gente.	***Ich kannte*** *niemanden.* ***Ich habe*** *viele Leute* ***kennengelernt****.*
aver paura:	
Avevo paura. Quando l'ho visto **ho avuto paura**.	***Ich hatte Angst****.* *Als ich ihn sah,* ***bekam ich Angst****.*

● **1.** Wie lautet das **Imperfetto** folgender Verben?

	stare	sapere	partire	capire
(io)	stavo	______	______	______
(tu)	______	______	______	______
(lui/lei/Lei)	______	______	______	______
(noi)	______	______	______	______
(voi)	______	______	______	______
(loro)	______	______	______	______

● **2.** Ottavio erzählt von seiner Jugend. Ergänzen Sie den Text mit den passenden Formen des **Imperfetto**.

a) Quando ______ (io - avere) quindici anni, mi ______ (piacere) molto i Beatles. b) ______ (comprare) tutti i loro dischi e quando ______ (tornare) da scuola, invece di studiare ______ (ascoltare) un disco dopo l'altro. c) I miei genitori naturalmente ______ (essere) molto preoccupati, perché non ______ (studiare) abbastanza e infatti non ______ (essere) certamente il migliore della classe.

il disco – *die Schallplatte*
preoccupato/-a – *besorgt*

●● **3.** Silvia erzählt von ihrer Schulzeit. Ergänzen Sie den Text mit der jeweils passenden Form des **Passato prossimo** oder des **Imperfetto**.

a) Io a scuola non ______ (essere) brava. b) Studiare proprio non mi ______ (piacere). c) La materia che ______ (detestare) di più ______ (essere) matematica. d) In 2ª liceo ______ (arrivare) un nuovo professore di matematica, il professor Malvasi. e) ______ (essere) abbastanza severo, ma a me ______ (piacere) molto e così ______ (cominciare) a studiare e in poco tempo, in matematica, ______ (diventare) una delle migliori.

la materia – *das (Schul)fach*
detestare – *verabscheuen*
severo/-a – *streng*

12 DAS PASSATO REMOTO

Manzoni **nacque** a Milano nel 1785. Nel 1805 **si trasferì** a Parigi, dove **rimase** fino al 1810. **Morì** nel 1873.

Bildung

1. Die regelmäßigen Verben

Das **Passato remoto** ist eine Zeit der Vergangenheit, die oft in literarischen Texten, geschichtlichen Darstellungen und Biografien vorkommt. Für Sie ist es vor allem wichtig, die Formen des **Passato remoto** zu erkennen.

Verben auf -are

	andare	
(io)	and**ai**	Die meisten Verben auf -**are** haben ein regelmäßiges **Passato remoto**. Sie bilden es, indem Sie die Endungen der einzelnen Personen -**ai**, -**asti**, -**ò**, -**ammo**, -**aste** und -**arono** an den Verbstamm anhängen.
(tu)	and**asti**	
(lui/lei/Lei)	and**ò**	
(noi)	and**ammo**	
(voi)	and**aste**	
(loro)	and**arono**	

Verben auf -ere

Es gibt nur wenige Verben auf -**ere** mit regelmäßigem **Passato remoto**!

	credere	
(io)	cred**ei/-etti**	Bei der regelmäßigen Bildung hängt man die Endungen der einzelnen Personen -**ei**, -**esti**, -**é**, -**emmo**, -**este** und -**erono** an den Verbstamm an. Die 1. und 3. Person Einzahl, sowie die 3. Person Mehrzahl haben neben der Kurzform eine Langform: -**etti**, -**ette** und -**ettero**.
(tu)	cred**esti**	
(lui/lei/Lei)	cred**é/-ette**	
(noi)	cred**emmo**	
(voi)	cred**este**	
(loro)	cred**erono/-ettero**	

Verben auf -ire

	finire	
(io)	fin**ii**	Die meisten Verben auf -**ire** haben ein regelmäßiges **Passato remoto**. Die Endungen der einzelnen Personen -**ii**, -**isti**, -**ì**, -**immo**, -**iste** und -**irono** werden an den Verbstamm angehängt.
(tu)	fin**isti**	
(lui/lei/Lei)	fin**ì**	
(noi)	fin**immo**	
(voi)	fin**iste**	
(loro)	fin**irono**	

Manzoni wurde 1785 in Mailand geboren. 1805 zog er nach Paris, wo er bis 1810 blieb. Er starb 1873.

2. Die unregelmäßigen Verben

Verben mit drei unregelmäßigen Formen

Bei den Verben mit drei unregelmäßigen Formen genügt es, wenn Sie sich die 3. Person Einzahl merken. Die anderen Formen können Sie ableiten, z. B.:

(lui/lei/Lei) acces**e**
- (io) acces**i**
- (loro) acces**ero**

	avere	venire
(io)	**ebbi**	**venni**
(tu)	avesti	venisti
(lui/lei/Lei)	**ebbe**	**venne**
(noi)	avemmo	venimmo
(voi)	aveste	veniste
(loro)	**ebbero**	**vennero**

Für fast alle Verben mit unregelmäßigem **Passato remoto** gilt:

Unregelmäßig sind nur die 1. und 3. Person Einzahl sowie die 3. Person Mehrzahl. Bei diesen Personen ist jeweils nur der Stamm, z. B. **ebb**- oder **venn**-, unregelmäßig. Die 1. Person Einzahl endet dann immer auf -**i**, die 3. Person Einzahl auf -**e** und die 3. Person Mehrzahl auf -**ero**.

Die wichtigsten Verben mit drei unregelmäßigen Formen

Infinitiv	lui/lei/Lei	Infinitiv	lui/lei/Lei
accendere	**accese**	piovere	**piovve**
accorgersi	**si accorse**	prendere	**prese**
bere	**bevve**	ridere	**rise**
cadere	**cadde**	rimanere	**rimase**
chiedere	**chiese**	risolvere	**risolse**
chiudere	**chiuse**	rispondere	**rispose**
cogliere	**colse**	rompere	**ruppe**
concedere	**concesse**	sapere	**seppe**
conoscere	**conobbe**	scegliere	**scelse**
correre	**corse**	scendere	**scese**
crescere	**crebbe**	scrivere	**scrisse**
decidere	**decise**	spegnere	**spense**
dirigere	**diresse**	spendere	**spese**
discutere	**discusse**	succedere	**successe**
escludere	**escluse**	tacere	**tacque**
leggere	**lesse**	tenere	**tenne**
mettere	**mise**	togliere	**tolse**
muovere	**mosse**	vedere	**vide**
nascere	**nacque**	vincere	**vinse**
perdere	**perse**	vivere	**visse**
piacere	**piacque**	volere	**volle**

Verben mit ganz unregelmäßigem Passato remoto

Zu den Verben mit ganz unregelmäßigem **Passato remoto** gehören die sehr häufig verwendeten Verben **dare**, **fare**, **stare**, **essere** und **dire**.

Verwandte Verben werden gleich konjugiert, so bildet z. B. **rifare** das **Passato remoto** wie **fare**, **mantenere** wie **tenere** und **accogliere** wie **cogliere**.

	dare	fare	stare
(io)	diedi/detti	feci	stetti
(tu)	desti	facesti	stesti
(lui/lei/Lei)	diede/dette	fece	stette
(noi)	demmo	facemmo	stemmo
(voi)	deste	faceste	steste
(loro)	diedero/dettero	fecero	stettero

	essere	dire
(io)	fui	dissi
(tu)	fosti	dicesti
(lui/lei/Lei)	fu	disse
(noi)	fummo	dicemmo
(voi)	foste	diceste
(loro)	furono	dissero

Ganz unregelmäßig sind außerdem **trarre**, **porre** und **produrre**.

	trarre	porre	produrre
(io)	trassi	posi	produssi
(tu)	traesti	ponesti	producesti
(lui/lei/Lei)	trasse	pose	produsse
(noi)	traemmo	ponemmo	producemmo
(voi)	traeste	poneste	produceste
(loro)	trassero	posero	produssero

Trarre, **porre** und **produrre** dienen als Muster für die weiteren Verben auf -**arre**, -**orre** und -**urre**.

Gebrauch

Das **Passato remoto** wird vorwiegend in der geschriebenen Sprache verwendet. In der gesprochenen Sprache ist es hauptsächlich in Süd- und Mittelitalien zu hören. Vor allem in Norditalien wird anstelle des **Passato remoto** das **Passato prossimo** gebraucht.

Alessandro Manzoni **si sposò** nel 1808.

- Das **Passato remoto** schildert einen einmaligen abgeschlossenen Vorgang in der Vergangenheit ...

Giacomo Puccini **nacque** a Lucca nel 1858. Nel 1880 **si trasferì** a Milano dove **frequentò** il conservatorio. Il primo successo di Puccini **fu** «Manon Lescaut» (1893). **Seguirono** poi le opere «La Bohème», «Tosca» e «Madame Butterfly».

- ... sowie mehrere aufeinanderfolgende und jeweils abgeschlossene Vorgänge in der Vergangenheit.

Im Zusammenspiel mit dem **Imperfetto** hat das **Passato remoto** dieselben Funktionen wie das **Passato prossimo**:

Toni faceva il panettiere in una panetteria vicino a Milano. Nella stessa panetteria **lavorava** anche una bella ragazza. Toni **era** innamorato di lei e, per conquistarla, ogni giorno **sperimentava** nuove ricette che poi **dava** alla ragazza. Un giorno **mise** del burro nella solita pagnotta che **diventò** più morbida e gustosa.

- Das **Imperfetto** beschreibt z. B. Situationen, Zustände und Begleitumstände eines Geschehens sowie Gewohnheiten in der Vergangenheit. **Das Passato remoto** erzählt die einzelnen Ereignisse, die das Geschehen selbst ausmachten. Es dient als Erzählzeit der Vergangenheit.

Allerdings kann das **Passato remoto** auch mit dem **Passato prossimo** in Zeitungsartikeln oder in der gesprochenen Sprache vorkommen:

Quando il film «Ladri di biciclette» **uscì** nel 1948, non **piacque** al pubblico e **restò** pochissimo nelle sale di prima visione.

- Handlungen und Vorgänge, die weit in der Vergangenheit zurückliegen und keinen Bezug mehr zur Gegenwart haben, werden mit dem **Passato remoto** wiedergegeben.

sposarsi - *heiraten*
il successo - *der Erfolg*
il panettiere - *der Bäcker*
la panetteria - *die Bäckerei*
conquistare - *erobern*
sperimentare - *ausprobieren*
la ricetta - *das Rezept*
solito/-a - *gewohnt, üblich*
la pagnotta - *der Brotlaib*
morbido/-a - *geschmeidig, weich*
gustoso/-a - *schmackhaft*
la prima visione - *die Uraufführung*

Nel frattempo «Ladri di biciclette» **è diventato** uno dei film più importanti nella storia del cinema italiano.

- Ist bei einem Ereignis in der Vergangenheit der Bezug zur Gegenwart vorhanden oder hat es für die Gegenwart eine Bedeutung, so benutzt man das **Passato prossimo**.

• **1.** Ergänzen Sie die drei Konjugationen mit den passenden Verbformen.

dormisti	dovette	doveste	pagarono	dormii
dormì	pagasti	dovemmo	pagò	pagaste
dormiste	pagammo	dovettero	dormimmo	dovetti

	pagare	dovere	dormire
(io)	*pagai*		
(tu)		*dovesti*	
(lui/lei/Lei)			
(noi)			
(voi)			
(loro)			*dormirono*

•• **2.** Schreiben Sie die Formen des **Passato remoto** auf und geben Sie den Infinitiv des entsprechenden Verbs an.

la casa editrice – *der Verlag*
lo scrittore – *der Schriftsteller*
condannare – *verurteilen*
il confino – *die Verbannung*
il diario – *das Tagebuch*

Cesare Pavese nacque nel 1908 a Santo Stefano Belbo, un paese delle Langhe. Studiò e si laureò a Torino. Dopo gli studi cominciò a lavorare per la casa editrice Einaudi e tradusse scrittori inglesi e americani.
Nel 1935 venne condannato al confino in Calabria a causa delle sue attività antifasciste; lì scrisse «Il mestiere di vivere», una specie di diario che fu pubblicato nel 1952, due anni dopo la sua morte. Dopo il suo ritorno a Torino pubblicò altri libri, ma il successo definitivo arrivò con «La luna e i falò», nel 1950. Nell'agosto dello stesso anno, in un albergo di Torino, Pavese si tolse la vita.

nacque
nascere

• **3.** Ordnen Sie folgende Formen des **Passato remoto** ihrem Infinitiv zu.

presero	crebbi	discusse	lessi	scese
successero	furono	piovve	si accorsero	venne
ebbe	vollero	corse	chiusero	vinsi
videro	persi	conobbe	chiese	misero

a) chiedere	________	discutere	________
b) chiudere	________	conoscere	________
c) crescere	________	avere	________
d) correre	________	essere	________
e) perdere	________	succedere	________
f) prendere	________	accorgersi	________
g) mettere	________	scendere	________
h) piovere	________	vedere	________
i) leggere	________	vincere	________
j) volere	________	venire	________

••• **4.** Krizia ist eine bekannte italienische Designerin. Folgender Text berichtet von ihrem Werdegang als Modemacherin. Wann muss das **Passato remoto** verwendet werden, wann das **Imperfetto**? Markieren Sie die jeweils passende Verbform.

Da bambina fece / faceva i vestiti alle bambole. Disegnò / disegnava modellini e poi li realizzò / realizzava. A 18 anni prese / prendeva il diploma d'insegnante e cominciò / cominciava a lavorare.

Tutti i giorni quando tornò / tornava a casa da scuola riempì / riempiva una valigia con le gonne e i golfini che aveva inventato e li andò / andava a vendere nei negozi della sua città. Nel 1953 si trasferì / si trasferiva a Milano e iniziò / iniziava un giro d'affari. Poi comprò / comprava l'appartamento di un amico e aprì / apriva il suo primo laboratorio. Investì / investiva tutti i soldi che ebbe / aveva per comprare due macchine da cucire, un tavolone e delle stoffe e si mise / si metteva a produrre. «Krizia» nacque / nasceva così.

Denken Sie daran, dass im Zusammenspiel mit dem **Imperfetto** das **Passato remoto** dieselben Funktionen hat wie das **Passato prossimo**.

la bambola – *die Puppe*

riempire – *füllen*

inventare – *erfinden*

il giro d'affari – *der Umsatz*

la macchina da cucire – *die Nähmaschine*

il tavolone – *der große Tisch*

la stoffa – *der Stoff*

temere – *fürchten, befürchten*

spedire – *schicken, verschicken*

5. Das **Passato remoto** dieser Verben ist regelmäßig. Wie lautet es?

	aiutare	**temere**	**spedire**
(io)	aiutai	______	______
(tu)	______	______	______
(lui/lei/Lei)	______	______	______
(noi)	______	______	______
(voi)	______	______	______
(loro)	______	______	______

6. Schreiben Sie die Verbformen im **Passato remoto** auf.

a)	io – andare ______	lui – fare ______	loro – dare ______
b)	tu – essere ______	noi – potere ______	voi – vedere ______
c)	lei – porre ______	voi – tacere ______	loro – venire ______
d)	io – contraddire ______	Lei – piacere ______	voi – stare ______
e)	lui – condurre ______	noi – essere ______	loro – sottrarre ______
f)	tu – nascere ______	lui – rimanere ______	noi – raccogliere ______

sottrarre – *entziehen, entreißen, stehlen*

raccogliere – *sammeln, pflücken*

7. Wie lautet die nächstfolgende Person der angegebenen Verbformen?

a)	ebbi	avesti	venne	______
b)	scriveste	______	frequentammo	______
c)	fu	______	stetti	______
d)	seppi	______	cominciasti	______
e)	perdesti	______	vinceste	______
f)	rimase	______	produceste	______

●●● **8.** Ergänzen Sie die Verben im **Passato remoto**.

essere	essere	scoprire	assalire	distruggere
fare	riabbracciare	iniziare	avvenire	

a) Cristoforo Colombo ________________ l'America nel 1492.

b) Il 1969 ________________ l'anno in cui l'uomo ________________ i primi passi sulla luna.

c) L'eruzione del Vesuvio che ________________ Pompei ________________ nel 79 d. C.

d) La Rivoluzione francese ________________ nel 1789 quando il popolo di Parigi ________________ la fortezza della Bastiglia.

e) Il 9 novembre del 1989 ________________ il giorno in cui l'est ________________ l'ovest.

l'eruzione – *der Ausbruch*

la fortezza – *die Festung*

●●● **9.** **Vervollständigen Sie den Text mit der jeweils passenden Form des Passato remoto oder des Imperfetto.**

a) Pippo e Wanda *si conobbero* (conoscersi) sul lavoro. b) Lei ________________ (fare) la segretaria, lui ________________ (lavorare) come traduttore. c) Wanda ________________ (essere) bellissima, ________________ (sembrare) un'attrice, e Pippo ________________ (innamorarsene) subito. d) Purtroppo ________________ (essere) timido e ________________ (metterci) molto tempo prima di avvicinarla. e) Quando finalmente ________________ (avere) il coraggio di invitarla al cinema, ________________ lei (accettare) subito con grande piacere. f) Wanda, infatti, ________________ (essere) sì molto corteggiata, ma ________________ (sognare) di uscire con il giovane traduttore che ________________ (trovare) tanto carino. g) Poco tempo dopo quella prima serata al cinema, Pippo e Wanda ________________ (fidanzarsi) e un anno dopo ________________ (sposarsi). h) Malgrado gli alti e bassi della vita, i due ________________ (rimanere) sempre molto uniti. i) Nel 2011 ________________ (festeggiare) il 60° anniversario del loro matrimonio e alcune settimane dopo ________________ (morire) a pochi giorni di distanza l'uno dall'altra.

avvicinare qu – *jdn ansprechen, jdm näher kommen*

sì – *schon*

corteggiato/-a – *umworben*

gli alti e bassi – *das Auf und Ab*

13 DAS TRAPASSATO PROSSIMO

Bildung

Das **Trapassato prossimo** entspricht dem deutschen Plusquamperfekt.

Das **Trapassato prossimo** bilden Sie mit dem **Imperfetto** von **essere** oder **avere** und dem Partizip Perfekt des jeweiligen Hauptverbs.

	prendere		
(io)	**avevo**	pres**o**	Wenn das **Trapassato prossimo** mit **avere** gebildet wird, bleibt das Partizip Perfekt unverändert und endet immer auf -**o**.
(tu)	**avevi**	pres**o**	
(lui/lei/Lei)	**aveva**	pres**o**	
(noi)	**avevamo**	pres**o**	
(voi)	**avevate**	pres**o**	
(loro)	**avevano**	pres**o**	

	uscire		
(io)	**ero**	uscit**o**, **-a**	Wird es hingegen mit **essere** gebildet, dann richtet sich das Partizip Perfekt in Geschlecht und Zahl nach dem Subjekt.
(tu)	**eri**	uscit**o**, **-a**	
(lui/lei/Lei)	**era**	uscit**o**, **-a**	
(noi)	**eravamo**	usciti, **-e**	
(voi)	**eravate**	usciti, **-e**	
(loro)	**erano**	usciti, **-e**	

1 *Konntest du mit Flavio sprechen?*
2 *Nein, als ich ankam, war er schon weggegangen.*

Das Partizip Perfekt endet auf:

Flavio era uscit**o**.	-**o** in der männlichen Einzahl,
Laura era uscit**a**.	-**a** in der weiblichen Einzahl,
I figli erano usciti**i**.	-**i** in der männlichen Mehrzahl,
Laura e sua sorella erano uscit**e**.	-**e** in der weiblichen Mehrzahl.

Wenn Sie die Bildung des **Passato prossimo** beherrschen, dann wissen Sie nun auch schon, wann das **Trapassato prossimo** mit **avere** und wann mit **essere** gebildet wird. Die Regeln sind nämlich dieselben.

Das Passato prossimo S. 97

Gebrauch

Avevo dimenticato di chiudere il finestrino e quando sono tornato, la macchina era vuota.
Eravamo stanchi morti perché **avevamo camminato** tutto il giorno.

- Mit dem **Trapassato prossimo** drücken Sie - wie mit dem deutschen Plusquamperfekt - aus, dass ein Geschehen in der Vergangenheit vor einem anderen Ereignis oder Zustand in der Vergangenheit stattgefunden hat.

Ti ricordi quel ragazzo americano che ti **avevo presentato** tempo fa?

- Das **Trapassato prossimo** kann auch in Verbindung mit dem Präsens benutzt werden. In diesem Fall drückt man damit aus, dass das Geschehen weit zurückliegt.

vuoto/-a - *leer*

stanco morto - *todmüde*

presentare qu - *jdn vorstellen*

• **1.** Vervollständigen Sie die Sätze mit der jeweils passenden Form des **Trapassato prossimo**.

erano tornati	erano tornate	era tornato	era tornata

a) Simona era stanca perché ______________ a casa tardi.
b) I miei genitori erano stanchi perché ______________ a casa tardi.
c) Giancarlo era stanco perché ______________ a casa tardi.
d) Silvia e Luisa erano stanche perché ______________ a casa tardi.

•• **2.** Frau Brezzo war einige Tage weg. Wie es bei ihrer Rückkehr zu Hause aussah, können Sie im Folgenden lesen, indem Sie die Verben in der passenden Form des **Trapassato prossimo** ergänzen.

litigare – *streiten*
cadere – *fallen*
rompere – *zerbrechen*
il braccio fasciato – *der verbundene Arm*

a) Anna aveva la tosse perché ______________ (uscire) senza giacca e ______________ (prendere) freddo.
b) Andrea e Simona piangevano perché ______________ (litigare)
c) La nonna aveva il braccio fasciato perché ______________ (cadere) e ______________ (farsi) male.
d) Il marito era stanco morto perché ______________ (lavorare) fino a tardi tutti i giorni.
e) In cucina c'era una montagna di piatti sporchi perché nessuno li ______________ (lavare) e nell'entrata mancava il bel vaso cinese perché qualcuno lo ______________ (rompere).
f) Socrate, il cane, invece era tutto contento perché sul tavolo della cucina ______________ (trovare) un bell'arrosto di vitello.

• **3.** Welche Vergangenheitszeiten enthält der Text? Tragen Sie sie in die passenden Spalten ein.

scappare – *fliehen, entlaufen*

Fufù è un gatto che era scappato da casa otto anni fa. Ma ieri ha ritrovato il posto dove aveva vissuto per sei mesi e così è ritornato dalla sua padrona, la signora Maria. Questa ha riconosciuto subito il suo gatto perché aveva un taglio alla coda e gli mancavano due denti.

La signora Maria racconta che Fufù sparì perché non sopportava un cane che stava nella stessa casa e che a gennaio scorso però è morto.

Passato prossimo	Imperfetto	Trapassato prossimo	Passato remoto
______	______	______	______
______	______	______	______
______	______	______	______
______	______	______	______

4. Setzen Sie die jeweils passende Verbform ein. Verwenden Sie dabei das **Passato prossimo**, das **Imperfetto** oder das **Trapassato prossimo**.

a) La settimana scorsa ______ (essere) terribile per Claudia. b) Lunedì mattina ______ (perdere) il portafoglio con tutti i documenti. c) Probabilmente ______ (succedere) mentre ______ (correre) per prendere la metropolitana. d) Martedì ______ (arrivare) in ufficio in ritardo, perché non ______ (sentire) la sveglia. e) Giovedì sera ______ (andare) in palestra e lì, mentre ______ (fare) la doccia, qualcuno le ______ (rubare) la sua giacca di pelle. f) Venerdì, mentre ______ (andare) da un cliente che abita fuori città, ______ (rimanere) ferma in piena campagna, perché ______ (dimenticare) di fare benzina. g) Sabato mattina, mentre ______ (tornare) a casa dalla spesa non ______ (vedere) un gradino ed ______ (cadere). h) Naturalmente la bottiglia d'olio che ______ (comprare) al mercato ______ (rompersi).

la sveglia - *der Wecker*
rubare - *stehlen*
il gradino - *die Stufe*

Non appena il tenore **ebbe cantato** l'aria, si scatenarono gli applausi.

Bildung

Das **Trapassato remoto** bilden Sie mit dem **Passato remoto** von **essere** oder **avere** und dem Partizip Perfekt des jeweiligen Hauptverbs.

(io)	**ebbi**	pres**o**
(tu)	**avesti**	pres**o**
(lui/lei/Lei)	**ebbe**	pres**o**
(noi)	**avemmo**	pres**o**
(voi)	**aveste**	pres**o**
(loro)	**ebbero**	pres**o**

Wenn das **Trapassato remoto** mit **avere** gebildet wird, bleibt das Partizip Perfekt unverändert.

(io)	**fui**	uscit**o**, **-a**
(tu)	**fosti**	uscit**o**, **-a**
(lui/lei/Lei)	**fu**	uscit**o**, **-a**
(noi)	**fummo**	uscit**i**, **-e**
(voi)	**foste**	uscit**i**, **-e**
(loro)	**furono**	uscit**i**, **-e**

Wird das **Trapassato remoto** mit **essere** gebildet, endet das Partizip Perfekt auf:
-o in der männlichen Einzahl,
-a in der weiblichen Einzahl,
-i in der männlichen Mehrzahl,
-e in der weiblichen Mehrzahl.

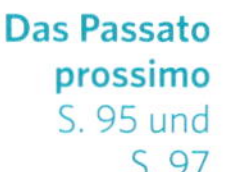

Das Passato prossimo S. 95 und S. 97

Für den Gebrauch von **essere** und **avere** gelten beim **Trapassato remoto** dieselben Regeln wie beim **Passato prossimo**.

Gebrauch

Dopo che Anna **fu partita**, Elio si mise al lavoro.
Appena Rita e Carlo **ebbero ricevuto** la notizia, telefonarono ai parenti.
Quando l'autore **ebbe terminato** la lettura, ci fu un momento di silenzio.

- Wie das **Trapassato prossimo**, bezeichnet das **Trapassato remoto** ein Geschehen in der Vergangenheit, das sich vor einem anderen Geschehen der Vergangenheit zugetragen hat. **Das Trapassato remoto** wird jedoch nur noch in Nebensätzen benutzt, die durch die Konjunktionen **dopo che** *nachdem*, **quando** *als* und **(non) appena** *sobald, kaum* eingeleitet werden. Das **Trapassato remoto** gehört einem gehobenen Sprachstil an und wird meistens durch das **Trapassato prossimo** ersetzt:
Dopo che Anna **era partita**, Elio si mise al lavoro.

Wenn Haupt- und Nebensatz dasselbe Subjekt haben, wird meist **dopo** + Infinitiv Perfekt (S. 188), verwendet:

Dopo aver mangiato, se ne andò. *Nachdem er/sie gegessen hatte, ging er/sie weg.*

1 *Kaum hatte der Tenor die Arie gesungen, ging der Applaus los.*

1. Setzen Sie die Verbformen ins **Trapassato remoto.**

a)	aveva mangiato ______	erano arrivati ______	avevano guardato ______
b)	ero uscita ______	si era sposata ______	vi eravate alzate ______
c)	avevamo bevuto ______	avevo letto ______	avevi suonato ______
d)	ti eri lavata ______	avevate finito ______	ci eravamo separati ______

l'impiego - *die Stelle*

mettersi in proprio - *sich selbstständig machen*

la conducente - *die (Auto)fahrerin*

lo stop - *das Stoppschild*

addobbare - *schmücken*

2. In welchen Sätzen könnte das **Trapassato prossimo** durch das **Trapassato remoto** ersetzt werden? Kreuzen Sie an.

a) ☐ Siccome non aveva trovato lavoro nel suo paese, mio nonno emigrò.

b) ☐ Dopo che aveva perso l'impiego, mio padre si mise in proprio.

c) ☐ Appena aveva finito gli studi, mio zio partì per gli Stati Uniti.

d) ☐ L'incidente successe, perché la conducente non si era fermata allo stop.

e) ☐ Non mi ero messa la sciarpa e tornai a casa con un forte mal di gola.

f) ☐ Quando i figli si erano addormentati, Lisa e Vito addobbarono l'albero.

3. Setzen Sie die Verben in die jeweils passende Zeit. Verwenden Sie dabei das **Trapassato remoto** oder das **Passato remoto.**

a) Quando Rita ______ (leggere) la mail, ______ (mettersi) a piangere.

b) Appena Giada ______ (spegnere) la luce, ______ (squillare) il telefono.

c) Pochi giorni dopo che Luca ______ (ricevere) la bicicletta, qualcuno gliela ______ (rubare).

d) La musica ______ (iniziare) dopo che i danzatori ______ (fare) i primi passi.

e) Quando gli ospiti ______ (accomiatarsi), Ornella ______ (coricarsi).

il danzatore - *der Tänzer*

accomiatarsi - *sich verabschieden*

coricarsi - *ins Bett gehen*

15 DAS FUTUR I

Das Futur I ist leicht zu lernen. Die Endungen lauten immer: -**ò**, -**ai**, -**à**, -**emo**, -**ete** und -**anno**.

Bildung

1. Die Verben mit regelmäßigem Futur I

Verben auf -are, -ere und -ire

	trovare	mettere	capire
(io)	trover**ò**	metter**ò**	capir**ò**
(tu)	trover**ai**	metter**ai**	capir**ai**
(lui/lei/Lei)	trover**à**	metter**à**	capir**à**
(noi)	trover**emo**	metter**emo**	capir**emo**
(voi)	trover**ete**	metter**ete**	capir**ete**
(loro)	trover**anno**	metter**anno**	capir**anno**

Bei regelmäßigen Verben mit regelmäßigem Futur hängen Sie die Futurendungen anstelle des -**e** der Infinitivendung an. Bei den Verben auf -**are** wird das -**a**- der Infinitivendung -**are** zu -**e**-.

dare, fare und stare

dare	▸	**darò**
fare	▸	**farò**
stare	▸	**starò**

Anders als die restlichen Verben auf -**are** behalten **dare**, **fare** und **stare** das -**a**- bei.

 1 *Also, was wird geschehen?*

 2 *Die ersten Maitage werden nicht einfach sein, aber gegen Mitte des Monats wird sich alles ändern und Sie werden für Ihre Probleme eine Lösung finden.*

Verben auf -care und -gare

	cercare	pagare
(io)	cer**ch**erò	pa**gh**erò
(tu)	cer**ch**erai	pa**gh**erai
(lui/lei/Lei)	cer**ch**erà	pa**gh**erà
(noi)	cer**ch**eremo	pa**gh**eremo
(voi)	cer**ch**erete	pa**gh**erete
(loro)	cer**ch**eranno	pa**gh**eranno

Um die Aussprache des -**c**- und des -**g**- des Infinitivs bei allen Personen beizubehalten, wird bei Verben auf -**care** und -**gare** ein -**h**- eingefügt.

Verben auf -sciare, -ciare und -giare

	lasciare	baciare	mangiare
(io)	la**sce**rò	ba**ce**rò	man**ge**rò
(tu)	la**sce**rai	ba**ce**rai	man**ge**rai
(lui/lei/Lei)	la**sce**rà	ba**ce**rà	man**ge**rà
(noi)	la**sce**remo	ba**ce**remo	man**ge**remo
(voi)	la**sce**rete	ba**ce**rete	man**ge**rete
(loro)	la**sce**ranno	ba**ce**ranno	man**ge**ranno

baciare – *küssen*
sciare – *Ski laufen*

Wie Sie sehen, entfällt bei den Verben auf -**sciare**, -**ciare** und -**giare** das -**i**- des Verbstammes.
Sciare behält aber das -**i**- bei, z. B. **scierò**, **scierai**.

2. Die Verben mit unregelmäßigem Futur I

	essere	
(io)	**sar**ò	Bei **essere** hängen Sie die bekannten Futurendungen an den unregelmäßigen Stamm **sar**- an.
(tu)	**sar**ai	
(lui/lei/Lei)	**sar**à	
(noi)	**sar**emo	
(voi)	**sar**ete	
(loro)	**sar**anno	

Verben mit verkürztem Verbstamm

Eine Reihe von Verben – es handelt sich meist um häufig verwendete Verben auf **-ere** – haben einen verkürzten Stamm. Die Futurendungen, die immer dieselben bleiben, werden an diesen verkürzten Stamm angehängt. So heißt z. B. das Futur von **andare: andrò**, **andrai**, **andrà**, **andremo**, **andrete**, **andranno**.

Infinitiv	Verkürzter Verbstamm	Endungen
andare	**andr**	
avere	**avr**	
bere	**berr**	
cadere	**cadr**	
dovere	**dovr**	-ò
godere	**godr**	-ai
potere	**potr**	-à
rimanere	**rimarr**	-emo
sapere	**sapr**	-ete
tenere	**terr**	-anno
valere	**varr**	
vedere	**vedr**	
venire	**verr**	
vivere	**vivr**	
volere	**vorr**	

mantenere – *erhalten*
contenere – *enthalten*
ottenere – *erreichen*
accadere – *geschehen*
convenire – *sich einigen, sich lohnen*
avvenire – *geschehen*

Denken sie daran, dass Verben, die ein anderes Verb enthalten, wie dieses konjugiert werden. So bilden z. B. **mantenere**, **contenere** und **ottenere** das Futur I wie **tenere**, **accadere** wie **cadere** und **convenire** sowie **avvenire** wie **venire**.

Gebrauch

la pensione – *die Rente*

Domani **pioverà**.
Fra due anni **andrò** in pensione.
Un giorno mi **sposerò**.

- Mit dem Futur I spricht man über Vorgänge und Zustände, die in der Zukunft liegen.

Domani **rimango** a casa tutto il giorno.
Morgen bleibe ich den ganzen Tag zu Hause.

- Wie im Deutschen wird in der Umgangssprache für Vorgänge und Zustände, die in einer nahen Zukunft liegen, anstelle des Futur I oft das Präsens vorgezogen.

— Che ora è? — **Saranno** le quattro.

- Mit dem Futur I kann man außerdem Vermutungen zum Ausdruck bringen, ...

Avrai fame, penso.
Sarà vero quello che dice Claudia?

- ... Unsicherheit und Zweifel ...

Non **partirete** senza il nostro permesso.

- ... Verbote und Befehle, ...

Ammetterai che ho ragione.

- ... oder auch abgeschwächte Aussagen.

Wenn eine Handlung unmittelbar bevorsteht, können Sie das mit der Wendung **stare per** + Infinitiv ausdrücken. **Stare** steht dann im Präsens:

Il treno **sta per partire**.
Der Zug ist im Begriff wegzufahren.

Stanno per arrivare gli ospiti.
Die Gäste werden gleich ankommen.

Sta per finire il vino.
Der Wein wird bald alle sein.

Verwechseln Sie nicht **stare per** + Infinitiv mit **stare** + Gerundium.

• **1. Schreiben Sie die Formen des Futur I folgender Verben auf.**

a) io - vedere ____________
b) tu - avere ____________
c) lui - volere ____________
d) noi - rimanere ____________
e) loro - vivere ____________
f) io - ottenere ____________
g) tu - bere ____________
h) lui - cercare ____________
i) noi - dovere ____________
j) voi - stare ____________
k) io - lasciare ____________
l) tu - sapere ____________
m) lui - mangiare ____________
n) noi - fare ____________
o) loro - pagare ____________

•• **2. Ergänzen Sie die Dialoge, indem Sie die angegebenen Verben in die jeweils passende Person des Futur I setzen.**

a) — Tu quando ____________ (andare) in vacanza quest'estate?
— Purtroppo non ____________ (potere) partire prima di settembre.

b) — Che progetti avete per le prossime vacanze?
— Probabilmente ____________ (andare) in Sardegna come ogni anno e in settembre ____________ (fare) forse un viaggetto in Spagna.

c) — Carlo e Luca ____________ (passare) il Natale con voi, immagino.
— Luca sì, lui ____________ (venire) da noi. Carlo invece lo ____________ (passare) con i suoi futuri suoceri. Lui e la sua fidanzata ____________ (essere) però con noi a Capodanno.

d) — Il prossimo fine settimana Mariella ed io ____________ (essere) a Zurigo.
— Ah, allora ____________ (potere) vedere la mostra su Leonardo da Vinci.

il progetto - *der Plan*
il viaggetto - *die kleine Reise*
la fidanzata - *die Verlobte*

16 DAS FUTUR II

Bildung

Das Futur II wird mit dem Futur I von **essere** oder **avere** und dem Partizip Perfekt des jeweiligen Hauptverbs gebildet.

	fare		
(io)	**avrò**	fatt**o**	Wenn das Futur II mit **avere** gebildet wird, bleibt das Partizip Perfekt unverändert. Es endet dann immer auf -**o**.
(tu)	**avrai**	fatt**o**	
(lui/lei/Lei)	**avrà**	fatt**o**	
(noi)	**avremo**	fatt**o**	
(voi)	**avrete**	fatt**o**	
(loro)	**avranno**	fatt**o**	

	uscire		
(io)	**sarò**	uscit**o**, **-a**	Wird es hingegen mit **essere** gebildet, dann richtet sich das Partizip Perfekt wie ein Adjektiv in Geschlecht und Zahl nach dem Subjekt.
(tu)	**sarai**	uscit**o**, **-a**	
(lui/lei/Lei)	**sarà**	uscit**o**, **-a**	
(noi)	**saremo**	uscit**i**, **-e**	
(voi)	**sarete**	uscit**i**, **-e**	
(loro)	**saranno**	uscit**i**, **-e**	

1 *Sobald ich das Abitur gemacht habe (gemacht haben werde), werde ich in die USA fliegen.*
2 *Du wirst mir hoffentlich schreiben.*
3 *Aber sicher, ich werde dir eine Mail schicken, sobald ich angekommen bin (angekommen sein werde).*

Das Partizip Perfekt endet auf:

Das Passato prossimo S. 94

Flavio sarà uscit**o**.	-**o** in der männlichen Einzahl,
Laura sarà uscit**a**.	-**a** in der weiblichen Einzahl,
I figli saranno uscit**i**.	-**i** in der männlichen Mehrzahl,
Le ragazze saranno uscit**e**.	-**e** in der weiblichen Mehrzahl.

Da das Futur II analog zum **Passato prossimo** gebildet wird, sind die Regeln zur Veränderlichkeit des Partizip Perfekts sowie der Gebrauch von **essere** und **avere** dieselben wie beim **Passato prossimo**.

Gebrauch

Quando arriverai, **saremo** già **partiti**.
Appena mi **sarò trasferito** a Londra, studierò l'inglese.

Das Futur II drückt aus, dass eine zukünftige Handlung vor einer anderen zukünftigen Handlung geschehen wird.

appena - *sobald*

Appena **mi trasferirò** a Londra, studierò l'inglese.
Quando **smetterà** di piovere, faremo una passeggiata.

Dasselbe Zeitverhältnis kann aber in vielen Fällen auch durch das Futur I ausgedrückt werden.

scappare - *fliehen, weglaufen*

A quest'ora Viola **sarà** già **arrivata** a casa e **avrà** anche già **mangiato**, penso.
Chissà dov'è il gatto; non **sarà scappato**, spero.

Mit dem Futur II kann man außerdem eine Vermutung, eine Unsicherheit oder einen Zweifel in Bezug auf einen zurückliegenden Vorgang äußern ...

Fra un'ora **avrai scritto** la lettera, chiaro?!

... oder einen Befehl erteilen.

1. Ergänzen Sie die Sätze mit dem Futur II.

a) Mi farò viva appena ______ (arrivare) a casa.
b) Partiremo quando ______ (smettere) di nevicare.
c) Quando ______ (fare) i compiti, potrai andare a giocare.
d) Nina terrà il suo discorsetto appena ______ (arrivare) tutti gli ospiti.
e) Quando ______ (io - rimettersi), farò una grande festa.

farsi vivo - *sich melden*
smettere - *aufhören*
il discorsetto - *die kleine Rede*
rimettersi - *gesund werden*

2. Futur I oder Futur II? Markieren Sie die jeweils passende Verbform.

a) Quando avrò finito / finirò gli studi, sarò partita / partirò per il Messico.
b) Quando sarai tornato / tornerai a casa, avremo mangiato / mangeremo già da un pezzo.
c) Dopo che sarai stato / sarai in Inghilterra, parlerai / avrai parlato meglio l'inglese.
d) Ti avrò prestato / presterò il libro appena lo avrò letto / leggerò.
e) I miei genitori saranno rientrati / rientreranno in Italia appena mio padre sarà andato / andrà in pensione.

da un pezzo - *seit geraumer Zeit, längst*

3. Warum fühlen sich die Personen nicht wohl? Formulieren Sie jeweils eine passende Vermutung, indem Sie die angegebenen Verben ins Futur II setzen.

a) Luigi ha mal di testa. ______ (dormire) troppo poco.
b) La signora Monelli ha il raffreddore. ______ (uscire) senza cappotto e ______ (prendere) freddo.
c) Luca ha mal di stomaco. ______ (mangiare) troppo.
d) A Chiara bruciano gli occhi. ______ (lavorare) a lungo al computer.
e) Gloria ha male a un ginocchio. ______ (fare) troppa ginnastica.

bruciare - *brennen*

17 DER KONDITIONAL I

Die meisten Verben bilden den Konditional regelmäßig.

Bildung

Beim Konditional I sind die Endungen für alle Verben gleich: -**ei**, -**esti**, -**ebbe**, -**emmo**, -**este** und -**ebbero**. Der Stamm des Verbs ist jeweils derselbe wie beim Futur.

1. Verben mit regelmäßigem Konditional I

Bitte beachten Sie, dass die 1. Person Mehrzahl im Futur I nur ein **-m-** hat, im Konditional I hingegen zwei: trover**emo** (Futur I), trover**emmo** (Konditional I)

Verben auf -are, -ere und -ire

	trovare	mettere	capire
(io)	trover**ei**	metter**ei**	capir**ei**
(tu)	trover**esti**	metter**esti**	capir**esti**
(lui/lei/Lei)	trover**ebbe**	metter**ebbe**	capir**ebbe**
(noi)	trover**emmo**	metter**emmo**	capir**emmo**
(voi)	trover**este**	metter**este**	capir**este**
(loro)	trover**ebbero**	metter**ebbero**	capir**ebbero**

Bei regelmäßigen Verben ersetzen Sie das -**e** der Infinitivendung durch die Konditionalendungen. Bei den Verben auf -**are** wird das -**a**- der Infinitivendung -**are** zu -**e**-.

dare, fare und stare

dare ▶ **darei** **fare** ▶ **farei** **stare** ▶ **starei**		Anders als die restlichen Verben auf -**are** behalten **dare**, **fare** und **stare** das -**a**- bei.

Es wäre schön, jetzt am Meer zu sein.

Verben auf -care und -gare

	cercare	pagare
(io)	cer**ch**erei	pa**gh**erei
(tu)	cer**ch**eresti	pa**gh**eresti
(lui/lei/Lei)	cer**ch**erebbe	pa**gh**erebbe
(noi)	cer**ch**eremmo	pa**gh**eremmo
(voi)	cer**ch**ereste	pa**gh**ereste
(loro)	cer**ch**erebbero	pa**gh**erebbero

Um die Aussprache des -**c**- und des -**g**- des Infinitivs bei allen Personen beizubehalten, wird bei Verben auf -**care** und -**gare** ein -**h**- eingefügt.

Verben auf -sciare, -ciare und -giare

	lasciare	baciare	mangiare
(io)	la**sce**rei	ba**ce**rei	man**ge**rei
(tu)	la**sce**resti	ba**ce**resti	man**ge**resti
(lui/lei/Lei)	la**sce**rebbe	ba**ce**rebbe	man**ge**rebbe
(noi)	la**sce**remmo	ba**ce**remmo	man**ge**remmo
(voi)	la**sce**reste	ba**ce**reste	man**ge**reste
(loro)	la**sce**rebbero	ba**ce**rebbero	man**ge**rebbero

Bei den Verben auf -**sciare**, -**ciare** und -**giare** entfällt das -**i**- des Verbstammes.
Sciare behält aber das -**i**- bei, z. B. **scie**rei, **scie**resti.

2. Verben mit unregelmäßigem Konditional I

	essere	
(io)	**sar**ei	Bei **essere** hängen Sie die Konditionalendungen an den unregelmäßigen Stamm **sar**- an.
(tu)	**sar**esti	
(lui/lei/Lei)	**sar**ebbe	
(noi)	**sar**emmo	
(voi)	**sar**este	
(loro)	**sar**ebbero	

Verben mit verkürztem Verbstamm

Eine Reihe von Verben, es handelt sich meist um häufig benutzte Verben auf -**ere**, haben einen verkürzten Stamm. Die Konditionalendungen, die immer dieselben bleiben, werden an diesen verkürzten Stamm angehängt. So heißt z. B. der Konditional von **andare**: **andrei**, **andresti**, **andrebbe**, **andremmo**, **andreste**, **andrebbero**.

Infinitiv	Verkürzter Verbstamm	Endungen
andare	**andr**	
avere	**avr**	
bere	**berr**	
cadere	**cadr**	-ei
dovere	**dovr**	-esti
godere	**godr**	-ebbe
potere	**potr**	-emmo
rimanere	**rimarr**	-este
sapere	**sapr**	-ebbero
tenere	**terr**	
valere	**varr**	
vedere	**vedr**	
venire	**verr**	
vivere	**vivr**	
volere	**vorr**	

Die Endungen des Konditionals werden an denselben verkürzten Verbstamm angehängt wie die Endungen des Futur I.

Gebrauch

Vi **farebbe** bene uscire un po'.
In montagna **staresti** meglio.

- Mit dem Konditional I drückt man aus, was sein oder geschehen könnte.

Der Bedingungssatz S. 236

Andrei al cinema se avessi tempo.

- Er wird in Bedingungssätzen verwendet, und ...

Vorrei una camera tranquilla.
Ci **piacerebbe** andare al mare.
Che ne **diresti** di invitare Rosa?
Potresti chiudere la finestra?
Lei **dovrebbe** lavorare di meno.
Dovresti andare dal dentista.

- ... um Aussagen in abgeschwächter Form zu formulieren.
Wünsche, Vorschläge, Bitten, Ratschläge und Aufforderungen klingen im Konditional I höflicher als im Präsens bzw. im Imperativ.

Il quadro di Picasso **costerebbe** più di un milione di dollari.
Il ministro **sarebbe** disposto a un incontro con la nostra associazione.
Molti parlamentari **sarebbero** contrari alla nuova legge.

- Vor allem in den Medien dient der Konditional I zur vorsichtigen Wiedergabe einer Nachricht.

sarebbe disposto – *soll bereit sein*

il parlamentare – *der Abgeordnete*

sarebbero contrari – *sollen dagegen sein*

Üben und Anwenden

● **1.** Im Buchstabenfeld sind von links nach rechts und von oben nach unten 12 Verben im Konditional I versteckt. Schreiben Sie sie auf und ergänzen Sie den passenden Infinitiv.

a	s	a	r	e	b	b	e	f	m	v	e	r	r	e	s	t	e
n	d	a	r	e	i	s	t	i	b	e	r	r	e	m	m	o	a
d	o	v	r	e	b	b	e	r	o	f	t	e	r	r	e	i	v
r	s	a	p	r	e	s	t	i	v	m	v	i	v	r	e	i	r
e	o	b	b	o	v	e	d	r	e	s	t	i	n	p	e	o	e
i	r	i	m	a	r	r	e	b	b	e	r	o	r	o	b	b	i

Konditional:	Infinitiv:
______________________	______________________
______________________	______________________
______________________	______________________
______________________	______________________
______________________	______________________
______________________	______________________
______________________	______________________
______________________	______________________
______________________	______________________
______________________	______________________
______________________	______________________
______________________	______________________

● **2.** Vier Leute erzählen, was sie mit zehntausend Euro tun würden. Ergänzen Sie ihre Aussagen mit den Verben im Konditional I.

il sogno – *der Traum*

il viaggio di nozze – *die Hochzeitsreise*

a) Con 10.000 euro io ______________ (realizzare) finalmente un sogno: ______________ (prendere) un anno di vacanza e ______________ (partire) per l'India.

b) Franco ed io ci sposiamo l'anno prossimo e i soldi ci ______________ (servire) per il matrimonio. Io ______________ (potere) comprarmi un bel vestito da sposa e poi ______________ (noi – potere) fare un viaggio di nozze un po' speciale.

c) Noi abbiamo comprato una casa un anno fa e 10.000 euro ci ________ ________ (fare) molto comodo.

d) Penso che non li ________ (spendere, io), li ________ (mettere) in banca e più tardi li ________ (dare) a mia figlia.

fare comodo a qu – *jdm gelegen kommen*

3. **Drücken Sie folgende Anliegen höflicher aus, indem Sie anstelle des Präsens den Konditional I benutzen.**

a) Accompagni tu il bambino all'asilo?

____

b) Mi fa vedere la borsetta verde là in vetrina?

____

c) Mi può fare uno sconto per queste scarpe?

____

d) Ci fate vedere le foto delle vostre vacanze?

____

e) Posso provare questo vestito?

____

f) Ci porta ancora un po' di pane, per favore?

____

g) Ci aiutate a fare il trasloco?

____

h) Può dirmi che ore sono?

____

i) Mi passi il pane, per favore?

____

j) Letizia, fai un caffè, per piacere?

____

k) Signora, Le dispiace chiudere la finestra? Fa freddo.

____

accompagnare – *begleiten*

lo sconto – *der Rabatt*

il trasloco – *der Umzug*

1 Io non **sarei** mai **partita** con questo tempo!

2 E io non **avrei** mai **dovuto sposarti**!

18 DER KONDITIONAL II

Bildung

Der Konditional II wird mit dem Konditional I von **essere** oder **avere** und dem Partizip Perfekt des jeweiligen Hauptverbs gebildet.

	parlare		
(io)	**avrei**	parlat**o**	Wenn der Konditional II mit **avere** gebildet wird, bleibt das Partizip Perfekt unverändert. Es endet dann immer auf -**o**.
(tu)	**avresti**	parlat**o**	
(lui/lei/Lei)	**avrebbe**	parlat**o**	
(noi)	**avremmo**	parlat**o**	
(voi)	**avreste**	parlat**o**	
(loro)	**avrebbero**	parlat**o**	

	partire		
(io)	**sarei**	partit**o**, **-a**	Wird er hingegen mit **essere** konjugiert, dann richtet sich das Partizip Perfekt wie ein Adjektiv in Geschlecht und Zahl nach dem Subjekt.
(tu)	**saresti**	partit**o**, **-a**	
(lui/lei/Lei)	**sarebbe**	partit**o**, **-a**	
(noi)	**saremmo**	partit**i**, **-e**	
(voi)	**sareste**	partit**i**, **-e**	
(loro)	**sarebbero**	partit**i**, **-e**	

1 *Ich wäre bei diesem Wetter nie abgereist!*
2 *Und ich hätte dich nie heiraten sollen!*

Das Partizip Perfekt endet auf:

Flavio sarebbe partit**o**.	-**o** in der männlichen Einzahl,
Laura sarebbe partit**a**.	-**a** in der weiblichen Einzahl,
I figli sarebbero partit**i**.	-**i** in der männlichen Mehrzahl,
Le ragazze sarebbero partit**e**.	-**e** in der weiblichen Mehrzahl.

Der Konditional II wird analog zum **Passato prossimo** gebildet. Für die Veränderlichkeit des Partizip Perfekts und den Gebrauch von **essere** und **avere** gelten also die gleichen Regeln wie beim **Passato prossimo**.

Das Passato Prossimo S. 94

Gebrauch

Ti **avrei telefonato**, ma non avevo il tuo numero.
Io **avrei detto** la verità.

- Den Konditional II verwendet man um zu sagen, was in der Vergangenheit hätte sein oder geschehen können.

Mi **sarebbe piaciuto** fare l'insegnante.

- Man verwendet ihn auch bei Wünschen, die unerfüllt blieben, ...

Sarei andato al cinema se avessi avuto tempo.

- ... in Bedingungssätzen, ...

Der Bedingungssatz S. 236

Avresti dovuto andare dal dentista.

- ... bei Aufforderungen und Bitten, denen man nicht nachgekommen ist, ...

Lei **avrebbe dovuto** lavorare di meno.

- ... und bei Ratschlägen, die nicht befolgt wurden.

In der Umgangssprache wird der Konditional II häufig durch das Imperfekt ersetzt:
Saresti dovuto andarci. ▸ Dovevi andarci.

La villa **sarebbe costata** quasi due milioni di euro.
A distanza di quattro anni e 2300 chilometri, un gatto **avrebbe ritrovato** i suoi padroni.

- Die Medien verwenden den Konditional II, um Nachrichten und Informationen über ein vergangenes Geschehen ohne Gewähr zu formulieren.

sarebbe costata – *soll gekostet haben*

avrebbe ritrovato – *soll wiedergefunden haben*

Mehr zum Gebrauch des Konditional II in:
Die indirekte Rede, S. 241
Die Zeitenfolge im Congiuntivo, S. 162

1. **Was die Leute gern getan hätten, erfahren Sie, wenn Sie die Verben in den Konditional II setzen.**

a) ______________________ (io – venire) volentieri con te al cinema, ma purtroppo dovevo lavorare.

b) Ci dispiace molto per domenica scorsa, ci ______________________ (fare) molto piacere fare picnic, ma dovevamo andare dai miei genitori.

c) Carla ed io ______________________ (volere) partire per le vacanze sabato scorso. Poi però mia suocera si è ammalata e adesso siamo ancora qui.

d) Riccardo ______________________ (preferire) passare le vacanze in Sicilia. Ma io non sopporto il caldo e così siamo andati nelle Dolomiti.

e) Ma perché non ci hai detto niente? Ti ______________________ (noi – aiutare) volentieri a fare il trasloco.

f) ______________________ (tu – dovere) dirmi che il pesce non ti piace. Ti ______________________ (io – preparare) un'altra cosa.

2. **Stellen Sie sich vor, dass die Presse über die folgenden Ereignisse berichtet, ohne eine offizielle Bestätigung zu haben. Schreiben Sie die Sätze dementsprechend im Konditional II.**

a) Un cane pastore ha salvato la vita a due bambini caduti nel fiume.

____

b) Una delle opere più famose di Picasso è sparita dal «Kunstmuseum» di Basilea.

____

c) I due uomini di stato sono giunti a un accordo.

____

d) Molti parlamentari si sono opposti alla nuova legge.

____

19 DER IMPERATIV

Im Italienischen gibt es eine Befehlsform für Dinge, die man tun soll: den sogenannten „bejahten Imperativ". Die Befehlsform für Dinge, die man nicht tun soll, nennt man dementsprechend den „verneinten Imperativ".

Der bejahte Imperativ

1. Der Imperativ der 2. Person Einzahl (tu)

3 — **Scusa**, posso entrare?

4 — Ma certo, **entra** pure!

Wenn Sie eine Person, die Sie duzen, auffordern etwas zu tun, dann nehmen Sie die **tu**-Form des Imperativs.

Verben mit regelmäßigem Imperativ

Verben auf:	Infinitiv	Imperativ (tu)	Die Du-Form des Imperativs entspricht bei den:
-**are**	guard**are** scus**are**	guard**a**! scus**a**!	Verben auf -**are** der 3. Person Einzahl des Präsens.
-**ere**	prend**ere** legg**ere**	prend**i**! legg**i**!	Verben auf -**ere** und -**ire** der 2. Person Einzahl des Präsens.
-**ire**	sent**ire** fin**ire**	sent**i**! finisc**i**!	

1 *Denk daran, dass wir heute Abend bei meinen Eltern zum Essen eingeladen sind. Sei pünktlich!*
2 *Mach dir keine Sorgen. Natürlich werde ich pünktlich sein!*
3 *Entschuldige, darf ich hereinkommen?*
4 *Aber sicher, komm ruhig herein.*

Die 2. Person Einzahl Präsens wird auch bei den meisten Verben, die ein unregelmäßiges Präsens haben, für den Imperativ der Du-Form benutzt, z. B.:

Infinitiv	Präsens **(tu)**	Imperativ **(tu)**
tenere	tieni (*du hältst*)	**tieni**! (*halte!*)
uscire	esci (*du gehst hinaus*)	**esci**! (*geh hinaus!*)
venire	vieni (*du kommst*)	**vieni**! (*komm!*)
tradurre	traduci (*du übersetzt*)	**traduci**! (*übersetze!*)

Verben mit Kurzformen

andare: dare: fare: stare:	**va'**!/**vai**! **da'**!/**dai**! **fa'**!/**fai**! **sta'**!/**stai**!	**Andare**, **dare**, **fare** und **stare** haben zwei Imperativformen: eine Lang- und eine Kurzform. Die Kurzform wird sehr häufig verwendet.
dire:	**di'**!	**Dire** hingegen hat nur die Kurzform **di'**.

Verben mit unregelmäßigem Imperativ

avere: essere: sapere:	**abbi**! **sii**! **sappi**!	Nur **avere**, **essere** und **sapere** haben einen unregelmäßigen Imperativ in der Du-Form.

2. Der Imperativ der 3. Person Einzahl (Lei)

Wenn Sie eine Person, die Sie siezen, auffordern etwas zu tun, dann nehmen Sie die **Lei**-Form des Imperativs.

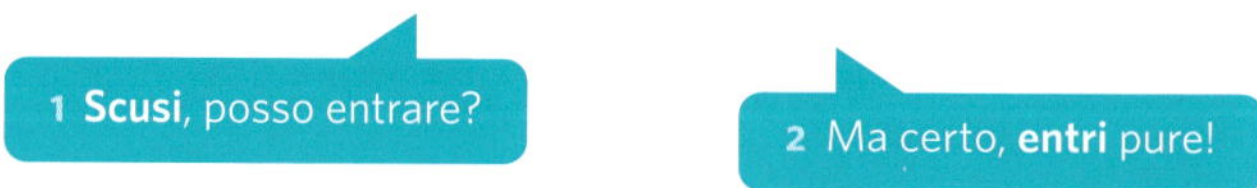

1 *Entschuldigen Sie, darf ich eintreten?*
2 *Aber sicher, treten Sie ruhig ein.*

Verben mit regelmäßigem Imperativ

Verben auf:	Infinitiv	Imperativ (Lei)	Die **Lei**-Form des Imperativs bilden Sie:
-**are**	guard**are** scus**are**	guard**i**! scus**i**!	indem Sie bei den Verben auf -**are** ein -**i** an den Verbstamm hängen.
-**ere**	prend**ere** legg**ere**	prend**a**! legg**a**!	indem Sie bei den Verben auf -**ere** und -**ire** ein -**a** an den Verbstamm bzw. an die Stamm-erweiterung (-**isc**-) hängen.
-**ire**	sent**ire** fin**ire**	sent**a**! finisc**a**!	

Einen regelmäßigen Imperativ haben alle Verben, die im Präsens regelmäßig konjugiert werden.

Die Verben auf -**are** weisen im Übrigen beim Imperativ der **Lei**-Form dieselben Besonderheiten auf wie im Präsens:

Infinitiv	Imperativ (**Lei**)	
cer**care** pa**gare**	cer**chi**! pa**ghi**!	Verben auf -**care** und -**gare** haben vor der Imperativendung -**i** ein -**h**-.
mang**iare** las**ciare**	mang**i**! lasc**i**!	Verben auf -**iare** haben nur ein -**i**.

Verben mit unregelmäßigem Imperativ

Ableitbare Imperative

Infinitiv	Präsens (**io**)	Imperativ (**Lei**)
andare	vado	**vada**!
dire	dico	**dica**!
fare	faccio	**faccia**!
proporre	propongo	**proponga**!
tenere	tengo	**tenga**!
tradurre	traduco	**traduca**!
uscire	esco	**esca**!
venire	vengo	**venga**!

Bei den ableitbaren Imperativen handelt es sich in der Regel um Verben, die im Präsens unregelmäßig sind und bei denen der Imperativ der **Lei**-Form von der 1. Person Einzahl Präsens abgeleitet werden kann. Sie müssen lediglich die Präsens-Endung -**o** durch die Endung -**a** ersetzen.

Ganz unregelmäßige Formen

avere:	**abbia**!	**Avere**, **dare**, **essere**, **sapere** und **stare** haben einen ganz unregelmäßigen Imperativ in der **Lei**-Form.
dare:	**dia**!	
essere:	**sia**!	
sapere:	**sappia**!	
stare:	**stia**!	

3. Der Imperativ der 1. Person Mehrzahl (noi)

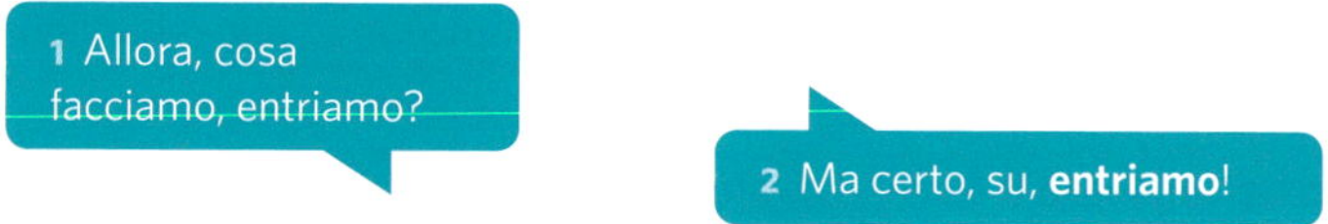

Wenn Sie mehrere Personen, unter denen Sie sich selbst befinden, auffordern etwas zu tun, dann verwenden Sie die **noi**-Form des Präsens.

	Infinitiv	Imperativ **(noi)**
Verben auf -**are**	guard**are** and**are**	guard**iamo**! and**iamo**!
Verben auf -**ere**	prend**ere** legg**ere**	prend**iamo**! legg**iamo**!
Verben auf -**ire**	sent**ire** fin**ire**	sent**iamo**! fin**iamo**!

4. Der Imperativ der 2. Person Mehrzahl (voi)

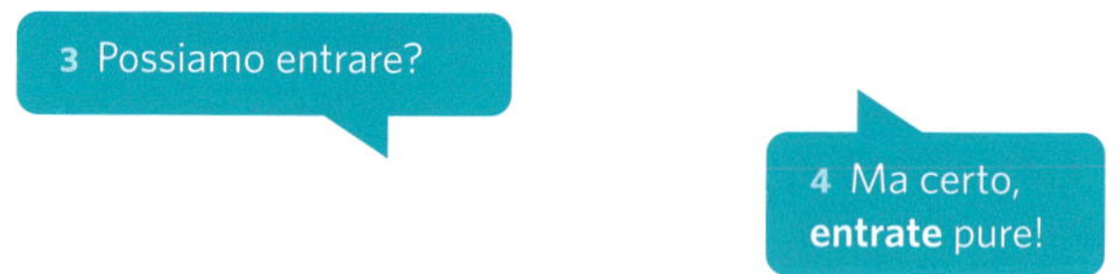

Wenn Sie mehrere Personen, die Sie duzen oder siezen, auffordern etwas zu tun, dann nehmen Sie einfach die **voi-**Form des Präsens.

1 *Also, was machen wir, gehen wir rein?*
2 *Aber sicher, los, gehen wir rein!*
3 *Dürfen wir hereinkommen?*
4 *Aber sicher, kommt / kommen Sie ruhig herein!*

Verben mit regelmäßigem Imperativ

	Infinitiv	Imperativ **(voi)**
Verben auf -**are**	scus**are** lasci**are**	scus**ate**! lasci**ate**!
Verben auf -**ere**	prend**ere** legg**ere**	prend**ete**! legg**ete**!
Verben auf -**ire**	sent**ire** fin**ire**	sent**ite**! fin**ite**!

Verben mit unregelmäßigem Imperativ

avere: essere: sapere:	**abbiate**! **siate**! **sappiate**!	**Avere**, **essere** und **sapere** haben einen unregelmäßigen Imperativ in der **voi**-Form.

Der verneinte Imperativ

Senta, **non dimentichi** di telefonare al dottor Ronchi!
E tu, Carla, **non dimenticare** di confermare la camera!

(tu)	**non aspettare**! **non venire**! **non bere**! **non parlare**!	Der verneinte Imperativ der Du-Form setzt sich aus **non** + Infinitiv des jeweiligen Verbs zusammen.
(Lei)	**non aspetti**! **non beva**!	Ansonsten setzen Sie **non** vor die Formen des bejahten Imperativs.
(noi)	**non aspettiamo**! **non parliamo**!	
(voi)	**non aspettate**! **non venite**!	

Wenn Sie den bejahten Imperativ kennen, müssen Sie beim verneinten Imperativ nur noch die Du-Form neu lernen!

Hören Sie, vergessen Sie nicht, Dr. Ronchi anzurufen! Und du, Carla, vergiss nicht, das Zimmer zu bestätigen!

Die Personalpronomen beim Imperativ

1 **Mi** dia due etti di parmigiano, per favore.

2 Di**mmi** la verità! Di**mmela** subito!

1. Personalpronomen beim bejahten Imperativ

(tu)	aspetta**mi**! compra**ne** un chilo! scrivi**melo**!	Die Personalpronomen, die Pronominaladverbien **ci** und **ne** sowie die kombinierten Personalpronomen (Doppelpronomen) werden an den Imperativ von **tu**, **noi** und **voi** angehängt. Werden zwei Pronomen an den Imperativ angehängt, so stehen die direkten Objektpronomen (**lo**, **la**, **li**, **le**) und **ne** immer an 2. Stelle, d. h. nach den unbetonten Dativpronomen und nach **ce**.
(noi)	aspettiamo**lo**! andiamo**ci** subito! scriviamo**glielo**!	
(voi)	aspettate**ci**! comprate**ne** poco! scrivete**celo**!	
(Lei)	**ci** aspetti, per favore! **ne** prenda un po'! **ce lo** scriva!	Beim Imperativ der **Lei**-Form stehen die Pronomen jedoch vor dem Verb.

Personalpronomen bei Verben mit Kurzform

andare:	Va**cci** tu!	*Geh du hin!*
	Va**gli** incontro!	*Geh ihm entgegen!*
dare:	Da**nne** un po' anche a me!	*Gib mir auch ein wenig davon!*
dire:	Di**lle** tutto!	*Sag ihr alles!*
	Di**gli** tutto!	*Sag ihm alles!*
fare:	Fa**llo** per noi!	*Mach es für uns!*
stare:	Sta**mmi** bene!	*Bleib gesund!*

Beim Imperativ der 2. Person Einzahl (**tu**) von **andare**, **dare**, **dire**, **fare** und **stare** werden die Personalpronomen sowie **ci** und **ne** an die Kurzform angehängt. Der Konsonant des Pronomens wird dabei verdoppelt, außer bei **gli**.

1 *Geben Sie mir bitte 200 g Parmesan.*
2 *Sag mir die Wahrheit! Sag sie mir sofort!*

2. Personalpronomen beim verneinten Imperativ

(tu)	non **ci** aspettare! non **me lo** dire!	non aspettar**ci**! non dir**melo**!
(noi)	non **lo** aspettiamo! non **glielo** diciamo!	non aspettiamo**lo**! non diciamo**glielo**!
(voi)	non **ci** aspettate! non **ce lo** dite!	non aspettate**ci**! non dite**celo**!

Beim verneinten Imperativ von **tu**, **noi** und **voi** werden die Pronomen vor den Imperativ gesetzt oder an den Imperativ angehängt.
Beim Infinitiv in der **tu**-Form entfällt dabei das finale -**e**.

(Lei)	non **ci** aspetti! non **ce lo** dica!	Bei der **Lei**-Form müssen die Pronomen vorangestellt werden.

Gebrauch

Non bere tanto!
Aspettate!

- Mit dem Imperativ gibt man Befehle ...

Entri pure!
Accomodati!
Lasciatemi lavorare, per favore!

- ... und drückt Aufforderungen, Einladungen oder Bitten aus.

Senta, **scusi**!	*Entschuldigung, darf ich Sie etwas fragen?*
Dica!	*Ja, bitte, ich höre!* *Sie wünschen?*
Non si preoccupi!	*Machen Sie sich keine Sorgen!*
Faccia pure!	*Aber natürlich! Bitte sehr!*
Si figuri! **S'immagini**!	*Selbstverständlich! Ich bitte Sie!*
Abbi pazienza!	*Hab Geduld!*
Ma **fammi** il favore!	*Also hör mal!*

- Mit dem Imperativ werden auch viele Höflichkeitsfloskeln und Redewendungen formuliert.

● **1.** Finden Sie die Imperative der **tu**-Form und die der **Lei**-Form. Tragen Sie die entsprechenden Buchstaben in die jeweiligen Kästchen ein.

a) Scusami!
b) Entri pure!
c) Si serva!
d) Stia attenta!
e) Fa' attenzione!

Tu: ☐ ☐ ☐ ☐ ☐

f) Lascia fare a me!
g) Dica pure!
h) Abbi pazienza!
i) Senti!
j) Si calmi!

Lei: ☐ ☐ ☐ ☐ ☐

●● **2.** Wie lauten folgende Aufforderungen, wenn Sie sie an eine Person richten, die Sie siezen?

a) Aiutami, per favore! ____________________
b) Sta' tranquilla! ____________________
c) Guarda un po'! ____________________
d) Per favore, ascoltami! ____________________
e) Aspettaci! ____________________
f) Non preoccuparti! ____________________
g) Vieni prima delle otto. ____________________
h) Rispondi tu, per favore! ____________________
i) Sii gentile e fammi questo favore! ____________________

preoccuparsi – *sich Sorgen machen*
fare un favore – *einen Gefallen tun*

●● **3.** Formen Sie folgende bejahte Imperative in verneinte Imperative um.

a) Guarda! ____________________
b) Ci aspetti! ____________________
c) Prendete il treno! ____________________
d) Telefonami in ufficio! ____________________
e) Si fermi! ____________________
f) Venga prima delle nove! ____________________
g) Usciamo prima di cena! ____________________
h) Vattene! ____________________

i) Lasciatemi solo! ____________________

j) Passi dal centro! ____________________

k) Prendi l'autostrada! ____________________

•• **4. Ergänzen Sie die Dialoge mit den jeweils passenden Verben.**

faccia pure	dica	scusi	senta	entri pure

a) — ______________, posso entrare?

— Ma certo, ______________! In che cosa Le posso essere utile?

— Ecco, avrei bisogno di un consiglio.

— Sì, mi ______________!

b) — ______________, La disturba se apro un po' il finestrino?

— Ma no, per niente, ______________!

••• **5. Diese Sätze könnten nützlich sein. Übersetzen Sie sie mit der Lei-Form.**

a) Rufen Sie mich bitte an!

____

b) Hinterlassen Sie bitte eine Nachricht!

____

c) Warten Sie einen Moment, bitte!

____

d) Setzen Sie sich, bitte!

____

e) Entschuldigen Sie die Verspätung!

____

f) Nehmen Sie die erste Straße rechts!

____

hinterlassen – **lasciare**

die Nachricht – **il messaggio**

sich setzen – **accomodarsi**

die Verspätung – **il ritardo**

20 DER CONGIUNTIVO

Der Congiuntivo presente

Während der Indikativ ein Geschehen als wahr und objektiv darstellt, tritt mit dem **Congiuntivo** die Subjektivität des Gesagten in den Vordergrund. Er entspricht nicht dem deutschen Konjunktiv!

2 Sandro vuole partecipare alla gara benché **abbia** la febbre.

3 Cerco qualcuno che mi **aiuti** nei lavori di casa.

Bildung

Die Formen des **Congiuntivo presente** sind leicht zu lernen, da die Formen von **io**, **tu**, **lui**, **lei**, **Lei** alle dieselbe Endung haben und die 1. Person Mehrzahl des **Congiuntivo presente** mit der entsprechenden Person des Indikativ Präsens identisch ist.

1. Verben mit regelmäßigem Congiuntivo

Verben auf -are

Können Sie den Imperativ der 3. Person Einzahl schon? Dann müssen Sie für die 1., 2. und 3. Person Einzahl des **Congiuntivo presente** keine neuen Formen lernen. Diese sind nämlich mit dem Imperativ der **Lei**-Form identisch.

	parlare	
(io)	parl**i**	Sie bilden den **Congiuntivo presente** der Verben auf -**are**, indem Sie die Endungen -**i**, -**iamo**, -**iate** und -**ino** an den Verbstamm anhängen. Um die Personen **io**, **tu**, **lui**, **lei**, **Lei** auseinanderzuhalten, wird häufig das Personalpronomen hinzugefügt.
(tu)	parl**i**	
(lui/lei/Lei)	parl**i**	
(noi)	parl**iamo**	
(voi)	parl**iate**	
(loro)	parl**ino**	

1 *Schade, dass Nicola nicht kommen will! Ich dachte, dass es ihn freuen würde, seine alten Freunde wiederzusehen.*

2 *Sandro will am Wettkampf teilnehmen, obwohl er Fieber hat.*

3 *Ich suche jemanden, der mir im Haushalt hilft.*

Verben, die im Präsens regelmäßig sind, sind es auch im **Congiuntivo**. Ebenso weisen sie dieselben Besonderheiten auf wie im Präsens. So haben die Verben auf -**care** und -**gare** vor dem -**i**- ein -**h**-:

	io, tu, lui/lei/Lei	noi	voi	loro
cer**care**:	cer**chi**	cer**chiamo**	cer**chiate**	cer**chino**
pa**gare**:	pa**ghi**	pa**ghiamo**	pa**ghiate**	pa**ghino**

Und die Verben auf -**iare** haben nur ein -**i**:

	io, tu, lui/lei/Lei	noi	voi	loro
stud**iare**:	stud**i**	stud**iamo**	stud**iate**	stud**ino**
mang**iare**:	mang**i**	mang**iamo**	mang**iate**	mang**ino**

Verben auf -ere und -ire

Bei den Verben auf -**ere** und -**ire** setzen Sie die Endungen -**a**, -**iamo**, -**iate** und -**ano** an den Verbstamm bzw. an die Stammerweiterung -**isc**-.

	scrivere	partire	capire
(io)	scriv**a**	part**a**	capisc**a**
(tu)	scriv**a**	part**a**	capisc**a**
(lui/lei/Lei)	scriv**a**	part**a**	capisc**a**
(noi)	scriv**iamo**	part**iamo**	cap**iamo**
(voi)	scriv**iate**	part**iate**	cap**iate**
(loro)	scriv**ano**	part**ano**	capisc**ano**

2. Verben mit unregelmäßigem Congiuntivo

Verben, die im Präsens unregelmäßig sind, haben im **Congiuntivo presente** die Endungen -**a**, -**iamo**, -**iate** und -**ano**.

Infinitiv	Indikativ Präsens (io)	Congiuntivo			
		io, tu, lui lei, Lei	noi	voi	loro
andare	vado	vad**a**	and**iamo**	and**iate**	vad**ano**
bere	bevo	bev**a**	bev**iamo**	bev**iate**	bev**ano**
dire	dico	dic**a**	dic**iamo**	dic**iate**	dic**ano**
fare	faccio	facci**a**	facc**iamo**	facc**iate**	facci**ano**
potere	posso	poss**a**	poss**iamo**	poss**iate**	poss**ano**
tenere	tengo	teng**a**	ten**iamo**	ten**iate**	teng**ano**
uscire	esco	esc**a**	usc**iamo**	usc**iate**	esc**ano**
venire	vengo	veng**a**	ven**iamo**	ven**iate**	veng**ano**
volere	voglio	vogli**a**	vogl**iamo**	vogl**iate**	vogli**ano**

Bildung des unregelmäßigen Congiuntivo presente

Infinitiv	Indikativ Präsens 1. Person Einzahl	Congiuntivo 1., 2., 3. Person Einzahl	Congiuntivo 3. Person Mehrzahl
andare	vad**o** ▸	vad**a** ▸	vad**ano**
tenere	teng**o** ▸	teng**a** ▸	teng**ano**
uscire	esc**o** ▸	esc**a** ▸	esc**ano**

Der **Congiuntivo presente** der Einzahl und der 3. Person Mehrzahl wird von der 1. Person Einzahl des Indikativ Präsens abgeleitet. Die Endungen des **Congiuntivo presente** werden dabei anstelle der Endung dieser Form des Indikativ Präsens gesetzt.

Infinitiv	Indikativ Präsens 1. Person Mehrzahl	Congiuntivo 1. Person Mehrzahl
andare	and**iamo**	and**iamo**
tenere	ten**iamo**	ten**iamo**
uscire	usc**iamo**	usc**iamo**

Die 1. Person Mehrzahl des **Congiuntivo presente** und des Indikativ Präsens sind identisch.

Infinitiv	Congiuntivo 1. Person Mehrzahl	Congiuntivo 2. Person Mehrzahl
andare	and**iamo**	and**iate**
tenere	ten**iamo**	ten**iate**
uscire	usc**iamo**	usc**iate**

Die 2. Person Mehrzahl des **Congiuntivo presente** wird von der 1. Person Mehrzahl des **Congiuntivo presente** abgeleitet.

3. Ganz unregelmäßige Formen

Infinitiv	io, tu, lui lei, Lei	noi	voi	loro
avere	**abbia**	abbiamo	**abbiate**	**abbiano**
dare	**dia**	diamo	**diate**	**diano**
dovere	**debba**	dobbiamo	**dobbiate**	**debbano**
essere	**sia**	siamo	**siate**	**siano**
sapere	**sappia**	sappiamo	**sappiate**	**sappiano**
stare	**stia**	stiamo	**stiate**	**stiano**

Der **Congiuntivo presente** von **avere**, **dare**, **dovere**, **essere**, **sapere** und **stare** wird von keiner anderen Verbform abgeleitet.

Gebrauch

Der **Congiuntivo presente** wird in Hauptsätzen verwendet, die mit **che** beginnen:

Qualcuno ha suonato alla porta. **Che sia** di nuovo la vicina?

Che sia...? – *Ob es wohl ... ist?*

- Hauptsätze mit **Congiuntivo presente** drücken eine zweifelnde Frage aus, ...

Che faccia attenzione! — *Er / Sie soll aufpassen!*

- ... eine Aufforderung ...

Che Dio vi **benedica!** — *Gott segne euch!*

- ... oder einen Wunsch.

Der **Congiuntivo presente** wird vor allem in Nebensätzen verwendet:

Ti aiuto **benché abbia** poco tempo.
Vi presto la macchina **a condizione che torniate** prima di mezzanotte.
Diglielo **prima che sia** troppo tardi.
Cerca di entrare **di modo che** nessuno ti **senta**.

benché – *obwohl*
a condizione che – *vorausgesetzt, dass*
prima che – *bevor*
di modo che – *sodass*

- Der **Congiuntivo presente** steht nach einigen Konjunktionen, darunter z. B.: **benché**, **affinché**, **purché**, **a condizione che**, **a meno che**, **prima che**, **sebbene**, **senza che**, **di modo che**, **qualora**.

§ Konjunktionen S. 265

Parla lentamente, **di modo che** tutti **possano** capirti.
Rede langsam, sodass dich alle verstehen können.

- Nach der Konjunktion **di modo che** steht der **Congiuntivo,** wenn der Nebensatz etwas Erwünschtes beinhaltet.

Ho dimenticato la carta di credito **di modo che** non **posso** pagare il conto.
Ich habe die Kreditkarte vergessen, sodass ich die Rechnung nicht bezahlen kann.

- Ansonsten folgt nach **di modo che** der Indikativ.

augurarsi – *wünschen, hoffen*

non vedere l'ora – *etw kaum erwarten können*

Mio padre **non vuole che esca** tutte le sere.
Mi auguro che tutto **vada** bene.
Aspettiamo che arrivi il dott. Rota.
Spero che non **succeda** niente.
Preferiamo che tu non **parta** da solo.

In der Umgangssprache folgt nach **penso che** und **trovo che** oft der Indikativ: **Penso/Trovo che hai ragione.**

- Der **Congiuntivo** steht nach der Konjunktion **che** bei Verben und Wendungen, die ausdrücken, dass man etwas will, wünscht, verlangt, erwartet oder erhofft. Dazu gehören z. B.:
aspettare, **augurarsi**, **desiderare**, **permettere**, **preferire**, **sperare**, **non vedere l'ora**, **volere**.

Penso che sia meglio partire subito.
Mi sembra che Stefano non **stia** bene.
Trovo che i tuoi genitori **abbiano** ragione.
Immagino che l'opera non vi **piaccia** tanto.
Credo che Anna **sia** in vacanza.

- Der **Congiuntivo** steht auch nach der Konjunktion **che** bei Verben und Wendungen des Meinens, Denkens und Glaubens wie z. B.:
avere l'impressione, **capire**, **credere**, **essere dell'opinione/del parere**, **immaginare**, **pensare**, **sembra/pare a qu**, **supporre**, **ritenere**, **trovare**.

immaginare – *vermuten, annehmen*

supporre – *annehmen*

ritenere – *halten für*

dubitare che – *bezweifeln, dass*

Dubito che Enzo **sappia** bene il tedesco.
Non so se mio marito **possa** venire.
Non sono sicuro che il film **piaccia** a tutti.

- Man nimmt den **Congiuntivo** nach der Konjunktion **che** bzw. **se** (*ob*) bei Verben und Wendungen des Zweifelns und der Unsicherheit.
Dazu zählen:
dubitare, **non essere sicuro**, **non sapere**, **non pensare**, **non credere**.

So che hai ragione tu.
Sono sicuro che Michele non **è** in casa.

- Der Indikativ und **nicht der Congiuntivo** steht nach Verben und Wendungen, die Sicherheit bzw. Gewissheit wiedergeben, wie z. B. nach **sapere**, **essere sicuro/certo/convinto** ...

Nach **dire che** steht kein **Congiuntivo**.

Dico che siete tutti matti.
Affermo che è la verità.
Il direttore **conferma che** non **ci sono** più camere libere.

- ... sowie nach Verben und Wendungen des Sagens, Versicherns und Bestätigens, also z. B. nach **dire**, **affermare**, **confermare**.

Die indirekte Rede
S. 238

Ho paura che mia madre **venga** a sapere tutto.
Sono contento che tu non **abbia** la febbre.
Non m'importa che Rita non **venga**.
Ci dispiace che non **possiate** rimanere.
Non sopporto che nel soggiorno ci **sia** disordine.
Temo che arrivino in ritardo.

- Der **Congiuntivo** steht wiederum nach der Konjunktion **che** bei Verben und Wendungen, die ein Gefühl wiedergeben, wie z. B. Angst, Freude, Gleichgültigkeit, Traurigkeit, Bedauern, Ärger, Erstaunen. Dazu zählen u. a.:
avere paura, **dispiacere a qu**, **essere contento/felice/sorpreso/triste**, **non importare a qu**, **far piacere a qu**, **non sopportare**, **temere**.

ho paura che – *ich fürchte, dass*

non m'importa che – *es ist mir egal, dass*

ci dispiace che – *es tut uns Leid, dass*

non sopportare – *nicht ertragen*

temere che – *fürchten, dass*

È assurdo che faccia tu i compiti di tuo fratello.
Bisogna che Martina **prenda** una decisione.
Basta che mi **telefoniate** stasera.
È meglio che il cane **rimanga** a casa.
Peccato che non **abbiate** tempo di venire a trovarci.
Può darsi che non **riesca** a finire la traduzione entro lunedì.
Sembra che Sandra **voglia** divorziare.

- Auch nach unpersönlichen Verben und Ausdrücken, die einen Nebensatz mit **che** einleiten, folgt der **Congiuntivo**, so z. B. nach:
è assurdo che, **bisogna che**, **basta che**, **è bene/meglio che**, **è bello che**, **è incredibile che**, **è (in)giusto che**, **è (im)possibile che**, **è necessario che**, **pare che**, **(è un) peccato che**, **può darsi che**, **sembra che**, **è strano che**, **è una vergogna che**.

è evidente che - *es ist offensichtlich, dass*

si sa che - *es ist bekannt, dass*

È certo che qui non **accettano** carte di credito.
È chiaro che hai ragione tu.
È evidente che non **dici** la verità.
È sicuro che domani **è** festa.
Si sa che l'olio d'oliva **è** sano.
È vero che ci **sono** troppe macchine.

- Drücken die unpersönlichen Verben und Wendungen jedoch etwas Sicheres oder Offensichtliches aus, so folgt der **Indikativ**. Z. B. nach: **è certo che**, **è chiaro che**, **è evidente che**, **è sicuro che**, **si sa che**, **è vero che**.

Cerchiamo **un albergo che accetti** i cani.
Mi può consigliare **un libro che piaccia** agli adulti e ai bambini?

- Der **Congiuntivo** steht auch in Relativsätzen, die einen Wunsch, eine Forderung oder eine Erwartung wiedergeben …

l'unico - *der Einzige*

Il dott. Bruni è **la persona più gentile che** io **conosca**.
Carla è **l'unica che sappia** veramente bene il tedesco.
Non c'è **nessun film che** gli **piaccia**.

- … oder einen Ausdruck mit Ausschließlichkeitscharakter, wie z. B. **l'unico**, **l'ultimo**, **il solo**, **niente**, **nessuno**, enthalten.

Non aprire, **chiunque sia**.
Qualunque cosa ti **offra**, tu non comprarla.
Non cambierò idea, **qualsiasi** cosa tu mi **dica**.
Dovunque tu **vada**, io ti seguirò.
Comunque vadano le cose, io ti scriverò.

- Ebenso nimmt man den **Congiuntivo** nach verallgemeinernden Ausdrücken wie: **chiunque** (*wer auch immer*), **qualunque/qualsiasi** (*welche(r, s) auch immer*), **dovunque** (*wo(hin) auch immer*), **comunque** (*wie auch immer*).

Wenn Haupt- und Nebensatz dasselbe Subjekt haben, nimmt man anstelle des Nebensatzes mit dem **Congiuntivo** eine Infinitivkonstruktion:

Sono contento **di essere** a casa.	*Ich bin froh zu Hause zu sein.*
Aber:	
Sono contento **che tu sia** a casa.	***Ich** bin froh, dass **du** zu Hause bist.*
Non voglio **rimanere** qui.	*Ich will nicht hier bleiben.*
Aber:	
Non voglio **che tu rimanga** qui.	***Ich** will nicht, dass **du** hier bleibst.*

Der Congiuntivo passato

1 È bene che **abbiate raccontato** tutto.

2 Carlo non risponde. Che **sia** già **partito?**

Bildung

Den **Congiuntivo passato** bilden Sie mit dem **Congiuntivo presente** von **essere** oder **avere** und dem Partizip Perfekt des jeweiligen Hauptverbs.

	prendere		
(io)	**abbia**	pres**o**	Wenn der **Congiuntivo passato** mit **avere** gebildet wird, bleibt das Partizip Perfekt unverändert. Es endet dann immer auf -**o**.
(tu)	**abbia**	pres**o**	
(lui/lei/Lei)	**abbia**	pres**o**	
(noi)	**abbiamo**	pres**o**	
(voi)	**abbiate**	pres**o**	
(loro)	**abbiano**	pres**o**	

Mehr über die Bildung und Veränderlichkeit des Partizip Perfekts sowie den Gebrauch von **essere** und **avere** erfahren Sie im Kapitel: **Das Passato prossimo** S. 94 - 99

	partire		
(io)	**sia**	partit**o**, **-a**	Wird er hingegen mit **essere** konjugiert, dann richtet sich das Partizip Perfekt in Geschlecht und Zahl nach dem Subjekt, z. B.: **Penso che Rosa sia già partita**.
(tu)	**sia**	partit**o**, **-a**	
(lui/lei/Lei)	**sia**	partit**o**, **-a**	
(noi)	**siamo**	partit**i**, **-e**	
(voi)	**siate**	partit**i**, **-e**	
(loro)	**siano**	partit**i**, **-e**	

Gebrauch

Ho paura che sia successo qualcosa a Michele.
Può darsi che abbia perso il treno.
Sara non è ancora arrivata. **Che sia successo** qualcosa?
Barbara è **l'unica donna che** mi **abbia** veramente **amato**.

- Der **Congiuntivo passato** wird nach denselben Regeln wie der **Congiuntivo presente** in einem Haupt- oder Nebensatz verwendet. Dabei bezeichnet der **Congiuntivo passato** Ereignisse, die bereits geschehen sind.

Mehr zum Gebrauch des **Congiuntivo passato** erfahren Sie im Abschnitt: **Die Zeitenfolge beim Congiuntivo** S. 161

1 *Es ist gut, dass ihr alles erzählt habt.*
2 *Carlo antwortet nicht. Ob er wohl schon abgereist ist?*

Der Congiuntivo imperfetto

1 **Fossi** già a Parigi!

2 E se **mandassimo** un fax?

3 Parla come se **fosse** ubriaco.

1. Verben mit regelmäßigem Congiuntivo imperfetto

Verben auf -are, -ere und -ire

Die 1. und 2. Person Einzahl sind im **Congiuntivo imperfetto** immer identisch.

Beim **Congiuntivo imperfetto** ist es im Gegensatz zum **Congiuntivo presente** und zum **Congiuntivo passato** nicht üblich, das Personalpronomen zur Unterscheidung der Personen hinzuzufügen.

	andare	avere	capire
(io)	and**assi**	av**essi**	cap**issi**
(tu)	and**assi**	av**essi**	cap**issi**
(lui/lei/Lei)	and**asse**	av**esse**	cap**isse**
(noi)	and**assimo**	av**essimo**	cap**issimo**
(voi)	and**aste**	av**este**	cap**iste**
(loro)	and**assero**	av**essero**	cap**issero**

Die regelmäßigen Formen des **Congiuntivo imperfetto** bildet man, indem man die Endungen der einzelnen Personen an den jeweiligen Verbstamm, z. B. **and**-, **av**-, **cap**- anhängt.

2. Verben mit unregelmäßigem Congiuntivo imperfetto

Infinitiv	Unregelmäßiger Stamm	Endung des Congiuntivo Imperfetto
bere ▸	**bev**	
dare ▸	**d**	-essi
dire ▸	**dic**	-essi
fare ▸	**fac**	-esse
trarre ▸	**tra**	-essimo
porre ▸	**pon**	-este
produrre ▸	**produc**	-essero
stare ▸	**st**	

Die Verben mit unregelmäßigem **Congiuntivo imperfetto** haben für die einzelnen Personen die Endungen -**essi**, -**essi**, -**esse**, -**essimo**, -**este** und -**essero**. Diese Endungen werden an den Stamm des Imperfekts angehängt, z. B.: **dessi**, **dessi**, **desse**, **dessimo**, **deste**, **dessero**.

1 *Wäre ich doch schon in Paris!*
2 *Und wenn wir ein Fax schicken würden?*
3 *Er spricht, als ob er betrunken wäre.*

Trarre, **porre** und **produrre** können Sie als Muster für die Verben auf -**arre**, -**orre** und -**urre** nehmen, z. B.:

distr**arre:**	(io) distraessi, (tu) distraessi, (lui/lei/Lei) distraesse, (noi) distraessimo, (voi) distraeste, (loro) distraessero
prop**orre:**	(io) proponessi, (tu) proponessi, (lui/lei/Lei) proponesse, (noi) proponessimo, (voi) proponeste, (loro) proponessero
cond**urre:**	(io) conducessi, (tu) conducessi, (lui/lei/Lei) conducesse, (noi) conducessimo, (voi) conduceste, (loro) conducessero

	essere	
(io)	**fossi**	Das Verb **essere** ist ein Einzelfall.
(tu)	**fossi**	
(lui/lei/Lei)	**fosse**	
(noi)	**fossimo**	
(voi)	**foste**	
(loro)	**fossero**	

Gebrauch

Venisse almeno da solo!
Potessi partire con voi!
Sapessi le lingue come le sai tu!

- Der **Congiuntivo imperfetto** steht bei Wünschen, die nicht erfüllt werden können oder deren Erfüllbarkeit unwahrscheinlich ist, ...

E se andassimo al cinema?

- ... bei vorsichtig formulierten Vorschlägen, ...

Si comporta **come se fosse** lui il direttore.

- ... und nach der Konjunktion **come se**, um etwas Nichtwirkliches in der Gegenwart auszudrücken.

Der **Congiuntivo imperfetto** wird vor allem in Bedingungssätzen und gemäß der Zeitenfolge bei Verben und Wendungen, die den **Congiuntivo** verlangen, sowie in der indirekten Frage benutzt.

E se andassimo ...? – *Wie wär's, wenn wir ... gingen?*

Der Bedingungssatz S. 236

Die Zeitenfolge beim Congiuntivo S. 163

Die indirekte Frage S. 241

Der Congiuntivo trapassato

1 Non l'**avessi** mai **conosciuto**!

2 E se **fossero** già **arrivati**?

3 Mi guarda come se non mi **avesse** mai **visto!**

Bildung

Den **Congiuntivo trapassato** bilden Sie mit dem **Congiuntivo imperfetto** von **avere** oder **essere** und dem Partizip Perfekt des jeweiligen Hauptverbs.

Mehr über die Bildung und Veränderlichkeit des Partizip Perfekts sowie den Gebrauch von **essere** und **avere** erfahren Sie im Kapitel: **Das Passato prossimo** S. 94–99

	prendere		
(io)	**avessi**	pres**o**	Wenn der **Congiuntivo trapassato** mit **avere** gebildet wird, dann endet das Partizip Perfekt auf -**o**.
(tu)	**avessi**	pres**o**	
(lui/lei/Lei)	**avesse**	pres**o**	
(noi)	**avessimo**	pres**o**	
(voi)	**aveste**	pres**o**	
(loro)	**avessero**	pres**o**	

	partire		
(io)	**fossi**	partit**o**, **-a**	Wird er hingegen mit **essere** gebildet, richtet sich das Partizip Perfekt in Geschlecht und Zahl nach dem Subjekt, z. B.: **E se Rosa fosse già partita?**
(tu)	**fossi**	partit**o**, **-a**	
(lui/lei/Lei)	**fosse**	partit**o**, **-a**	
(noi)	**fossimo**	partit**i**, **-e**	
(voi)	**foste**	partit**i**, **-e**	
(loro)	**fossero**	partit**i**, **-e**	

Gebrauch

Fosse almeno **venuto** da solo!

- Der **Congiuntivo trapassato** steht bei Wünschen, die nicht verwirklicht werden konnten, ...

E se **fossimo andati** al cinema?

- ... bei Überlegungen über Dinge, die hätten geschehen können ...

1 *Hätte ich ihn nur nie kennengelernt!*
2 *Und wenn sie schon angekommen wären?*
3 *Er schaut mich an, als ob er mich noch nie gesehen hätte.*

Si comporta **come se avesse** vinto al lotto.

... sowie nach der Konjunktion **come se**, um etwas Nichtwirkliches in der Vergangenheit auszudrücken.

Der **Congiuntivo trapassato** kommt außerdem in Bedingungssätzen und gemäß der Zeitenfolge bei Verben und Wendungen, die den **Congiuntivo** verlangen, sowie in der indirekten Frage vor.

Der Bedingungssatz S. 236

Die Zeitenfolge beim Congiuntivo S. 163

Die indirekte Frage S. 241

Die Zeitenfolge beim Congiuntivo

1 **Pensi che** Silvia **si sia arrabbiata**?

2 **Credevo che fosse successo** qualcosa di grave.

Um in einem Nebensatz mit dem **Congiuntivo** die richtige Zeit zu benutzen, muss man zunächst wissen, ob die Handlung des Nebensatzes vor der Handlung des Hauptsatzes stattgefunden hat (vorzeitig), zur gleichen Zeit stattfindet (gleichzeitig) oder danach stattfinden wird (nachzeitig).

Darüber hinaus richtet sich die zu wählende Zeit nach der Zeit des Verbs, das im Hauptsatz steht, z. B. Präsens, Futur, eine Zeit der Vergangenheit. Es gelten zudem klare Regeln für die Zeitenfolge, wenn im Hauptsatz der Konditional steht.

1. Das Verb des Hauptsatzes steht im Präsens, im Futur oder im Imperativ

3 **Credo** che Carlo **sia arrivato**.

4 **Penso** che **stia** bene.

5 **Spero** che non **parta/partirà** già domani!

Hauptsatz:		Nebensatz vorzeitig:	**Congiuntivo passato**
Präsens	Penso		
Futur I	Penserà	che **sia arrivato**.	
Imperativ	Non pensare		

1 *Meinst du, dass sich Silvia geärgert hat?*
2 *Ich dachte, dass etwas Schlimmes passiert wäre.*
3 *Ich glaube, dass Carlo angekommen ist.*
4 *Ich denke, dass es ihm/ihr gut geht.*
5 *Ich hoffe, dass er/sie nicht schon morgen wegfährt/wegfahren wird.*

Hauptsatz:		Nebensatz gleichzeitig:	**Congiuntivo presente**
Präsens	Penso		
Futur I	Penserà	che **arrivi** adesso.	
Imperativ	Non pensare		

Hauptsatz:		Nebensatz nachzeitig:	**Congiuntivo presente/ Futur I**
Präsens	Penso		
Futur I	Penserà	che **arrivi/arriverà** più tardi.	
Imperativ	Non pensare		

Weitere Kombinationsmöglichkeiten

Präsens - Konditional I:

Penso che Luca **si sposerebbe** volentieri.
Ich denke, dass Luca gerne heiraten würde.

Steht im Hauptsatz das Verb im Präsens, dann kann im Nebensatz der Konditional I verwendet werden, wenn der Nebensatz aussagt, was jetzt oder später sein bzw. geschehen könnte.

Präsens - Konditional II:

Penso che Federica **si sarebbe sposata** volentieri.
Ich denke, dass Federica gerne geheiratet hätte.

Dagegen nimmt man im Nebensatz den Konditional II, wenn man damit ausdrücken will, was hätte sein bzw. geschehen können.

2. Das Verb des Hauptsatzes steht in einer Zeit der Vergangenheit

1 **Credevo** che Carlo **fosse già arrivato**.

2 **Pensavo** che **stesse** bene.

3 **Speravo** che non **sarebbe ripartito/ ripartisse** troppo presto.

1 *Ich glaubte, dass Carlo schon angekommen war.*
2 *Ich dachte, dass es ihm gut ginge.*
3 *Ich hoffte, dass er nicht zu bald wieder wegfahren würde.*

Hauptsatz:		Nebensatz vorzeitig:	**Congiuntivo trapassato**
Imperfetto **Passato prossimo** **Passato remoto** **Trapassato prossimo**	Pensavo Ho pensato Pensai Avevo pensato	che **fosse arrivata**.	

Hauptsatz:		Nebensatz gleichzeitig:	**Congiuntivo imperfetto**
Imperfetto **Passato prossimo** **Passato remoto** **Trapassato prossimo**	Pensavo Ho pensato Pensai Avevo pensato	che **arrivasse** subito.	

Hauptsatz:		Nebensatz nachzeitig:	**Konditional II/ Congiuntivo imperfetto**
Imperfetto **Passato prossimo** **Passato remoto** **Trapassato prossimo**	Pensavo Ho pensato Pensai Avevo pensato	che **sarebbe arrivata/arrivasse** più tardi.	

Weitere Kombinationsmöglichkeiten

Präsens – Congiuntivo imperfetto:
Mi sembra che **fosse** l'una quando è successo. *Mir scheint, dass es ein Uhr war, als es geschah.* **Sembra** che da bambina **andasse** ogni estate in Sardegna. *Es scheint, dass sie als Kind jeden Sommer nach Sardinien fuhr.*
Steht im Hauptsatz das Verb im Präsens, dann kann im Nebensatz der **Congiuntivo imperfetto** verwendet werden, wenn ein vergangener Zustand oder eine vergangene Gewohnheit beschrieben werden.

Präsens – Congiuntivo trapassato:
Non so se nel 1945 Luisa **si fosse** già **trasferita** a Roma. *Ich weiß nicht, ob Luisa 1945 schon nach Rom umgezogen war.*
Steht im Hauptsatz das Verb im Präsens, dann wird die Vorzeitigkeit im Nebensatz mit dem **Congiuntivo trapassato** ausgedrückt, wenn es sich um ein weit zurückliegendes Geschehen handelt.

3. Das Verb des Hauptsatzes steht im Konditional

1 **Mi dispiacerebbe** se non **venisse** più.

2 **Mi sarebbe dispiaciuto** se non **fosse venuto**.

Wenn Verben und Ausdrücke, die wie **desiderare**, **preferire**, **volere**, **è bene**, **è meglio**, **è necessario** einen Wunsch oder ein Gefühl ausdrücken, im Konditional stehen, dann steht im Nebensatz der **Congiuntivo imperfetto** bzw. der **Congiuntivo trapassato**.

Hauptsatz:		Nebensatz vorzeitig:	**Congiuntivo trapassato**
Konditional I	Vorrei	che **fosse arrivato**.	
Konditional II	Avrei voluto		

Hauptsatz:		Nebensatz gleichzeitig:	**Congiuntivo imperfetto**
Konditional I	Vorrei	che **arrivasse** subito.	
Konditional II	Avrei voluto		

Hauptsatz:		Nebensatz nachzeitig:	**Congiuntivo imperfetto**
Konditional	Vorrei	che **arrivasse** più tardi.	
Konditional II	Avrei voluto		

1 *Es würde mir leidtun, wenn er nicht mehr kommen würde.*
2 *Es hätte mir leidgetan, wenn er nicht gekommen wäre.*

● **1.** Markieren Sie die Verben, die in einer Form des **Congiuntivo** sind.

a) — Senti, pensi che faccia freddo in Germania?
— Beh, in settembre non si sa mai. Può far freddo, ma può anche far caldo.

b) — Vi dispiace se non vengo al cinema con voi? Sono troppo stanco.
— Ma no, per niente! Se sei stanco è bene che tu vada a letto presto.

c) — Senti, dove abita adesso il professor Sangiorgi?
— Mah, di preciso non lo so, ma credo che abbia cambiato casa e che ora stia in piazza Carlo Felice.

d) — Sai che c'è anche Teresa?
— No, davvero?! Pensavo che dovesse rimanere a casa a studiare.

e) — Ma perché non hai detto ai tuoi che a Natale non andremo da loro?
— Mah, mi sembrava che non fosse il momento per dirglielo.

Möchten Sie Ihre Meinung ausdrücken, ohne den Congiuntivo zu verwenden?

Nehmen Sie anstelle von **penso/credo che** einfach den Ausdruck **secondo me** *(meiner Meinung nach)*:

Secondo me è troppo tardi per il cinema.

i tuoi – *deine Eltern*

●● **2.** Schreiben Sie den **Congiuntivo presente** und **imperfetto** folgender Verben auf.

		Congiuntivo presente	Congiuntivo imperfetto
a)	io - parlare	______	______
b)	tu - cercare	______	______
c)	lui - crescere	______	______
d)	noi - vivere	______	______
e)	voi - partire	______	______
f)	loro - finire	______	______
g)	io - sapere	______	______
h)	tu - potere	______	______
i)	lui - dovere	______	______
j)	noi - volere	______	______
k)	loro - andare	______	______
l)	io - essere	______	______
m)	tu - avere	______	______

●● **3.** Wann muss der Indikativ verwendet werden und wann der **Congiuntivo**? Markieren Sie die jeweils passende Form.

a) È necessario che la gente è / sia informata.
b) So che Sergio ha / abbia ragione.
c) Non c'è nessun libro che io ho letto / abbia letto con maggior interesse.
d) Non venire, qualsiasi cosa succede / succeda.
e) Il dottore ha detto che fra due giorni puoi / possa alzarti.
f) È evidente che Maurizio sa / sappia bene l'inglese.
g) Non è ancora sicuro che i miei possono / possano venire a Pasqua.

i miei – *meine Eltern*

●●● **4.** Formen Sie die Sätze in der linken Spalte in die Vergangenheit um, indem Sie die hervorgehobenen Verben in den **Congiuntivo imperfetto,** in den **Congiuntivo trapassato** oder in den Konditional II setzen.

a) Crede che tu **stia** male.	Credeva che tu ________ male.
b) Penso che Ezio **sia uscito**.	Pensavo che Ezio ____________ .
c) Credo che i miei genitori **ritorneranno** in Italia.	Credevo che i miei genitori ______ ________________ in Italia.
d) Non so se il telefonino **sia** veramente indispensabile.	Non sapevo se il telefonino ______ ______ veramente indispensabile.
e) Temo che Carla **abbia fatto** tanti debiti.	Temevo che Carla ____________ ______________ tanti debiti.
f) Non vogliamo che **paghiate** voi il conto.	Non volevamo che ____________ ________________ voi il conto.
g) Non è sicuro che l'anno prossimo io **possa** passare un mese al mare.	Non era sicuro che l'anno dopo io ______________________ passare un mese al mare.
h) Vuoi che si **vada** al cinema?	Volevi che si ______________ al cinema?

●● **5.** Vervollständigen Sie die Sätze mithilfe der angegebenen Verben im **Congiuntivo presente** oder im **Congiuntivo passato.**

a) Non penso che Luca (volere) ________________ partecipare alla regata.

b) Sembra che Franco e Silvia (sposarsi) ________________ l'anno prossimo.

c) Temo che Sandro (annoiarsi) ________________ ieri sera.

d) Pare che Lucia e Andrea (divorziare) ________________ già da tempo.

divorziare - *sich scheiden lassen*

e) Siamo contenti che voi due (andare) ________________ d'accordo.

f) Credo che ieri mia figlia non mi (dire) ________________ la verità.

g) È un peccato che sabato prossimo tu e Gianna non (potere) ________________ venire alla festa.

h) Bisogna che a scuola tu (fare) ________________ più attenzione.

i) Mi dispiace che il film di ieri sera non ti (piacere) ________________ .

j) Se non potete venire, basta che mi (telefonare) ________________ .

●●● **6. Congiuntivo presente** oder **Congiuntivo imperfetto**? Markieren Sie die jeweils passende Verbform.

a) Secondo me sarebbe bene che tu faccia/facessi ordine nella tua stanza. Non è necessario che tu lo faccia/facessi subito, ma fallo.

b) Non vogliamo che tu esca/uscissi tutte le sere. Preferiremmo che tu rimanga/rimanessi a casa almeno il fine settimana.

c) Non è bene che tu prenda/prendessi la macchina per andare in centro. Sarebbe meglio che ci vada/andassi con i mezzi pubblici.

d) Alla nonna piacerebbe che per il suo compleanno si riunisca/si riunisse tutta la famiglia. E poi vorrebbe che Carletto suoni/suonasse qualcosa alla chitarra.

e) Sarebbe bene che qualcuno resti/restasse a casa con il nonno. Non è bene che stia/stesse solo tutto il fine settimana.

7. Welche zwei Möglichkeiten sind jeweils korrekt? Kreuzen Sie an.

a) Spero che
- ☐ A ieri sera vi foste divertiti.
- ☐ B il film sia stato interessante.
- ☐ C la prossima volta ci potrò venire anch'io.

b) Ci dispiacerebbe se
- ☐ A Ida non venisse a trovarci domani sera.
- ☐ B Carlino si sia fatto male.
- ☐ C adesso tu dovessi rimanere a casa.

c) Ho saputo che
- ☐ A Luisa abbia trovato un lavoro.
- ☐ B il vicino cambierà casa il mese prossimo.
- ☐ C la tua nipotina va già a scuola.

d) Non immaginavo che
- ☐ A un giorno non avrei più suonato il violino.
- ☐ B Giada e Aldo avessero già divorziato.
- ☐ C in montagna potrebbe fare tanto caldo.

8. Wie müssen die vier falschen Sätze aus Übung 7 korrigiert werden?

a) *Spero che* ____________________

b) *Ci dispiacerebbe se* ____________________

c) *Ho saputo che* ____________________

d) *Non immaginavo che* ____________________

9. Markieren Sie den jeweils passenden Hauptsatz.

a) Non sappiamo se/Sappiamo che lo spettacolo vi piaccia.

b) Saremmo felici se/Siamo felici che nascesse un nipotino.

c) Avrei preferito che/Preferisco che sia tu a telefonare all'avvocato.

d) Può darsi che/Sarebbe bello se Ada potesse accompagnarci alla stazione.

e) Confermo che/Dubito che ci sono ancora dei posti liberi.

f) Eravamo sorpresi che/Sapevamo che Giulia non si fosse fatta viva.

g) Carlo credeva/Carlo raccontava che suo nonno faceva l'ingegnere.

h) Desidero che/Avrei voluto che Luca studi medicina.

i) Mara era convinta che/Mara credeva che suo marito la tradisse.

j) Ero sicuro che/Ero contento che era andato tutto bene.

tradire – *betrügen, untreu sein*

10. Ergänzen Sie die Verben im Indikativ Präsens, im **Congiuntivo presente** oder im **Congiuntivo imperfetto**.

a) Verrò con voi al mare sebbene ______ (avere) molto lavoro.
b) Emilio si comporta come se ______ (essere) lui il direttore.
c) Secondo me Ezio è l'unico che ______ (potere) aiutarci.
d) Mara è una cara amica che però ______ (io - vedere) poco.
e) Aldo ha bisogno di una donna che lo ______ (capire).
f) Fufi lo porto sempre con me, dovunque io ______ (andare).
g) Anche se non ______ (io - stare) bene, voglio alzarmi.
h) Devi parlare con Rosa prima che ______ (lei - uscire).
i) Qualunque cosa io ______ (fare), Sandra mi critica.

11. Übertragen Sie die Sätze ins Deutsche.

a) E se facessimo una passeggiata?

______

b) Che stiano attenti, i ragazzi!

______

c) Sapesse almeno cucinare, Marco!

______

d) Si fosse almeno messo la cravatta, Filippo!

______

e) Emilia non trova la chiave. Che l'abbia persa?

______

12. Bei welchen zwei Sätzen kann der **che**-Satz mit dem Infinitiv ersetzt werden? Formen Sie die entsprechenden Sätze um.

a) Penso che partirò nel pomeriggio. ______
b) Aspettiamo che venga il medico. ______
c) Non credo che Anna abbia la laurea. ______
d) Spero che domani io possa venire. ______
e) Non vuole che tu lo aspetti. ______

21 DIE REFLEXIVEN VERBEN

Wie im Deutschen gibt es auch im Italienischen Verben, die sowohl nicht reflexiv als auch reflexiv sein können, z. B. **lavare** (*waschen*) und **lavarsi** (*sich waschen*). Einige ändern dabei sogar ihre Bedeutung, wie z. B.:

alzare	*hochheben*	alzarsi	*aufstehen*
cambiare	*wechseln*	cambiarsi	*sich umziehen*
chiamare	*rufen, anrufen*	chiamarsi	*heißen*
sedere	*sitzen*	sedersi	*sich setzen*
trovare	*finden*	trovarsi	*sich befinden*
tenere	*halten*	tenersi	*sich (fest)halten*

Einige wichtige Verben sind im Italienischen reflexiv, im Deutschen hingegen nicht:

accorgersi di qc	*etw bemerken*	chiamarsi	*heißen*
addormentarsi	*einschlafen*	fermarsi	*anhalten*
alzarsi	*aufstehen*	ammalarsi	*erkranken*
mettersi qc	*etw anziehen*	andarsene	*weggehen*
svegliarsi	*aufwachen*	arrampicarsi	*klettern*

Den umgekehrten Fall gibt es natürlich auch, d.h. ein Verb ist im Deutschen reflexiv und im Italienischen nicht reflexiv:

cambiare	*sich ändern*
migliorare	*sich (ver)bessern*
succedere	*sich ereignen*
peggiorare	*sich verschlechtern*

Paolo steht um sieben Uhr auf. Er wäscht sich, zieht sich an, trinkt einen Kaffee und geht aus dem Haus.

Die reflexiven Verben im Präsens

Neu bei den Reflexivpronomen sind nur die Formen der 3. Person Einzahl und Mehrzahl. Die anderen Formen entsprechen denjenigen der direkten und indirekten Objektpronomen.

1. Regelmäßige Formen

	alzarsi		
(io)	**mi**	alzo	Die reflexiven Verben haben immer ein Reflexivpronomen bei sich. Im Infinitiv, z. B. bei **alzarsi**, wird das Reflexivpronomen an den um das -**e** verkürzten Infinitiv angehängt: **alzare** ▸ **alzarsi**.
(tu)	**ti**	alzi	
(lui/lei/Lei)	**si**	alza	
(noi)	**ci**	alziamo	
(voi)	**vi**	alzate	
(loro)	**si**	alzano	

alzarsi – *aufstehen*

mettersi:	Che cosa **mi metto**?	Sobald ein reflexives Verb konjugiert wird, steht das Reflexivpronomen vor dem Verb. Das Verb selbst wird wie jedes andere nicht reflexive Verb auf -**are**, -**ere** oder -**ire** konjugiert.
lavarsi:	**Ti lavi** prima tu?	
chiamarsi:	Come **si chiama**?	
vestirsi:	Perché non **ti vesti**?	
divertirsi:	**Vi divertite**?	

mettersi qc – *etw anziehen*

lavarsi – *sich waschen*

vestirsi – *sich anziehen*

Wie die Objektpronomen können auch die Reflexivpronomen in Verbindung mit den Verben **dovere**, **potere**, **volere** und **sapere** + Infinitiv vor dem konjugierten Verb stehen oder an den Infinitiv gehängt werden: **devo prepararmi** / **mi devo preparare**.
Für die Stellung des Reflexivpronomens gelten dieselben Regeln wie für die übrigen Pronomen.

1 *Fühlst du dich nicht wohl?*
2 *Nein, nicht so sehr. Vielleicht setze ich mich ein wenig in den Schatten.*

2. Unregelmäßige Formen

Ist ein Verb in seiner nicht reflexiven Form unregelmäßig, ist es auch in seiner reflexiven Form unregelmäßig.

tenersi - *sich (fest)halten*
sedersi - *sich setzen*

	tenersi		sedersi	
(io)	mi	**tengo**	mi	**siedo**
(tu)	ti	**tieni**	ti	**siedi**
(lui/lei/Lei)	si	**tiene**	si	**siede**
(noi)	ci	teniamo	ci	sediamo
(voi)	vi	tenete	vi	sedete
(loro)	si	**tengono**	si	**siedono**

In der Umgangssprache werden nicht reflexive Verben manchmal reflexiv verwendet. Der Sprecher gibt damit seiner Aussage einen besonders persönlichen Ton, z. B.:

Adesso **mi bevo** una bella birra.	*Jetzt trinke ich ein Bierchen.*
Ci siamo mangiati un panino.	*Wir haben ein Brötchen gegessen.*

Die reflexiven Verben in den zusammengesetzten Zeiten

1 Alla festa del mio compleanno **mi sono divertita** tantissimo!

2 Fabio si trasferì in Germania perché **si era innamorato** di una ragazza tedesca.

3 Appena **ti sarai separato** da Anna verrò ad abitare da te.

Die Bildung der zusammengesetzten Zeiten, also z. B. des **Passato prossimo**, des **Trapassato prossimo**, des **Futurs II**, ist bei den reflexiven Verben ganz einfach. Sie werden immer mit dem Hilfsverb **essere** gebildet.

1 *Auf meiner Geburtstagsparty habe ich mich riesig amüsiert.*
2 *Fabio zog nach Deutschland, weil er sich in ein deutsches Mädchen verliebt hatte.*
3 *Sobald du dich von Anna getrennt haben wirst, werde ich zu dir ziehen.*

Sehen Sie hier als Beispiel das Verb **lavarsi** im **Passato prossimo** und **Trapassato Prossimo**:

	Passato prossimo			Trapassato prossimo		
(io)	mi	**sono**	lavat**o**, **-a**	mi	**ero**	lavat**o**, **-a**
(tu)	ti	**sei**	lavat**o**, **-a**	ti	**eri**	lavat**o**, **-a**
(lui/lei/Lei)	si	**è**	lavat**o**, **-a**	si	**era**	lavat**o**, **-a**
(noi)	ci	**siamo**	lavat**i**, **-e**	ci	**eravamo**	lavat**i**, **-e**
(voi)	vi	**siete**	lavat**i**, **-e**	vi	**eravate**	lavat**i**, **-e**
(loro)	si	**sono**	lavat**i**, **-e**	si	**erano**	lavat**i**, **-e**

Das Partizip Perfekt gleicht sich in Geschlecht und Zahl dem Subjekt an.

Wird das reflexive Verb mit **dovere**, **potere** oder **volere** verwendet, dann gibt es bei den zusammengesetzten Zeiten zwei Möglichkeiten:

(io)	**mi**	**sono**	**dovuto**, **-a**	lavare
(tu)	**ti**	**sei**	**dovuto**, **-a**	lavare
(lui/lei/Lei)	**si**	**è**	**dovuto**, **-a**	lavare
(noi)	**ci**	**siamo**	**dovuti**, **-e**	lavare
(voi)	**vi**	**siete**	**dovuti**, **-e**	lavare
(loro)	**si**	**sono**	**dovuti**, **-e**	lavare

Sie können das Hilfsverb **essere** nehmen. Das Reflexivpronomen steht dann vor dem Hilfsverb.

(io)	**ho**	**dovuto**	lavar**mi**
(tu)	**hai**	**dovuto**	lavar**ti**
(lui/lei/Lei)	**ha**	**dovuto**	lavar**si**
(noi)	**abbiamo**	**dovuto**	lavar**ci**
(voi)	**avete**	**dovuto**	lavar**vi**
(loro)	**hanno**	**dovuto**	lavar**si**

Sie können aber auch das Hilfsverb **avere** benutzen. Das jeweilige Reflexivpronomen müssen Sie in diesem Fall aber an den um das **-e** verkürzten Infinitiv anhängen.

● **1.** Vervollständigen Sie den Text mit der jeweils korrekten Präsensform der vorgegebenen Verben.

a) La mattina mio marito ed io (svegliarsi) ______ alle sei. b) Lui (alzarsi) ______ subito e (preparare) ______ la colazione. c) Io invece (alzarsi) ______ quando tutto è pronto. d) Dopo la colazione Fabio (lavarsi) ______, (farsi) ______ la barba e (prepararsi) ______ per andare in ufficio. e) Quando lui è uscito, io posso (lavarsi) ______, (vestirsi) ______ e (occuparsi) ______ poi tranquillamente della casa. f) Verso le nove (mettersi) ______ a lavorare. g) Durante il giorno Fabio ed io (vedersi) ______ raramente. h) A mezzogiorno io (farsi) ______ un panino e Fabio (andare) ______ a mangiare da sua madre. i) La sera, dopo cena, Fabio ed io (uscire) ______ con degli amici oppure (sedersi) ______ davanti al televisore.

●● **2.** Setzen Sie die Sätze ins **Passato prossimo**.

trasferirsi - *umziehen*
iscriversi - *sich einschreiben*
addormentarsi - *einschlafen*
annoiarsi - *sich langweilen*

a) Sai che Carlo si sposa? ______
b) I vicini devono trasferirsi a Parma. ______
c) Elena, ti informi tu per il treno? ______
d) Pia e Pietro si incontrano spesso. ______
e) Oggi Lucia può riposarsi un po'. ______
f) Luca vuole iscriversi a medicina. ______
g) Perché se ne va, Elena? ______
h) Mia figlia non si diverte con noi. ______
i) Luca non riesce ad addormentarsi. ______
j) Al mare Luca si annoia molto. ______
k) Rosa non vuole mettersi la gonna. ______

1 **Te la senti di** uscire stasera?

2 **Ce l'abbiamo fatta**!

Einige Verben – sie werden vorwiegend in der Umgangssprache benutzt – sind fest mit zwei Pronomen verbunden und haben dadurch eine andere Bedeutung als ihr Ausgangsverb.

Ausgangsverb	Neues Verb bzw. Redewendung
avere *haben*	**avercela con qu** *sauer sein auf jdn*
fare *machen, tun*	**farcela (a)** *es schaffen (zu)*
mettere *setzen, stellen, legen*	**mettercela tutta** *sich voll einsetzen*
sentire *hören, fühlen*	**sentirsela (di)** *Lust haben (auf), sich etw zutrauen, sich imstande fühlen (zu)*
prendere *nehmen*	**prendersela** *sich ärgern*
cavare *herausholen, herausziehen*	**cavarsela** *(einigermaßen) klarkommen*
fregare *reiben, scheuern, klauen*	**fregarsene** *pfeifen auf*
andare *gehen*	**andarsene** *weggehen*

Weitere Verben und Wendungen mit zwei Pronomen, sind z. B. **svignarsela** (*sich aus dem Staub machen*), **squagliarsela** (*verduften*), **vedersela brutta** (*in der Klemme stecken*) oder **infischiarsene** (*pfeifen auf*).

Die einfachen Zeiten

In den einfachen Zeiten wird das neue Verb wie das Ausgangsverb konjugiert.

Präsens:	(io)	ce la **faccio**
Imperfetto:	(tu)	te la **sentivi**
Futur I:	(lui/lei/Lei)	se ne **fregherà**
Konditional I:	(noi)	ce l'**avremmo** con
Congiuntivo presente:	(voi)	ve la **prendiate**
Congiuntivo imperfetto:	(loro)	se ne **andassero**

	farcela
(io)	**ce la** faccio
(tu)	**ce la** fai
(lui/lei/Lei)	**ce la** fa
(noi)	**ce la** facciamo
(voi)	**ce la** fate
(loro)	**ce la** fanno

Bei Verben wie **farcela** bleibt die Reihenfolge der Pronomen **ce** und **la** unverändert. Zu dieser Gruppe gehören **avercela** und **mettercela tutta**.
Für die Stellung der Pronomen gelten dieselben Regeln wie für die übrigen Pronomen.

Die Personalpronomen S. 75

 *Hast du Lust, heute Abend auszugehen?*

 *Wir haben es geschafft!*

Bei den Verben mit zwei Pronomen verändert sich nur das Pronomen **-se**. Die Pronomen **-ce**, **-la** und **-ne** bleiben unverändert.

	prender**sela**	andar**sene**
(io)	**me la** prendo	**me ne** vado
(tu)	**te la** prendi	**te ne** vai
(lui/lei/Lei)	**se la** prende	**se ne** va
(noi)	**ce la** prendiamo	**ce ne** andiamo
(voi)	**ve la** prendete	**ve ne** andate
(loro)	**se la** prendono	**se ne** vanno

Das Reflexivpronomen **-se** wird in die jeweilige Person gesetzt. Dasselbe gilt für **prendersela**, **cavarsela** und **fregarsene**.

Die zusammengesetzten Zeiten

prendersela	
Carlo se l'**è** pres**a**.	männlich Einzahl
Maria se l'**è** pres**a**.	weiblich Einzahl
Carlo e Gianni se la **sono** pres**a**.	männlich Mehrzahl
Anna e Maria se la **sono** pres**a**.	weiblich Mehrzahl

Verben mit den Pronomen **-sela** bilden die zusammengesetzten Zeiten mit dem Hilfsverb **essere**. Das Partizip Perfekt endet dabei immer auf **-a**. Zu dieser Gruppe gehören auch **cavarsela** und **sentirsela**.

farcela	
Carlo ce l'**ha** fatt**a**.	männlich Einzahl
Maria ce l'**ha** fatt**a**.	weiblich Einzahl
Carlo e Gianni ce l'**hanno** fatt**a**.	männlich Mehrzahl
Anna e Maria ce l'**hanno** fatt**a**.	weiblich Mehrzahl

Bei den Wendungen mit **-la** endet das Partizip Perfekt immer auf **-a**.

Wendungen mit den Pronomen **-cela** bilden die zusammengesetzten Zeiten mit dem Hilfsverb **avere**. Das Partizip Perfekt endet dabei immer auf **-a**. Weitere Wendungen dieser Gruppe sind **avercela** und **mettercela tutta**.

andarsene	
Carlo se n'**è** andat**o**.	männlich Einzahl
Maria se n'**è** andat**a**.	weiblich Einzahl
Carlo e Gianni se ne **sono** andat**i**.	männlich Mehrzahl
Anna e Maria se ne **sono** andat**e**.	weiblich Mehrzahl

Verben mit den Pronomen **-sene** bilden die zusammengesetzten Zeiten mit dem Hilfsverb **essere**. Das Partizip Perfekt richtet sich dabei in Geschlecht und Zahl nach dem Subjekt. Zu dieser Gruppe gehört auch **fregarsene**.

1. Schreiben Sie die Verbformen im Präsens auf.

a) io - sentirsela	lui - mettercela tutta	loro - fregarsene
b) tu - avercela	noi - andarsene	voi - sentirsela
c) lei - cavarsela	voi - avercela	loro - andarsene
d) io - mettercela tutta	Lei - andarsene	voi - cavarsela
e) lui - fregarsene	noi - avercela	loro - sentirsela
f) io - infischiarsene	tu - prendersela	noi - farcela

2. Welche Person bzw. welche Personen können folgende Sätze ausgesprochen haben? Sechs Aussagen können Sie zweimal zuordnen.

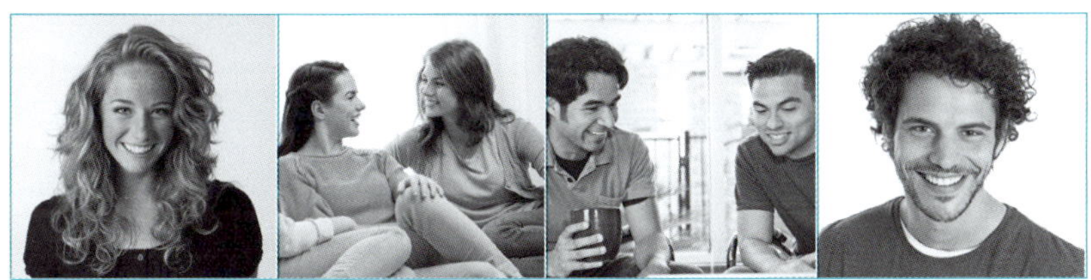

a) Me ne sono infischiato. ______
b) Ce la siamo cavata. ______
c) Me ne sono fregata. ______
d) Non me la sono sentita. ______
e) Ce l'abbiamo fatta. ______
f) Ce l'ho messa tutta. ______
g) Ce la siamo presa. ______
h) Ce ne siamo fregati. ______
i) Ce ne siamo infischiate. ______
j) Me la sono vista brutta. ______

3. Setzen Sie die Verben in die 1. Person Einzahl der angegebenen Zeit.

a) Imperfetto:	sentirsela	*me la sentivo*	andarsene	______
b) Futur I	farcela	______	cavarsela	______
c) Konditional I	prendersela	______	fregarsene	______

4. Vervollständigen Sie das **Passato prossimo** von **prendersela**, **sentirsela**, **farcela**, **mettercela**, **cavarsela** und **andarsene**.

il chiasso - *der Lärm*
l'esame di guida - *die Fahrprüfung*
la partita - *das Spiel*
lo scontro - *der Zusammenstoß*
il graffio - *die Kratzwunde*

a) I vicini fanno tanto chiasso e quando ci siamo lamentati, ___la sono pres___.
b) Purtroppo nemmeno ieri sera ___me sono sentit___ di dire la verità ai miei.
c) Tu sai se Rita ___l' fatt___ all'esame di guida?
d) La partita l'abbiamo persa, anche se ___mess tutta___.
e) Ti abbiamo aspettato un po' e poi ___ne andat___.
f) Edo aveva un forte raffreddore e non ___l' sentit___ di uscire.
g) Lo scontro è stato terribile, ma io ___cavata___ con pochi graffi.

5. Ersetzen Sie die markierten Verben mit der jeweils passenden Verbform.

andarsene	se la caverà	se la prenda	fregatene
ce l'ha fatta	se la sente	ce l'aveva messa tutta	

l'aumento dello stipendio - *die Gehaltserhöhung*
la capoufficio - *die Büroleiterin*
il coraggio - *der Mut*
superare una difficoltà - *eine Schwierigkeit überwinden*

a) Mara è riuscita ad ottenere un aumento dello stipendio. Sono contenta per lei, perché si era impegnata molto. ______________
b) Senti, non preoccuparti di quello che dicono gli altri, fai quello che ti sembra giusto! ______________
c) Carla vorrebbe cambiare ufficio, però non ha il coraggio di dirlo alla capoufficio. Teme che lei si offenda. ______________
d) Senti, se Carlo vuole andare via, lascialo andare! È un ragazzo intelligente ed estroverso, supererà benissimo le difficoltà. ______________

6. **Prendersela**, **sentirsela**, **avercela**, **cavarsela** oder **farcela**? Ergänzen Sie das jeweils passende Verb im Präsens.

sbrigarsi - *sich beeilen*
per un nonnulla - *wegen jeder Kleinigkeit*

a) Perché ______________ (tu) se tuo figlio non riordina la sua stanza?
b) Sbrigatevi, altrimenti non ______________ (voi) a prendere l'aereo!
c) Chissà perché Aldo ______________ con me?
d) Ida è malata, tu ______________ di presentare il progetto al suo posto?
e) Bruna ha un carattere molto difficile, ______________ per un nonnulla.
f) Io parlo male l'inglese, Carlo invece ______________ abbastanza bene.

23 UNPERSÖNLICHE VERBEN UND AUSDRÜCKE

Zu den unpersönlichen Verben gehören:

Oggi **piove/nevica/grandina**. **Fa bel/brutto tempo**. **Fa caldo/freddo/fresco**.	Verben und Ausdrücke, die das Wetter beschreiben.
Basta fare attenzione. **Bisogna** pagare subito. **Conviene** dire la verità. Con questo tempo **è meglio** rimanere a casa. Ma **è necessario** partire tanto presto? Non mi **piace** giocare a golf. **Sembra** strano, ma è vero. Con lui non **serve** parlare. **Ci vuole** molto per convincermi.	Verben und Ausdrücke, die im Deutschen mit *es*, *man* oder *es ist* wiedergegeben werden, z. B.: **basta** (*es genügt*), **bisogna** (*man muss, es ist nötig*), **conviene** (*es ist angebracht*), **è meglio** (*es ist besser*), **è necessario** (*es ist nötig*), **piace** (*es gefällt*), **sembra** (*es scheint*), **serve** (*es ist nützlich*), **ci vuole poco/molto** (*es gehört wenig/viel dazu*).
È bastato poco per convincerlo. Non **è servito** a niente parlare con lui. Mi **è sembrato** che tutto andasse bene.	Die zusammengesetzten Zeiten bilden die unpersönlichen Verben und Ausdrücke in der Regel mit dem Hilfsverb **essere**.

Unpersönliche Verben und Ausdrücke haben kein bestimmtes Subjekt.

nevicare – *schneien*
grandinare – *hageln*
fa caldo – *es ist warm, es ist heiß*
freddo/-a – *kalt*
fresco/-a – *frisch*

convincere qu – *jdn überzeugen*

1 *Es ist schön, im Urlaub zu sein, nicht wahr?*
2 *Wenn es nicht regnet und nicht zu warm ist, ja.*
3 *Und wenn man nicht früh aufstehen muss, um irgendwohin einen Ausflug zu machen.*

Ha fatto bel tempo. **Ha fatto** un po' **fresco**. Quest'estate **ha fatto caldo**.	Atmosphärische Erscheinungen, die mit **fare** ausgedrückt werden, bilden aber die zusammengesetzten Zeiten mit **avere**.
Ieri **è/ha** piovuto tutto il giorno. Quest'anno non **è/ha nevicato** molto.	Ansonsten haben Sie bei Angaben über das Wetter die Wahl zwischen **essere** und **avere**.
Secondo te **basteranno i soldi**? **I soldi** non **sono bastati**.	Viele unpersönliche Verben und Ausdrücke können auch persönlich verwendet werden.
Qui **succedono** tante **cose** strane. **Sono successi** molti **incidenti**. Vi **piacciono gli spaghetti**? **La serata** non mi **è piaciuta**. **Ci vogliono** pochi **minuti** per fare il caffè. **C'è voluta** molta **forza** per aprire la porta.	Das Verb richtet sich dann in Geschlecht und Zahl nach dem Subjekt.
C'è poco **posto** per le macchine. **Ci sono** pochi **parcheggi**.	Dem deutschen *es gibt* entspricht im Italienischen **c'è**, wenn das Subjekt in der Einzahl steht ...
— **Cosa c'è** da mangiare, oggi? — **Ci sono le tagliatelle** alla bolognese.	... und **ci sono**, wenn es in der Mehrzahl steht.

Anders als im Deutschen werden folgende Ausdrücke im Italienischen persönlich verwendet:

Sto bene. **Ho freddo/caldo**. **Riesco** ad arrivare in tempo.	*Es geht mir gut.* *Mir ist kalt/warm.* *Es gelingt mir pünktlich anzukommen.*
Sono lieto/contento di vederti.	*Es freut mich, dich zu sehen.*

•• **1.** Setzen Sie die hervorgehobenen Verbformen ins **Passato prossimo.**

a) Oggi **fa bel tempo**, però **fa un po' fresco**.

____

b) Da noi **nevica** e **fa molto freddo**.

____

c) Qui **fa caldo** e il posto mi piace molto; purtroppo i soldi **non bastano** per rimanere ancora alcuni giorni.

____

d) Quest'estate **piove** molto qui al Nord.

____

••• **2.** Ergänzen Sie die Dialoge mit dem jeweils passenden Verb bzw. Ausdruck.

ci sono	sembra	basta	piace
basti	ci vogliono	ci vuole	piacciono
bisogna	bastano	c'è	

a) — Secondo te ________ un'ora per preparare le lasagne?
— Mah, dipende. Se le compri già preparate ________ anche venti minuti. Se però le vuoi preparare tu ________ anche più di un'ora.

b) — Ma a voi ________ fare campeggio?
— Moltissimo, perché, a te no?
— No, io preferisco la vacanza rilassante, dove non ________ fare niente, assolutamente niente.

c) — Che cosa ________ da mangiare, oggi?
— Dunque, ________ gli gnocchi e delle fettine di vitello. Ai bambini ________ gli gnocchi?
— Ma certo, moltissimo!

d) — Ho letto che per mantenersi in forma ________ almeno 30 minuti di esercizio fisico al giorno.
— Accidenti, non è poco!
— D'accordo, però ________ che ________ una passeggiata a ritmo veloce.

mantenersi in forma – *sich in Form halten*
l'esercizio fisico – *die körperliche Betätigung*

24 DER INFINITIV

Der Infinitiv Präsens

1. Formen

distrarre – *ablenken*
proporre – *vorschlagen*
condurre – *begleiten, führen*

compr**are** vend**ere** part**ire**	Es gibt im Italienischen drei Formen des Infinitivs: Infinitive auf -**are**, -**ere** und -**ire**.
distr**arre** prop**orre** cond**urre**	In einigen wenigen Fällen hat der Infinitiv die Formen -**arre**, -**orre** oder -**urre**.

2. Infinitiv + Personalpronomen

imporsi – *sich durchsetzen*

Temo di **farti** male. Sono contenta di **vedervi**. Vengono a **prendermi** alle otto.	Die Personalpronomen werden an den um das -**e** gekürzten Infinitiv angehängt.
Non vorrei **distrarti**. Avrei una soluzione da **proporvi**. Cercherò di **impormi**.	Bei den Verben auf -**arre**, -**orre** und -**urre** wird der Infinitiv um -**re** gekürzt.

Gebrauch

Der Infinitiv wird im Italienischen und im Deutschen gleich verwendet. Es gibt allerdings Unterschiede im Gebrauch der Präposition, die dem Infinitiv vorausgeht. Manchmal folgt der Infinitiv dem konjugierten Verb sogar direkt ohne Präposition.

 *Heute Morgen bin ich ohne zu frühstücken weggegangen. Jetzt bin ich richtig froh, einen großen Teller Spaghetti zu essen!*

Der Infinitiv steht ohne Präposition ...

Giovanna **deve rimanere** a casa.
Posso aprire la finestra?

... nach **dovere**, **potere**, **volere** und **sapere**, ...

Rita non **ama spendere** troppo.
Desidererei partire presto.
Ti **ho sentito telefonare**.

... nach einer Reihe weiterer Verben, z. B. **amare**, **desiderare**, **preferire**, **sentire** und **vedere**, ...

Unpersönliche Verben und Ausdrücke S. 167

È facile criticare gli altri.
È meglio chiudere la porta.
Basta fare attenzione.

... und nach unpersönlichen Verben und Ausdrücken, z. B. **è facile**, **è meglio**, **basta**, **bisogna**, **mi/ti ... piace**.

Wenn **ti/Le ... dispiace** im Sinne von *etwas ausmachen* gebraucht wird, dann wird das Verb direkt angeschlossen: **Le dispiace chiudere la finestra?**

Nach **mi/ti ... dispiace**, **mi/ti ... pare** und **mi/ti ... sembra** wird aber der Infinitiv mit **di** angeschlossen:

Mi dispiace di non poter venire.
Mi pare di essere dimagrita.
Mi sembra di stare meglio.

Häufig wird der Infinitiv mit **a** angeschlossen. So nach ...

Mi sono abituata ad alzarmi presto.
Non **riesco ad aprire** la porta.
Tanta gente **si diverte a navigare** su Internet.

... den Verben **abituarsi a**, **divertirsi a**, **fermarsi a**, **riuscire a**, **servire a** usw., ...

Wenn nach der Präposition **a** ein Wort folgt, das mit Vokal beginnt, wird die Präposition **a** oft zu **ad**.
Das **d** hat die Aufgabe die Aussprache zu erleichtern.

Vado a fare la spesa.
Ich gehe einkaufen.
Perché Luigi non **rimane a dormire**?
Warum bleibt Luigi nicht und schläft hier?
Passo a salutarti.
Ich komme vorbei um hallo zu sagen.
Veniamo a trovarvi stasera.
Wir besuchen euch heute Abend.

... nach Verben der Bewegung und des Bleibens, wie z. B.: **andare a**, **correre a**, **passare a**, **rimanere a**, **(re)stare a**, **venire a**, ...

Cominciamo a lavorare presto.
Continui a studiare il tedesco?
Ha iniziato a scrivere poesie.
Forse **mi metto a fare** jogging.

... nach Verben des Beginnens und Weitermachens, z. B. **cominciare a**, **continuare a**, **iniziare a**, **mettersi a**, ...

Non **sono abituato a stare** solo.
Non **è adatta a fare** l'insegnante.
È bravo a suonare il piano.
Siamo obbligati a cambiare casa.

... und häufig nach **essere** + Adjektiv, z. B. **essere abituato a**, **essere adatto a**, **essere bravo a**, **essere obbligato a** usw.

Der Infinitiv steht nach der Präposition **di** ...

Finisco di lavorare verso le sette.
Non **smette di piovere**.

... bei Verben des Beendens einer Handlung wie **finire di**, **smettere di**, ...

Ho bisogno di stare solo.
Hai ragione di difenderti.
Non **ho tempo di fare** la spesa.

... oft bei **avere** + Substantiv, z. B. **aver bisogno di**, **aver ragione di**, **aver tempo di**, **aver voglia di** usw., ...

Siamo contenti di vederti.
Sono felice di essere qui.
Sei stufo di stare in casa?

... oft bei **essere** + Adjektiv, z. B. **essere contento di**, **essere felice di**, **essere stanco di**, **essere stufo di**, **essere triste di** usw. ...

Aspettiamo di poter partire.
Cercherò di arrivare in tempo.
Credo di stare meglio.
Gli **ho promesso di telefonargli**.
Ricordati di comprare la frutta!

... und bei einer Reihe anderer Verben, z. B. **aspettare di**, **cercare di**, **credere di**, **decidere di**, **dimenticare di**, **promettere di**, **ricordarsi di**, **sperare di**, **temere di** usw.

la poesia - *das Gedicht*
mettersi a fare qc - *anfangen etw zu tun*
adatto/-a - *geeignet*
essere obbligato - *gezwungen sein*
smettere - *aufhören*
aver ragione - *recht haben*
sono stufo - *ich bin's leid*
promettere - *versprechen*

Der Infinitiv steht nach der Präposition **da** zur Angabe der Bestimmung ...
Che cosa c'è **da mangiare?** Vorrei **qualcosa da bere**.
... bei **che cosa?**, **qualcosa**, **niente**, **molto** und **poco** ...
Non ho **tempo da perdere**. Abbiamo **una proposta da farvi**.
... und bei Substantiven.
Der Infinitiv steht außerdem ...
Sono qui **per scusarmi**. Il dottor Renzi ha telefonato **per disdire** l'appuntamento.
... nach der Präposition **per** (*um zu*), ...
Invece di studiare è uscito con i suoi amici. Telefonami **prima di partire**! È uscito **senza salutare**.
... nach **invece di** (*anstatt*), **prima di** (*bevor*) und **senza** (*ohne*) ...
Sono io **a non volere** il telefonino. (= Sono io che non voglio il ...)
... sowie nach der Präposition **a** anstelle eines Relativsatzes.

la proposta – *der Vorschlag*

disdire – *absagen*

Aus einem Infinitiv entsteht ein Substantiv, wenn er von dem bestimmten Artikel **il**, **lo** oder **l'** begleitet wird, z. B.:
Il mangiare era ottimo. ***(Das Essen war ausgezeichnet.)***

Der Infinitiv Perfekt

1 Dopo **aver mangiato** abbiamo fatto una passeggiata.

2 Penso di **essere dimagrito**.

Bildung

Penso di **aver(e) detto** tutto. Crede di **aver(e) fatto** il necessario. Pensiamo di **esser(e) partiti** in tempo.	Den Infinitiv Perfekt bilden Sie mit dem Infinitiv von **avere** oder **essere** (die Endung **-e** kann dabei wegfallen) und dem Partizip Perfekt des jeweiligen Hauptverbs.

1 *Nachdem wir gegessen hatten, haben wir einen Spaziergang gemacht.*
2 *Ich glaube abgenommen zu haben.*

Carlo teme di **esser(e) stato** poco gentile.
Eva è contenta di **esser(e) venuta** con noi.
I genitori temono di **esser(e) partiti** tardi.
A Pia e Rosa dispiace di **esser(e) arrivate** tardi.

Wenn der Infinitiv Perfekt mit **essere** konjugiert wird, dann richtet sich das Partizip Perfekt in Geschlecht und Zahl nach dem Subjekt.

Infinitiv Perfekt + Personalpronomen

Unbetonte Personalpronomen werden an **esser**- bzw. **aver**- angehängt:

Die Stellung der unbetonten Objektpronomen S. 75

Dopo **essermi** lavata i capelli sono uscita.
Dopo **esserci** riposati un po' siamo andati a mangiare.
Ho telefonato a Enzo. Credo di **avergli** fatto piacere.
Chissà dove sono le chiavi. Pensavo di **averle** messe nella borsetta.

Gebrauch

A Chiara dispiace di **essersi arrabbiata**.
Penso di non **aver chiuso** la finestra del soggiorno.

- Mit dem Infinitiv Perfekt bezeichnen Sie einen Vorgang, der bereits geschehen ist ...

Dopo **aver fatto** la spesa sono tornata a casa.
Dopo **essersi insultati** hanno fatto la pace.

insultarsi - *sich beschimpfen, sich beleidigen*

- ... oder der sich vor einem anderen Vorgang ereignet hat.

Die Infinitivkonstruktion

Paolo **crede di aver fatto** una gaffe. **Pensa di doversi scusare**.

Die Infinitivkonstruktion wird im Allgemeinen anstelle von Nebensätzen mit **che** benutzt, wenn Haupt- und Nebensatz dasselbe Subjekt haben. Dazu gehören Sätze im Congiuntivo (1), Sätze im Indikativ (2) und die indirekte Rede (3).

Paolo glaubt einen Fauxpas gemacht zu haben. Er denkt sich entschuldigen zu müssen.

Infinitivkonstruktion	Che-Satz
(1) **Leo pensa di ballare** bene. *Leo denkt, dass er gut tanzt.*	(1) **Leo pensa che Eva balli** bene. *Leo denkt, dass Eva gut tanzt.*
(2) **Rita sa di cantare** bene. *Rita weiß, dass sie gut singt.*	(2) **Rita sa che Anna canta** bene. *Rita weiß, dass Anna gut singt.*
(3) **Ida dice di essere** felice. *Ida sagt, sie sei glücklich.*	(3) **Ida dice che Carlo è** felice. *Ida sagt, Carlo sei glücklich.*

Der Congiuntivo S. 153
Die indirekte Rede S. 238

Die Infinitivkonstruktion wird auch bei der indirekten Frage verwendet, die im Deutschen oft das Verb *sollen* enthält.

Infinitivkonstruktion	Ohne Infinitivkonstruktion
Mi **chiedo se partire** o no. *Ich frage mich, ob ich fahren soll.*	Mi **chiedo se Max debba partire**. *Ich frage mich, ob Max fahren soll.*
Mi **chiedo quando fare** sport. *Ich frage mich, wann ich Sport treiben soll.*	Mi **chiedo quando dobbiamo fare** sport. *Ich frage mich, wann wir Sport treiben sollen.*

Die indirekte Frage S. 240–241

Außerdem wird die Infinitivkonstruktion anstelle von **che**-Sätzen benutzt, die von den Ausdrücken **mi/ti ... dispiace**, **mi/ti ... piace**, **mi/ti ... sembra**, **mi/ti ... pare** eingeleitet werden. Hier erscheint das Subjekt des Nebensatzes im Hauptsatz als Objekt.

Bei Sätzen im Indikativ, in der indirekten Rede und indirekten Frage ist eine Infinitivkonstruktion nicht zwingend.

Infinitivkonstruktion	Che-Satz
Mi sembra di essere puntuale. *Mir scheint, dass ich pünktlich bin.*	**Mi sembra che Pia sia** puntuale. *Mir scheint, dass Pia pünktlich ist.*
Gli piace essere il migliore. *Es gefällt ihm, der Beste zu sein.*	**Gli piace che tu sia** la migliore. *Es gefällt ihm, dass du die Beste bist.*

Die Zeitenfolge beim Congiuntivo S. 161

Die Infinitivkonstruktion mit dem Infinitiv Präsens

Vittorio **crede di essere** irresistibile.
Vittorio glaubt unwiderstehlich zu sein.

- Der Infinitiv Präsens drückt Gleichzeitigkeit zu einem Hauptsatz im Präsens aus.

Ci **dispiaceva di non sapere** il francese.
Es tat uns leid, kein Französisch zu können.

Mario **diceva di non poter aiutare** suo fratello.
Mario sagte, er könne seinem Bruder nicht helfen.

- Der Infinitiv Präsens drückt Gleichzeitigkeit zu einem Hauptsatz in der Vergangenheit aus.

Margherita **è sicura di non sposarsi** mai.
Margherita ist sich sicher, dass sie nie heiraten wird.

Penso di partire fra due giorni.
Ich denke, dass ich in zwei Tagen abreisen werde.

Rocco **sapeva di dover partire** il giorno dopo.
Rocco wusste, dass er am Tag danach abreisen müsse.

Mi **dispiaceva di non rivedere** Mario nei giorni seguenti.
Es tat mir leid, Mario an den folgenden Tagen nicht wiederzusehen.

- Der Infinitiv Präsens drückt Nachzeitigkeit zu einem Hauptsatz im Präsens oder in der Vergangenheit aus.

Die Infinitivkonstruktion mit dem Infinitiv Perfekt

Emilia **dice di essere andata** al cinema.
Emilia sagt, sie sei ins Kino gegangen.

Mi **sembra di aver preso** la decisione giusta.
Mir scheint, ich habe die richtige Entscheidung getroffen.

- Der Infinitiv Perfekt drückt Vorzeitigkeit zu einem Hauptsatz im Präsens aus.

Wenn Sie wissen wollen, mit welcher Präposition der Infinitiv an den Hauptsatz angeschlossen wird, lesen Sie die Seiten 183–185.

Ci **dispiaceva di non aver visto** lo spettacolo.
Es tat uns leid, die Vorstellung nicht gesehen zu haben.

Rocco **disse di non aver incontrato** nessuno.
Rocco sagte, er habe niemanden getroffen.

Dopo aver visto il giallo, **siamo andati** a letto.
Nachdem wir den Krimi gesehen hatten, gingen wir ins Bett.

- Der Infinitiv Perfekt drückt Vorzeitigkeit zu einem Hauptsatz in der Vergangenheit aus.

•• **1.** Ergänzen Sie die Präpositionen **a**, **da** oder **di**, wo nötig.

a) Vado ______ comprare il giornale.
b) Carlo ha molto ______ fare, non può ______ occuparsi dei bambini.
c) In agosto è meglio ______ prenotare il posto in treno.
d) Siamo stufi ______ sentire le vostre discussioni.
e) Hai qualcosa di fresco ______ bere?
f) Spesso basta ______ scusarsi gentilmente.
g) Monica è uscita senza ______ ringraziare.
h) Con i miei genitori non serve ______ discutere.
i) Non riesco ______ capire Pietro.
j) Siamo felici ______ rivederti.
k) Sandro è bravissimo ______ riparare la macchina.
l) Ho dimenticato ______ chiudere la porta a chiave.
m) Ci dispiace ______ non poter venire al matrimonio.
n) A che ora venite ______ prenderci?

• **2.** Setzen Sie anstelle des Infinitiv Präsens den Infinitiv Perfekt.

a) Siamo contenti **di incontrarvi**. ______________________
b) Mi dispiace **di litigare** con te. ______________________
c) Mi sembra **di lavorare** abbastanza. ______________________
d) Eva è contenta **di andare** a teatro. ______________________

•• **3.** Ersetzen Sie den hervorgehobenen Satzteil durch ein Objektpronomen.

lo	le	gli	li	li

a) Non vorrei incontrare **i vicini**. ______________________
b) Dovresti telefonare **a Pietro**. ______________________
c) Sono felice di rivedere **i miei**. ______________________
d) Hai promesso di scrivere **a Pia**. ______________________
e) Mi pare di aver già visto **il film**. ______________________

4. Kreuzen Sie die Sätze mit Infinitivkonstruktion an.

apprezzare qu – *jdn schätzen*
sazio/-a – *satt, gesättigt*
essere al centro dell'attenzione – *im Mittelpunkt sein*

a) ☐ Giorgia non sapeva di essere tanto apprezzata.
b) ☐ Siamo usciti subito dopo che ci avevi telefonato.
c) ☐ Mi dispiace di aver dimenticato l'appuntamento.
d) ☐ Pensavo che tu fossi già partita per la Sardegna.
e) ☐ Ci pare di essere stati gentili con i nuovi vicini.
f) ☐ Dopo aver mangiato le lasagne ero sazia.
g) ☐ A Vito non piace essere al centro dell'attenzione.

5. Entscheiden Sie, bei welchen Sätzen die Präposition di ergänzt werden muss, bei welchen hingegen nicht.

il posto – *die Arbeitsstelle*

a) Non mi piace ____ lavorare ore e ore al pc.
b) Siamo contenti ____ vedervi felici.
c) Dopo ____ aver fatto jogging siamo andati in piscina.
d) Claudia dice ____ non stare più con Gianni.
e) Emilia ha paura ____ perdere il posto.

6. Formulieren Sie die Sätze um, indem Sie eine Infinitivkonstruktion bilden.

a) Sandro dice che ha vinto la partita di tennis.
Sandro dice di aver vinto la partita di tennis.

b) Emma disse che non era ancora mai stata negli Stati Uniti.
____

c) Vito dice che non si sente tanto bene.
____

e) Diego è sicuro che incontrerà la donna giusta.
____

f) Dopo che avevo letto il giornale, ho fatto una passeggiata.
____

g) Gaia sapeva che doveva dimagrire.
____

7. **Wie müssen die Sätze vervollständigt werden? Wählen Sie die jeweils passende Lösung.**

a) Mi dispiaceva di/-/che non aver scritto alla nonna.

b) Gino vuole sapere se/cosa/- fare con i vestiti vecchi.

c) Pensavamo -/di/che Giulia avesse trovato i biglietti per il teatro.

d) Eugenio sa che/se/di non essere un'aquila.

e) Ai ragazzi piaceva di/-/che giocare con il cane.

f) Sapevo se/che/di Stefano non era una persona sincera.

g) Mi chiedo di/se/che continuare a frequentare il corso di yoga.

h) Al portinaio non piace che/-/di i bambini giochino nel cortile.

i) Mi pare -/che/di Rosa abbia cambiato pettinatura.

non essere un'aquila – *keine Leuchte sein*

la pettinatura – *die Frisur*

8. **Übersetzen Sie. Benutzen Sie wo möglich die Infinitivkonstruktion.**

a) Carla sagt, sie sei sehr müde.

____

b) Ich glaube, dass der Film schon angefangen hat.

____

c) Gina befürchtet, die Prüfung wiederholen zu müssen.

____

d) Nachdem wir gegessen hatten, gingen wir spazieren.

____

e) Mir scheint, Paolo hätte abgenommen.

____

f) Es tut mir leid, dass ich nicht zu deinem Geburtstag kommen kann.

____

g) Maria sagt, sie hätte keine Lust auszugehen.

____

h) Ich weiß, dass ich nicht gut singen kann.

____

25 DAS PARTIZIP

Das Partizip Präsens

Bildung

Das Partizip Präsens bilden Sie, indem Sie:

affascin**are**	affascin**ante**	Bei den Verben auf **-are** die Endung **-ante** an den Verbstamm anhängen.
vinc**ere** segu**ire**	vinc**ente** segu**ente**	Bei den Verben auf **-ire** und **-ere** die Endung **-ente** an den Verbstamm anhängen.
ubbid**ire** proven**ire**	ubbid**iente** proven**iente**	Bei einigen Verben auf **-ire** endet das Partizip Präsens auf **-iente**.
dire fare trarre comporre produrre	**dic**ente **fac**ente **tra**ente **compon**ente **produc**ente	Bei den Verben **dire**, **fare** sowie bei den Verben auf **-arre**, **-orre** und -**urre** wird die Endung **-ente** an den Imperfektstamm angehängt.

ubbidire - *gehorchen*

Das Partizip Präsens ist veränderlich und verhält sich wie ein Adjektiv auf **-e** (S. 33)

Gebrauch

Im Italienischen wird das Partizip Präsens nicht oft benutzt. Viele Formen des Partizip Präsens werden nicht mehr als solche wahrgenommen. Sie wurden zu:

una persona **esigente**	*eine anspruchsvolle Person*	• Adjektiven
l'insegnante	*der Lehrer, die Lehrerin*	• Substantiven
riguardante l'esame	*die Prüfung betreffend*	• Präpositionen
durante la lezione	*während des Unterrichts*	

Bist du ein Gewinnertyp oder ein Verlierer?

Einige echte Partizipien kommen in der geschriebenen Sprache vor: in literarischen, journalistischen und wissenschaftlichen Texten, vor allem aber in der Amtssprache. Sie verkürzen in diesen Texten einen Relativsatz mit **che** als Subjekt.

gekürzter Relativsatz	ungekürzter Relativsatz
Il cartello **indicante** il senso unico è rosso con una striscia bianca. *Das Verkehrsschild, das eine Einbahnstraße angibt, ist rot …*	Il cartello **che indica** il senso unico è rosso con una striscia bianca. *Das Verkehrsschild, das eine Einbahnstraße angibt, ist rot …*
Sul pianoforte c'era una fotografia **riproducente** i nonni dell'autore. *Auf dem Klavier stand ein Foto, welches die Großeltern des Autors abbildete.*	Sul pianoforte c'era una fotografia **che riproduceva** i nonni … *Auf dem Klavier stand ein Foto, welches die Großeltern des Autors abbildete.*

Wiedergabe des deutschen Partizip Präsens im Italienischen

In einigen Fällen kann das deutsche Partizip Präsens durch ein italienisches Partizip Präsens übersetzt werden.

ein **fesselnder** *Film*	*un film avvincente*
ein **lächelndes** *Kind*	*un bambino sorridente*
fließendes Wasser	*acqua corrente*
kochendes Wasser	*acqua bollente*

Oft muss das deutsche Partizip Präsens im Italienischen jedoch anders wiedergegeben werden:

ein **anstrengender** Tag	*una giornata faticosa*	mit einem normalen Adjektiv
eine **schlafende** Katze	*un gatto che dorme*	mit einem Relativsatz
ein **leerstehendes** Haus	*una casa disabitata*	mit einem Partizip Perfekt
die **betreffende** Person	*la persona in questione*	mit einem präpositionalen Ausdruck
Er geht **lachend** weg.	*Se ne va ridendo.*	mit dem Gerundium
der **zu wählende** Präsident	*il presidente da eleggere*	mit **da** + Infinitiv

Das Partizip Perfekt

1 Dopo che avevamo **firmato** il contratto, abbiamo festeggiato.

2 **Fatti** i compiti, Sergio è **andato** a giocare a pallone.

Für die Bildung und Angleichung des Partizip Perfekt lesen Sie die S. 74, 79, 95 und 119.

Das Partizip Perfekt hat zahlreiche Verwendungen. In den meisten Fällen kommt es in Verbindung mit **essere** oder **avere** vor. Ohne Hilfsverb wird es in manchen Fällen als Adjektiv oder als Substantiv verwendet. Vor allem aber dient das bloße Partizip Perfekt zur Bildung von Partizipialkonstruktionen.

Das Partizip Perfekt in Verbindung mit einem Hilfsverb

In Verbindung mit **essere** bzw. **avere** dient das Partizip Perfekt zur Bildung der zusammengesetzten Zeiten, z. B.:

Stamattina Anna **si è alzata** tardi.	Passato prossimo
Avevamo visto il film tempo fa.	Trapassato prossimo
Appena Ida mi **ebbe telefonato**, andai da lei.	Trapassato remoto
Non appena **sarò arrivato**, vi chiamerò.	Futur II
Senza il cane Marta non **sarebbe** mai **uscita**.	Konditional II
Non sapevo che Vito **fosse** già **partito**.	Congiuntivo trapassato

Das Passiv S. 206

Das Partizip Perfekt verwendet man auch zur Bildung des Passivs, wobei es die einfachen Zeiten in Verbindung mit **essere** oder **venire** bildet, die zusammengesetzten Zeiten hingegen nur mit **essere**.

	einfache Zeiten z. B.
La colazione **è/viene servita** in terrazza.	das Präsens
Il film **sarà/verrà realizzato** l'anno prossimo.	Futur I
Il libro **fu/venne scritto** nell'800.	Passato remoto
	zusammmengesetzte Zeiten z. B.:
Il museo **è stato inaugurato** due anni fa.	Passato prossimo
Credo che **sia stato costruito** da Renzo Piano.	Congiuntivo passato

inaugurare - *einweihen*

1 *Nachdem wir den Vertrag unterschrieben hatten, haben wir gefeiert.*
2 *Nachdem Sergio die Hausaufgaben gemacht hatte, ging er Fußball spielen.*

Auch für die Bildung des Infinitiv Perfekt und des Gerundium II benötigt man das Partizip Perfekt.

Dopo **aver scritto** la mail, sono uscita. Mi sembra di **essere stata** gentile con Claudio.	Infinitiv Perfekt
Pur **avendo compiuto** 60 anni, Edo si sente giovane. **Essendomi alzata** tardi, ho perso il treno.	Gerundium II

§ **Der Infinitiv Perfekt** S. 186 und S. 188

Das Gerundium II S. 203

Das Partizip Perfekt in Partizipialkonstruktionen

Mit dem reinen Partizip Perfekt werden Nebensätze in verkürzter Form wiedergegeben. Voraussetzung für eine Partizipialkonstruktion ist die Vorzeitigkeit des Nebensatzes in Bezug auf den Hauptsatz. Verkürzt werden Relativsätze mit **che** (1), Nebensätze der Zeit (2) und Nebensätze des Grundes (3).

Partizipialkonstruktion	Ursprünglicher Satz
(1) La mail **arrivata** ieri è molto importante. *Die gestern angekommene Mail ist sehr wichtig.*	(1) La mail **che è arrivata** ieri è molto importante. *Die Mail, die gestern ankam, ist sehr wichtig.*
Il pacco **mandato** un mese fa ancora non è arrivato. *Das vor einem Monat verschickte Paket ist noch nicht angekommen.*	Il pacco **che è stato mandato** un mese fa, ancora non è arrivato. *Das Paket, das vor einem Monat verschickt wurde, ist ...*
(2) **Tornati** a casa, siamo andati subito a letto. *Nach Hause zurückgekehrt, gingen wir sofort ins Bett.*	(2) **Dopo che eravamo tornati** a casa, siamo andati subito a letto. *Nachdem wir nach Hause zurückgekehrt waren, gingen wir ...*
Presa un'aspirina, Gino si è sentito meglio. *Nachdem Gino ein Aspirin genommen hatte, fühlte er sich besser.*	**Dopo aver preso** un'aspirina, Gino si è sentito meglio. *Nachdem Gino ein Aspirin genommen hatte, fühlte er sich besser.*
(3) **Alzatami** presto, posso fare colazione con calma. *Da ich früh aufgestanden bin, kann ich in Ruhe frühstücken.*	(3) **Poiché mi sono alzata** presto, posso fare colazione con calma. *Da ich früh aufgestanden bin, kann ich in Ruhe frühstücken.*
Rimasto senza benzina, Mario è tornato a casa a piedi. *Da Mario kein Benzin mehr hatte, ist er zu Fuß nach Hause gekehrt.*	Mario è tornato a casa a piedi, **perché era rimasto** senza benzina. *Mario ist zu Fuß nach Hause gekehrt, weil er kein Benzin mehr hatte.*

Einige Formen des Partizip Perfekt werden als Adjektive oder als Substantive benutzt:

Il negozio è **chiuso**.
È un'ottima **risposta**.

Bei den Nebensätzen der Zeit und des Grundes können Haupt- und Nebensatz unterschiedliche Subjekte haben. Das Subjekt des verkürzten Nebensatzes muss gleich nach dem Partizip stehen.

Partizipialkonstruktion	Ursprünglicher Satz
Tornata la mamma, i bambini si sono calmati. *Nachdem die Mutter zurückgekehrt war, haben sich die Kinder beruhigt.*	Dopo che era tornata **la mamma**, i bambini si sono calmati. *Nachdem die Mutter zurückgekehrt war, haben sich die Kinder beruhigt.*
Ammalatosi Pino, Rosa non è andata a Londra. *Da Pino erkrankt war, ist Rosa nicht nach London gefahren.*	Siccome **Pino** si era ammalato, Rosa non è andata a Londra. *Da Pino erkrankt war, ist Rosa nicht nach London gefahren.*

Pronomen werden an das Partizip angehängt:

Alzata**mi** presto, ho potuto fare colazione con calma.

La mail arrivat**a** ieri è molto importante.
Rimast**o** senza benzina, **Edo** è tornato a casa a piedi.

- Das Partizip Perfekt richtet sich in Geschlecht und Zahl nach dem Subjekt.

Tornat**a la mamma**, i bambini si sono calmati.
Ammalat**osi Pino**, non siamo andati in vacanza.

- Haben Haupt- und Nebensatz unterschiedliche Subjekte, richtet sich das Partizip nach dem Subjekt des (verkürzten) Nebensatzes.

Tornata a casa, **Ida** si è stesa sul letto.
Nachdem Ida nach Hause zurückgekehrt war, hat sie sich hingelegt.

- Tritt bei Subjektgleichheit das Subjekt als Substantiv bzw. als Eigenname im Satz auf, steht dieses Subjekt im Hauptsatz.

Tornata a casa **Ida**, siamo andati a tavola.
Nachdem Ida zurückgekehrt war, sind wir zu Tisch gegangen.

- Steht im verkürzten Nebensatz ein Substantiv bzw. ein Eigenname als Subjekt, ist es nicht identisch mit dem Subjekt des Hauptsatzes.

Pres**a un'aspirina**, Gino si è sentito meglio.
Mangiat**i i panini**, eravamo sazi.

- Enthält der (ursprüngliche) Nebensatz ein direktes Objekt, richtet sich das Partizip nach diesem Objekt.

Rimasto senza benzina, Edo è tornato a casa a piedi.
Edo è tornato a piedi, **perché era rimasto senza benzina**.

- Der verkürzte Nebensatz steht vor dem Hauptsatz, auch wenn er in unverkürzter Form danach stehen würde.

1. Bilden Sie das Partizip Präsens folgender Verben.

a) sorridere ______	seguire ______	affascinare ______
b) attrarre ______	impressionare ______	persuadere ______
c) perdere ______	ubbidire ______	stupefare ______
d) vivere ______	convenire ______	accogliere ______
e) sedurre ______	imporre ______	fumare ______

sorridere – *lächeln*

persuadere – *überzeugen*

stupefare – *erstaunen, verblüffen*

convenire – *vorteilhaft sein*

2. Welche vier Substantive wurden nicht mit einem Partizip Präsens gebildet? Kreuzen Sie an.

a) ☐ l'amante	b) ☐ il/la conoscente	c) ☐ il/la conducente
d) ☐ il concorso	e) ☐ il calmante	f) ☐ il produttore
g) ☐ la stampante	h) ☐ l'insegnante	i) ☐ il riscaldamento
j) ☐ il seguito	k) ☐ il/la concorrente	l) ☐ il/la cantante

il/la conducente – *der Fahrer/die Fahrerin*

il calmante – *das Beruhigungsmittel*

3. Vervollständigen Sie die italienische Entsprechung der deutschen Wörter und Ausdrücke, indem Sie die Verben ins Partizip Präsens setzen.

a) die Trauerweide	il salice ______ (piangere)
b) das Girokonto	il conto ______ (correre)
c) das Freilandhuhn	il pollo ______ (ruspare)
d) der fliegende Teppich	il tappeto ______ (volare)
e) die Sternschnuppe	la stella ______ (cadere)
f) der Schaumwein	il vino ______ (frizzare)
g) die Gewinnzahl	il numero ______ (vincere)
h) der zunehmende Mond	la luna ______ (crescere)

4. Vervollständigen Sie die Sätze, indem Sie das Partizip Präsens durch einen Relativsatz ersetzen.

a) Le persone non partecipanti al concorso sono pregate di non disturbare.
Le persone *che non partecipano al concorso* sono pregate di non disturbare.

il divorzio breve – *das verkürzte Scheidungsverfahren*

b) È arrivata la comunicazione riguardante il divorzio breve.
È arrivata la comunicazione ______.

gli acidi grassi saturi – *die gesättigten Fettsäuren*

c) Bisogna ridurre il consumo di cibi contenenti acidi grassi saturi.
Bisogna ridurre il consumo di cibi ______.

urlare – *schreien*
animalista – *Tierschutz-*

d) In piazza c'erano tanti giovani urlanti slogan animalisti.
In piazza c'erano tanti giovani ______.

e) Il treno proveniente da Bolzano è in arrivo sul binario 3.
______ è in arrivo sul binario 3.

f) La lista dei prodotti mancanti si sta allungando.
______ si sta allungando.

g) Hanno venduto l'abitazione facente parte dell'antico palazzo.
Hanno venduto l'abitazione ______.

5. Die folgenden Substantive wurden mit dem jeweiligen Partizip Perfekt eines Verbs gebildet. Geben Sie die entsprechenden Infinitive an.

il comunicato – *die Pressemeldung*
il ferito – *der Verletzte*
la scommessa – *die Wette*
il detto – *der Sinnpruch, das geflügelte Wort*
il promosso – *der Beförderte*

a) il comunicato	il ferito	il fatto
comunicare	______	______
b) il sorriso	la scelta	la scommessa
______	______	______
c) la sorpresa	il prodotto	il detto
______	______	______
d) la risposta	la vista	il coperto
______	______	______
e) il morto	l'offerta	il promosso
______	______	______

6. Vier der folgenden Relativsätze können mit dem Partizip Perfekt verkürzt werden. Kreuzen Sie an.

a) ☐ La donna che è stata trovata morta ieri non è ancora stata identificata.
b) ☐ Di che colore è il cartello che indica l'autostrada?
c) ☐ Il quadro che è stato venduto per 300 milioni di dollari è di Gauguin.
d) ☐ Nell'entrata c'è una scultura che raffigura un giovane atleta.
e) ☐ La casa che è stata ristrutturata un anno fa è ancora vuota.
f) ☐ L'aereo che è partito da Roma ha segnalato problemi al carrello destro.

il carrello – *das Landegestell*

7. Ergänzen Sie die fehlenden Endungen der Partizipien.

a) Mangiat_____ il dolce, abbiamo preso un digestivo.
b) Rimast_____ a casa, Rosa ha passato la serata al computer.
c) Tornat_____ i padroni, il cane ha smesso di abbaiare.
d) Appena uscit_____ di casa, Chiara si è messa a correre.

8. Verkürzen Sie die Sätze, indem Sie die hervorgehobenen Satzteile mit einer Partizipialkonstuktion ausdrücken.

a) Dopo aver letto il giornale, il nonno si è addormentato.
Letto il giornale, il nonno si è addormentato.

b) Quando sono arrivati gli ospiti, il gatto si è nascosto sotto il letto.
____

c) L'aereo che è partito da Roma ha segnalato problemi al carrello destro.
____

d) Dopo aver finito gli studi, Rosa è partita per l'Australia.
____

e) La casa che è stata ristrutturata un anno fa è ancora vuota.
____

f) Siccome si era svegliato più volte di notte, il giorno dopo Ivo era stanco.
____

g) Non abbiamo potuto prendere l'autostrada, perché era crollato un ponte.
____

crollare – *zusammenstürzen*

26 DAS GERUNDIUM

Das Gerundium I bleibt immer unverändert.

Das Gerundium I

Bildung

Das Gerundium bilden Sie, indem Sie:

and**are**:	**andando**	bei den Verben auf -**are** die Endung -**ando** an den Verbstamm anhängen.
prend**ere**: dorm**ire**: fin**ire**:	**prendendo** **dormendo** **finendo**	bei den Verben auf -**ere** und -**ire** die Endung -**endo** an den Verbstamm anhängen.
bere: dire: fare:	**bevendo** **dicendo** **facendo**	Einige wenige Verben bilden das Gerundium I unregelmäßig. Bei diesen Verben wird die Endung -**endo** an den Imperfektstamm angehängt.
trarre: porre: produrre:	**traendo** **ponendo** **producendo**	Wie bei **trarre**, **porre** und **produrre** wird auch das Gerundium I der anderen Verben auf -**arre**, -**orre** und -**urre** gebildet.

Stare + Gerundium I

3 Ma dov'è Mario?

4 **Sta facendo** la doccia.

1 *Was ist passiert? Hast du dich beim Skilaufen verletzt?*
2 *Nein, ich bin beim Duschen ausgerutscht.*
3 *Wo ist denn Mario?*

4 *Er duscht gerade.*

1. Bildung

(io)	**sto**	**scrivendo**	Bei **stare** + Gerundium I wird **stare** in die jeweilige Form gesetzt. Das Verb der beschriebenen Handlung steht im Gerundium I.
(tu)	**stai**	**leggendo**	
(lui/lei/Lei)	**sta**	**dormendo**	
(noi)	**stiamo**	**lavorando**	
(voi)	**state**	**uscendo**	
(loro)	**stanno**	**mangiando**	

2. Stellung der Personalpronomen

— Hai già risposto a Rita? — **Le** sto scrivendo adesso. Io torno a casa, **mi** sto annoiando.	Die unbetonten Personalpronomen und die Reflexivpronomen stehen meistens vor **stare**.

Gebrauch

— Cosa **state facendo**?
— **Stiamo guardando** le foto delle vacanze.

- Mit **stare** + Gerundium können Sie eine Handlung beschreiben, die gerade passiert.

— Cosa **stavi facendo** ieri quando ho telefonato?
— **Stavo lavorando** in giardino.

- Die beschriebene Handlung kann auch in der Vergangenheit liegen. **Stare** steht dann in den Formen des **Imperfetto**.

— Sai dov'è Pietro?
— Credo che **stia cercando** qualcosa in cantina.
Non sapevo che tu **stessi studiando** il tedesco.

- Nach einem Verb, das den **Congiuntivo** verlangt, steht **stare** im **Congiuntivo presente** bzw. **im Congiuntivo imperfetto**.

Das Gerundium I als Ersatz von Nebensätzen

1 Gianni ed io ci siamo conosciuti **chattando su Internet**.

2 **Prendendo il treno delle 7.55** siete a Roma alle 12.20.

1 *Gianni und ich haben uns beim Chatten im Internet kennengelernt.*
2 *Wenn ihr den Zug um 7:55 Uhr nehmt, seid ihr um 12:20 Uhr in Rom.*

Das Gerundium I als Ersatz von Nebensätzen

Das Gerundium I drückt auch die Nachzeitigkeit eines Nebensatzes aus:

Dovendo partire presto domani mattina, stasera rimango a casa. *Da ich morgen früh verreisen muss/werde verreisen müssen, bleibe ich heute Abend zuhause.*

Das Gerundium I kann anstelle von Nebensätzen benutzt werden, wenn die Handlungen von Haupt- und Nebensatz gleichzeitig verlaufen und dasselbe Subjekt haben:

Viaggiando in treno incontro tanta gente simpatica.
(= **Quando viaggio** in treno ...)
Beim Zugfahren/Wenn ich Zug fahre, treffe ich viele sympathische Leute.

- Das Gerundium I ersetzt Nebensätze, die mit **quando** eingeleitet werden, ...

Sono caduto **scendendo** le scale.
(= ... **mentre scendevo** le scale.)
Ich bin hingefallen, als/während ich die Treppe hinunterstieg.

- ... Nebensätze, die mit **mentre** eingeleitet werden, ...

Mangiando di meno dimagrisci.
(= **Se mangi** di meno ...)
Wenn/Falls/Indem du weniger isst, nimmst du ab.

- ... Nebensätze, die eine Bedingung ausdrücken, ...

Essendo in ritardo prendiamo un taxi.
(= **Siccome siamo** in ritardo ...)
Da wir spät dran sind, nehmen wir ein Taxi.

- ... Nebensätze, die die Ursache angeben ...

Pur conoscendo bene l'inglese non capisco questo testo.
(= **Anche se conosco** bene ...)
Obwohl ich gut Englisch kann, verstehe ich diesen Text nicht.

- ... und Nebensätze, die mit **anche se** eingeleitet werden, bei **pur** + Gerundium I.

Stellung der Personalpronomen

Unbetonte Personalpronomen und Reflexivpronomen werden einfach an das Gerundium I angehängt.

Telefonando**gli** adesso lo disturbi.
Wenn du ihn jetzt anrufst, störst du ihn.
Offendendo**mi** non ottieni niente.
Wenn du mich beleidigst, erreichst du nichts.

Das Gerundium II

1 **Pur avendo studiato** molto, Bianca non ha superato l'esame.

2 **Essendo crollato** un ponte, il paese non è più raggiungibile in macchina.

Bildung

Avendo scritto la relazione, Giulia è andata al cinema.
Essendo arrivato in ritardo, Franco non ha preso l'aperitivo.

la relazione - *der Bericht, das Referat*

Das Gerundium II bilden Sie mit dem Gerundium I von **avere** bzw. von **essere** und dem Partizip Perfekt des jeweiligen Hauptverbs.

Essendo uscit**o** dall'ufficio alle otto, **Mario** ha trovato i negozi chiusi.
Essendo partit**e** tardi, **Eva e Rita** hanno perso il treno.
Essendo**si** ammalata, Marta non può andare a sciare.

Wenn das Gerundium II mit **essere** gebildet wird, richtet sich das Partizip Perfekt in Geschlecht und Zahl nach dem Subjekt. Pronomen werden an das Hilfsverb angehängt.

Gebrauch

Das Gerundium II steht anstelle von Nebensätzen, deren Handlung vor der Handlung des Hauptsatzes geschehen ist.

(1) **Non avendo studiato**, Gioia **ha preso** un'insufficienza.
Da sie nicht gelernt hatte, hat Gioia eine ungenügende Note erhalten.

(1/2) **Avendo preso** una camomilla, **mi sentivo** meglio.
Da/Nachdem ich einen Kamillentee getrunken hatte, fühlte ich mich besser.

(3) **Pur/Anche essendo partiti** presto, **siamo arrivati** a casa tardi.
Obwohl wir früh weggefahren sind, sind wir spät zu Hause angekommen.

In der bejahten Form kann man Nebensätze des Grundes und der Zeit auch mit einem Partizipialsatz verkürzen: **Presa** una camomilla/**Crollato** un ponte, ... (S. 195)

Mit dem Gerundium II werden vorwiegend Nebensätze des Grundes (1), aber auch solche der Zeit (2) verkürzt. Außerdem steht das Gerundium II anstelle von Nebensätzen, die mit **anche se/benché/sebbene** *obwohl* eingeleitet werden. Vor dem Gerundium wird dann **pur** oder das bloße **anche** eingefügt (3).

Obwohl sie viel gelernt hatte, hat Bianca die Prüfung nicht bestanden.

Da/Nachdem eine Brücke eingestürzt ist, ist das Dorf nicht mehr mit dem Auto erreichbar.

●● **1.** Beantworten Sie die Fragen, indem Sie das jeweils angegebene Verb in die passende Zeit der Verlaufsform **stare** + Gerundium I setzen.

a) Ma cosa fate? giocare a carte

____

b) Sai dov'è Franca? vestirsi per uscire

____

c) Dove sono i bambini? guardare la televisione

____

d) Che cosa facevate ieri alle sette? cenare

____

e) Ti ho telefonato, ma tu non c'eri. fare la spesa

____

f) Ma perché non risponde, Carlo? ascoltare la musica.

____

●●● **2.** Ersetzen Sie das Gerundium I durch den jeweils passenden Nebensatz.

a) Leggendo la lettera Maria piangeva.

Mentre _______________

b) Passando per il centro farai più in fretta.

____

l'indirizzo e-mail – *die E-Mail-Adresse*

aver fretta – *in Eile sein*

c) Non avendo il tuo indirizzo e-mail ti ho mandato una lettera.

____

d) Ho cambiato opinione su di te vedendoti giocare con tuo figlio.

____

e) Pur avendo fretta Carla si è fermata a guardare le vetrine.

____

f) Organizzandoti bene riuscirai a fare molte cose.

____

g) Ho incontrato Piero uscendo dal cinema.

____

3. Vervollständigen Sie die Sätze, indem Sie die Verben in Klammern in das Gerundium II setzen.

a) ______ (bere) un po' troppo, sono tornato a casa in taxi.
b) Non ______ (sentire) la sveglia, Elena si è alzata tardi.
c) ______ (salire) le scale di corsa, Marta ha il fiatone.
d) Pur ______ (fare) colazione, alle undici avevo appetito.
e) ______ (rimanere) sveglia a lungo, Sara è stanca morta.
f) ______ (offendersi), i vicini non ci salutano più.
g) Non ______ (leggere) il giornale, non sono informata.
h) ______ (sposarsi) a 18 anni, a 40 Emma era già nonna.

avere il fiatone – *außer Atem sein*

4. Bei welchen Beispielen ist die Handlung des Nebensatzes vorzeitig (V), bei welchen hingegen gleichzeitig (G) oder nachzeitig (N)? Geben Sie es an.

a) [G] Anche se ho molto lavoro, ti porto volentieri all'aeroporto.
b) [ ] Poiché si è alzata tardi, Rosa non ha tempo di fare colazione.
c) [ ] Siccome non avevamo il navigatore, abbiamo preso la strada sbagliata.
d) [ ] Emilio ha perso le chiavi mentre faceva jogging nel parco.
e) [ ] Poiché avrò un pomeriggio impegnativo, preferisco tenermi leggero.
f) [ ] Siccome sono stata seduta tutto il giorno, ora voglio andare in palestra.
g) [ ] Benché si fosse messa sciarpa, guanti e berretto, Claudia si era raffreddata.

tenersi leggero – *leichte Kost zu sich nehmen*

la palestra – *das Fitnessstudio*

5. Verkürzen Sie die Sätze aus Übung 4, indem Sie die Nebensätze bei Gleichzeitigkeit oder Nachzeitigkeit durch das Gerundium I, bei Vorzeitigkeit durch das Gerundium II ersetzen.

a) *Pur* ______
b) ______
c) ______
d) ______
e) ______
f) ______
g) ______

27 DAS PASSIV

1 «La Repubblica» **viene letta da** molta gente.

2 «Il nome della rosa» **è stato tradotto** in molte lingue.

Aktivsatz und Passivsatz

Einen Aktivsatz mit einem direkten Objekt kann man in einen Passivsatz umwandeln:

Aktivsatz: **I turisti** visitano **il duomo**.
Die Touristen besuchen den Dom.

Passivsatz: **Il duomo** è/viene visitato **dai turisti**.
Der Dom wird von den Touristen besucht.

Im Passivsatz kann der Urheber der Handlung unerwähnt bleiben:

Questa villa **è stata costruita** nel 1924.
I clienti **vengono trattati** bene.

Wenn der Urheber der Handlung erwähnt wird, dann schließt man ihn mit der Präposition **da** an:

Questa villa è stata costruita **da un famoso architetto francese**.
I clienti vengono trattati bene **dal personale**.

Die einfachen Zeiten

1. Das Präsens

(io)	**sono/vengo invitato**, -a
(tu)	**sei/vieni invitato**, -a
(lui/lei/Lei)	**è/viene invitato**, -a
(noi)	**siamo/veniamo invitati**, -e
(voi)	**siete/venite invitati**, -e
(loro)	**sono/vengono invitati**, -e

Das Passiv Präsens bilden Sie mit dem Präsens von **essere** oder **venire** und dem Partizip Perfekt des Hauptverbs. Letzteres richtet sich in Geschlecht und Zahl nach dem Subjekt.

„La Repubblica" wird von vielen Leuten gelesen.

„Der Name der Rose" ist in viele Sprachen übersetzt worden.

2. Die anderen einfachen Zeiten

Imperfekt:	Il duomo	**era/veniva visitato**.
Futur:	La mostra	**sarà/verrà visitata**.
Passato remoto:	I musei	**furono/vennero visitati**.
Konditional I:	Le città	**sarebbero/verrebbero visitate**.

Die anderen einfachen Zeitformen werden mit der entsprechenden Zeit von **essere** oder **venire** und dem Partizip Perfekt des Hauptverbs gebildet.

Das Passiv mit **essere** drückt manchmal eher einen Zustand aus; das Passiv mit **venire** hingegen gibt immer einen Vorgang wieder. Wenn Sie also den Vorgang betonen wollen, dann bilden Sie das Passiv mit **venire**:

La finestra **viene chiusa**.	*Das Fenster wird geschlossen.*
Carla **viene invitata**.	*Carla wird eingeladen.*

Wenn Sie hingegen einen Zustand beschreiben wollen, verwenden Sie **essere**:

La finestra **è chiusa**.	*Das Fenster ist geschlossen.*
Carla **è invitata**.	*Carla ist eingeladen.*

3. Umschreibung des Passivs

Wenn der Urheber nicht genannt ist, hat man im Italienischen die Möglichkeit, das Passiv zu umschreiben. Man kann folgende Konstruktionen wählen:

Qui **si vende** frutta fresca.	*Hier wird frisches Obst verkauft.*

- **si** (*man*) + Verb in der 3. Person Einzahl bei einem Objekt in der Einzahl.

Non **si accettano** carte di credito.	*Es werden keine Kreditkarten angenommen.*

- **si** (*man*) + Verb in der 3. Person Mehrzahl bei einem Objekt in der Mehrzahl.

Qui **costruiscono** un grande centro commerciale.	*Hier wird ein großes Einkaufszentrum gebaut.*

- die 3. Person Mehrzahl des Verbs.

Il conto va pagato subito	*Die Rechnung muss sofort bezahlt werden.*

Das deutsche „müssen" + Passiv wird im Italienischen durch **andare** + Passiv wiedergegeben.

Die zusammengesetzten Zeiten

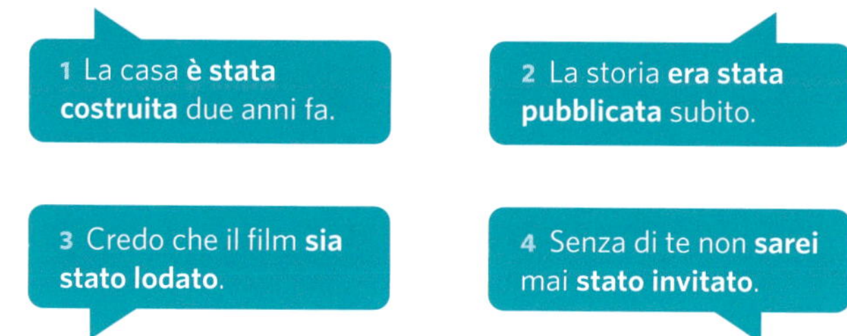

Beim Passiv können Sie die zusammengesetzten Zeiten nur mit **essere** und dem Partizip Perfekt des Hauptverbs bilden. **Essere** wird dabei in die erforderliche Zeit gesetzt.

1. Das Passato prossimo

(io)	**sono**	**stato**, -a	**invitato**, -a
(tu)	**sei**	**stato**, -a	**invitato**, -a
(lui/lei/Lei)	**è**	**stato**, -a	**invitato**, -a
(noi)	**siamo**	**stati**, -e	**invitati**, -e
(voi)	**siete**	**stati**, -e	**invitati**, -e
(loro)	**sono**	**stati**, -e	**invitati**, -e

2. Die anderen zusammengesetzten Zeiten

Trapassato prossimo:	(io)	**ero**	**stato**, -a	**invitato**, -a
Congiuntivo passato:	(io)	**sia**	**stato**, -a	**invitato**, -a
Congiuntivo trapassato:	(io)	**fossi**	**stato**, -a	**invitato**, -a
Konditional II:	(io)	**sarei**	**stato**, -a	**invitato**, -a

1 *Das Haus ist vor zwei Jahren gebaut worden.*
2 *Die Geschichte war sofort veröffentlicht worden.*
3 *Ich glaube, dass der Film gelobt worden ist.*
4 *Ohne dich wäre ich nie eingeladen worden.*

• **1.** **Welche der folgenden Sätze sind Passivsätze, welche hingegen sind Aktivsätze? Tragen Sie die entsprechenden Ziffern in die jeweiligen Kästchen ein.**

a) Il viaggio verrà organizzato dall'Istituto italiano di cultura.

b) Il documentario è stato realizzato dalla televisione tedesca.

c) Nostro figlio viene a trovarci spesso.

d) Questa villa venne costruita nel 1925.

e) Ieri è venuto Claudio con la sua ragazza.

f) Il professor Salvi è stato da noi alcune settimane fa.

g) Credo che Claudio sia venuto in treno.

h) Sembra che questo quadro sia stato dipinto da Dalì.

Aktivsätze: ☐ ☐ ☐ ☐ Passivsätze: ☐ ☐ ☐ ☐

•• **2.** **Setzen Sie den Satz in die angegebenen Zeiten sowie in den Konditional und in den Congiuntivo.**

a) Präsens: *I turisti vengono accolti molto bene.*

b) Imperfetto: __________

c) Konditional I: __________

d) Passato prossimo: __________

d) Congiuntivo presente: *Credo che* __________

•• **3.** **Ergänzen Sie die Sätze mit dem Passiv in der jeweils erforderlichen Zeit.**

a) L'anno prossimo (costruire) __________ un nuovo centro commerciale vicino alla stazione.

b) Il mese scorso (inaugurare) __________ la mostra di Mirò.

c) Ogni anno a Salsomaggiore (eleggere) __________ Miss Italia.

d) I Bronzi di Riace (trovare) __________ nel 1972.

il centro commerciale – *das Einkaufszentrum*

inaugurare – *eröffnen*

eleggere – *wählen*

28 DIE UNPERSÖNLICHE FORM SI

Gebrauch

Das deutsche *man* wird im Italienischen mit **si** wiedergegeben.

In questo albergo **si sta** bene.
Se **si continua** per questa strada **si arriva** in centro.

- Nach **si** steht das Verb in der 3. Person Einzahl, wenn kein direktes Objekt folgt.

Die Anwendung von **si** ist leider nicht ganz so einfach wie die von *man* im Deutschen.

Da qui **si ha una bellissima vista** su tutta la città.
A casa nostra **si beve poca birra**.

- Nach **si** steht das Verb in der 3. Person Einzahl, wenn ein direktes Objekt in der Einzahl folgt.

Come **si preparano le lasagne** verdi?
Qui **si mangiano delle ottime trenette** al pesto.

- Nach **si** steht das Verb in der 3. Person Mehrzahl, wenn es sich auf ein direktes Objekt in der Mehrzahl bezieht.

Chissà se **ci si metterà** d'accordo.
In inverno **ci si ammala** facilmente.

- In Verbindung mit einem reflexiven Verb ergibt sich die Form **ci si** + Verb.

Quando **si è malati** si dovrebbe stare a casa.
Quando **si diventa padri** si cambia; **si diventa** più **pazienti**.

- Bei **si** + **è** bzw. **diventa** steht das nachfolgende Adjektiv/Substantiv in der Mehrzahl der männlichen Form.

Wenn man mit dem Auto unterwegs ist, hat man oft zu viel Gepäck.

Chissà cosa fa Carlo; non **lo si** vede più.
Wer weiß, was Carlo macht; man sieht ihn nicht mehr.

- In Verbindung mit einem unbetonten Personalpronomen steht **si** an zweiter Stelle.

Non **se ne** parla più.
Man spricht nicht mehr davon.

- In Verbindung mit **ne** wird **si** zu **se** und steht an erster Stelle.

Si in den zusammengesetzten Zeiten

All'invito **si è mangiato** bene e **si sono fatti** discorsi interessanti.

Beim unpersönlichen **si** werden die zusammengesetzten Zeiten immer mit **essere** gebildet. Die Veränderlichkeit des Partizip Perfekts hängt von drei Kriterien ab:

Si è partiti presto e **si è arrivati** verso le sei.
Durante il viaggio **ci si è fermati** solo due volte.

verso – *gegen*
durante – *während*

- Wenn das Verb in der persönlichen Form mit **essere** konjugiert wird (z. B. **sono partito** und **mi sono fermato**), dann endet das Partizip Perfekt in der unpersönlichen Form auf -**i**.

Durante le vacanze **si è giocato** a tennis.
Si è mangiato molto bene, ma **si è** anche **pagato** molto.

- Wenn das Verb in der persönlichen Form mit **avere** konjugiert wird (**ho giocato**, **ho mangiato**), dann endet das Partizip Perfekt auf -**o**.

Si è bevuto un ottimo prosecco.
Si è fatta una lunga passeggiata.
Si sono comprati alcuni souvenir.
Si sono fatte alcune fotografie.

- Wenn dem unpersönlichen Verb ein direktes Objekt folgt (hier: **prosecco**, **passeggiata**, **souvenir**, **fotografie**), dann richten sich **essere** und das Partizip Perfekt in Zahl und Geschlecht nach diesem Objekt.

Bei der Einladung hat man gut gegessen und interessante Gespräche geführt.

Andere Möglichkeiten, das unpersönliche *man* auszudrücken

Se **uno è prudente** non succede niente.
Wenn man vorsichtig ist, passiert nichts.

- Das unpersönliche *man* können Sie mit **uno** (*einer*) ausdrücken, ...

Bisogna stare attenti.
Man muss aufpassen.

- ... mit **bisogna** + Infinitiv, ...

Se non **vuoi** avere problemi **devi** stare calmo.
Wenn du keine Probleme haben willst, musst du ruhig bleiben.

- ... mit der 2. Person Einzahl wie im Deutschen ...

Stanno restaurando il duomo.
Der Dom wird gerade restauriert.

- ... oder mit der 3. Person Mehrzahl.

●● **1.** **Ergänzen Sie in den Sätzen die korrekte Verbform in der unpersönlichen Form mit si.**

a) La parola „milione" ______________ (scrivere) con una „l".

b) In biblioteca non ______________ (dovere) fare rumore.

c) A casa mia tutte le sere ______________ (guardare) la TV.

d) In quel negozio ______________ (spendere) poco.

e) Non ______________ (dire) le bugie!

f) In Italia, a Natale, ______________ (mangiare) i tortellini in brodo.

g) Da questa terrazza ______________ (vedere) il mare.

h) Queste medicine ______________ (prendere) dopo pranzo.

●● **2.** **Ergänzen Sie die Fragen mit dem unpersönlichen si und der jeweils passenden Präsensform.**

a) Come (prepara) ______________ gli spaghetti alle vongole?

b) Dove (mangiare) ______________ bene senza pagare troppo?

c) Dove (comprare) ______________ i migliori grissini?

d) Come (festeggiare) ______________ da voi il Natale?

e) Dove (trovare) ______________ dei prodotti biologici?

f) A che ora (andare) ______________ a cena, da voi?

●● **3.** **Markieren Sie bei folgenden Sätzen die passende Verbform und ergänzen Sie die fehlenden Endungen.**

a) Quando si è/sono giovan______ non si pensa/pensano alla vecchiaia.

b) Nel nostro quartiere si è/sono costruit______ troppo.

c) Nel centro storico si è/sono restaurat______ parecchi vecchi edifici.

d) Quando si è/sono brill______ non si dovrebbe/dovrebbero guidare.

e) Al vernissage si è/sono vist______ tanta gente dello spettacolo.

f) Se si è/sono timid______ si diventa/diventano ross______ facilmente.

la vecchiaia – *das Alter*

brillo/-a – *beschwipst*

timido/-a – *schüchtern*

gente dello spettacolo – *Leute aus dem Showbusiness*

29 DIE VERNEINUNG

Die Verneinung mit no

1 Vuoi anche tu un caffè?

2 No, io **no**.

3 Perché **no**?

4 Ne ho appena bevuto uno.

— Vuoi una birra? — **No** grazie, sto bene così. Allora, venite sì o **no**?	**No** steht alleine oder in Sätzen bzw. Satzteilen ohne Verb oder auch am Satzende.
— Viene anche Pietro? — Credo/Penso/Spero **di no**.	Nach **credere**, **dire**, **pensare** und **sperare** wird **no** mit **di** angeschlossen.
No, grazie.	**No** bedeutet auf Deutsch *nein*.
Io sto bene, lui **no**. Perché **no**?	Am Satzende bedeutet es in der Regel *nicht*.
Allora, ti decidi di telefonare **sì o no**?	Im Ausdruck **sì o no** wird es allerdings mit *nein* wiedergegeben.

Sì wird auch mit **di** angeschlossen: **Credo/Penso/Spero di sì.**

Die Verneinung mit non

5 Sta lavorando Michele?

6 No, **non** sta lavorando.

7 Perché **non** lavora?

8 Perché **non** ne ha voglia.

Michele **non** lavora molto *Michele arbeitet nicht viel.*	**Non** wird im Deutschen mit *nicht* ...
Non ha voglia di lavorare. *Er hat keine Lust zu arbeiten.*	... oder *kein* übersetzt.

1 *Willst du auch einen Kaffee?*
2 *Nein, ich nicht.*
3 *Warum nicht?*
4 *Ich habe gerade eben einen getrunken.*
5 *Arbeitet Michele gerade?*
6 *Nein, er arbeitet gerade nicht.*
7 *Warum arbeitet er nicht?*
8 *Weil er (dazu) keine Lust hat.*

Non kann nicht alleine stehen. Es steht:

Stasera **non esco**. Oggi **non ho fatto** colazione. Martina **non è uscita**.	vor dem konjugierten Verb bzw. vor dem Hilfsverb in zusammengesetzten Zeiten.
— Dov'è il mio passaporto? — **Non lo** so, **non l'ho** visto.	vor dem Pronomen bei der Gruppe unbetontes Personalpronomen + Verb.
— Ti è piaciuto il film? — **No**, **non** mi è piaciuto.	zusammen mit **no**, um negative Antworten zu verstärken.

Die mehrteilige Verneinung

1. Die Verneinungselemente

Folgende Verneinungen bestehen aus mehreren Verneinungselementen. Wie sie ins Deutsche übersetzt werden, sehen Sie hier:

Non	legge	**ancora**.	▸ *noch nicht*
Non	legge	**affatto**.	▸ *überhaupt nicht*
Non	legge	**mai**.	▸ *nie*
Non	legge	**mica**.	▸ *gar nicht, doch nicht*
Non	vede	**nessuno**.	▸ *niemand, keine(r, s)*
Non	legge	**niente/nulla**.	▸ *nichts*
Non	legge	**neanche/nemmeno/ neppure**.	▸ *auch nicht, nicht einmal*
Non	legge	**né** riviste **né** libri.	▸ *weder … noch …*
Non	legge	**più**.	▸ *nicht mehr*

Mica ist ein umgangssprachlicher Ausdruck.

Die Verneinungselemente können auch kombiniert werden. Im Deutschen werden Sie nur zum Teil als Verneinung wiedergegeben, z. B.:

Non ti telefonerò **mai più**.	*Ich werde dich nie mehr anrufen.*
Non ti presterò **mai più niente**.	*Ich werde dir nie mehr etwas leihen.*
Non presterò **mai più niente a nessuno**.	*Ich werde nie mehr jemandem etwas leihen.*

1 *Ich verstehe nichts.*
2 *Pietro erzählt nie etwas.*

2. Die Stellung der Verneinungselemente

Pierino **non** cammina **ancora**. **Non** siamo **affatto** stanchi. **Non** andiamo **mai** a teatro. **Non** è **mica** un bambino! Qui **non** conosco **nessuno**. Per Natale **non** le regalo **niente**. **Non** le regalo **neanche** un libro. A Pia **non** piace **né** il mare **né** la montagna. Carlo **non** va **più** a scuola.	Bei der Verneinung mit mehreren Verneinungselementen steht **non** vor dem konjugierten Verb bzw. vor dem unbetonten Personalpronomen. Die Verneinungspartikel stehen meist hinter dem konjugierten Verb.

Die Verneinungselemente stehen wie folgt:

Non compro **niente**.	Sie umschließen das konjugierte Verb.
Non posso comprare **niente**.	Sie umschließen das konjugierte Verb und den Infinitiv.
Non ho comprato **niente**.	Sie umschließen das Hilfsverb und das Partizip Perfekt bei den zusammengesetzten Zeiten.
Non sto comprando **niente**.	Sie umschließen **stare** und Gerundium.
Non viene comprato **niente**. **Non** è stato comprato **niente**.	Sie umschließen beim Passiv die konjugierte Form von **venire** bzw. **essere** und das Partizip Perfekt.

Besteht das Prädikat (die Satzaussage) aus mehreren Verbelementen, dann hat das zweite Verneinungselement bei **non ... ancora**, **non ... mai**, **non ... mica** und **non ... più** eine andere Stellung. Das zweite Verneinungselement steht:

Non posso **ancora** partire.	zwischen dem konjugierten Verb und dem Infinitiv.
Non sono **ancora** partito. **Non** ho **ancora** mangiato.	zwischen dem Hilfsverb und dem Partizip Perfekt bei den zusammengesetzten Zeiten.
Non sto **ancora** partendo.	zwischen **stare** und dem Gerundium.

Non viene **ancora** venduto. **Non** è **ancora** stato venduto.	zwischen der konjugierten Form von **venire** bzw. **essere** und dem Partizip Perfekt beim Passiv.

Mai, **nemmeno/neanche/neppure**, **niente/nulla**, **né** ... **né** und **nessuno** können auch am Satzanfang stehen. Sie werden dann ohne **non** verwendet und erhalten ganz besonderes Gewicht. Dieser Gebrauch ist allerdings nicht sehr üblich, z. B.:

Mai ti lascerò solo!	*Nie werde ich dich allein lassen!*
Nessuno sarà migliore di noi!	*Niemand wird besser sein als wir!*
Nemmeno noi lasciava entrare!	*Nicht einmal uns ließ er hereinkommen.*
Niente lo convince!	*Nichts überzeugt ihn!*

Üben und Anwenden

●● **1.** Ergänzen Sie die Dialoge mit **no** oder **non**. Fügen Sie, wenn nötig, die Präposition **di** hinzu.

a) — Conoscete la nuova canzone di Ed Sheeran?

— Io sì, loro due ________ so.

b) — Tu ascolti la musica jazz?

— Normalmente ________ . E tu l'ascolti?

— ________ , la musica jazz proprio ________ l'ascolto mai.

c) — Hai preso la medicina, oggi?

—________ , oggi ________ l'ho ancora presa.

d) — Secondo te è troppo tardi per telefonare al dottor Panzini?

— Penso ________ .

disturbare - *stören*

— ________ lo disturbo, allora.

ingrassare - *zunehmen*

— ________ , ________ credo.

e) — Vuoi una fetta di strudel?

— Grazie, ma a quest'ora ________ mangio niente.

— ________ vuoi ingrassare, vero?

— Ma ________ ! ________ la prendo perché stasera sono invitata a cena e se mangio un dolce adesso, stasera ________ ho appetito.

●● **2.** Wer ist Silvia? Bringen Sie die Wörter in die richtige Reihenfolge und Sie erfahren mehr über sie.

a) Silvia - è - simpatica - molto - non

____

b) molto - non - è -nemmeno - carina

____

c) invita - nessuno - mai - non

____

d) esce - non - la sera - mai

____

e) di - interessa - niente - si - non

f) così - telefona - le - nessuno - e - va - a - nessuno - trovarla

3. Übersetzen Sie bitte folgende Sätze rund ums Essen.

a) Heute habe ich nicht viel gegessen.

b) Sonia isst weder Fleisch noch Fisch.

c) Stefania isst keinen Nachtisch. Sie nimmt nicht einmal Obst.

d) Die Kinder haben noch nicht gefrühstückt.

e) Zum Frühstück esse ich nicht viel.

f) Abends esse ich nie.

g) Stefano will abends keinen Wein mehr trinken.

h) Wir haben noch nie Polenta gegessen.

i) Wir sind noch nicht am Essen.

Der Aussagesatz

1 I miei genitori hanno una nuova macchina.

2 Ieri hanno fatto una gita in montagna.

1. Der Aussagesatz ohne Orts- und Zeitangaben

Die Satzstellung im normalen Aussagesatz lautet:

Subjekt	Prädikat	Objekte
Carlo	ha comprato	dei fiori.
Luciana	ha regalato	una cravatta a suo marito.

Wenn ein direktes Objekt und ein indirektes Objekt in einem Satz vorkommen, dann steht das direkte Objekt vor dem indirekten:

Anders als im Deutschen werden Hilfsverb und Partizip nicht getrennt: Marco **ha studiato** lingue. *Marco hat Sprachen studiert.*

Subjekt	Prädikat	direktes Objekt	indirektes Objekt
Marco	fa	l'insegnante.	
Marco	ha studiato	lingue.	
Marco	insegna	l'italiano	agli stranieri.
Marco	scrive		ai suoi amici.

Wird das direkte Objekt oder das indirekte Objekt durch ein unbetontes Pronomen ersetzt, dann steht dieses Pronomen vor dem Prädikat:

Marco insegna **l'italiano** **agli stranieri**.

Marco **lo** insegna agli stranieri. Marco **gli** insegna l'italiano.

Die Stellung der unbetonten Objektpronomen S. 75

Auch wenn beide Objekte durch ein unbetontes Pronomen ersetzt werden, stehen diese Pronomen vor dem Prädikat:

Marco **glielo** insegna da due anni.

 *Meine Eltern haben ein neues Auto.*

 *Gestern haben sie einen Ausflug in die Berge gemacht.*

2. Der Aussagesatz mit Orts- und Zeitangaben

Wenn in einem Satz Orts- und Zeitangaben vorkommen, dann stehen in der Regel:

Oggi ho un appuntamento.	Zeitangaben am Satzanfang.
Ho un appuntamento **al bar**.	Ortsangaben am Satzende.
Oggi ho un appuntamento **al bar**.	Dies gilt auch, wenn beide Angaben in einem Satz vorkommen.
Ho un appuntamento **al bar**, **oggi**.	Orts- und Zeitangabe können auch am Satzende stehen, meist in der Reihenfolge: Ort - Zeit. Die Zeitangabe wird in diesem Fall hervorgehoben.

l'appuntamento - *die Verabredung, der Termin*

Der Nebensatz

1 **Anche se avrò molto lavoro**, domenica prossima voglio fare una gita al mare.

2 **Siccome mio marito non mangia le cipolle**, non posso mai fare il fegato alla veneziana.

Im Gegensatz zum Deutschen hat der Nebensatz im Italienischen dieselbe Satzstellung wie der Hauptsatz:

Hauptsatz:		Subjekt	Prädikat	Objekt
		Rosa	compra	un dolce
Nebensatz:	Konjunktion	Subjekt	Prädikat	Objekt
	perché	**suo marito**	**ha invitato**	**degli amici.**

Achten Sie darauf, dass auch im Nebensatz das Prädikat vor dem Objekt steht.

1 *Auch wenn ich viel Arbeit haben werde, will ich am nächsten Sonntag einen Ausflug ans Meer machen.*

2 *Da mein Mann keine Zwiebeln isst, kann ich nie „fegato alla veneziana" zubereiten.*

Der Fragesatz

Im Italienischen können Sie, wie im Deutschen, eine Frage mit oder ohne Fragewort stellen.

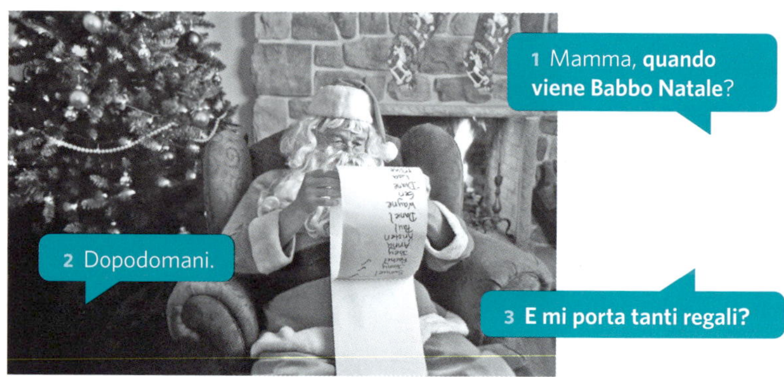

Der Fragesatz ohne Fragewort

4 Il tuo collega abita fuori città?

5 Lavora nel tuo ufficio, il signor Renzi?

Bei der Frage ohne Fragewort haben Sie die Möglichkeit, das Subjekt an den Satzanfang oder an das Satzende zu setzen.

Subjekt	Prädikat	Ergänzung	
Carla	si è sposata	in chiesa?	In einem Fragesatz ohne Fragewort kann die Satzstellung dieselbe sein wie in einem Aussagesatz. Die Frage wird lediglich durch das Anheben der Stimme am Ende des Satzes ausgedrückt.
Prädikat	**Ergänzung**	**Subjekt**	
Si è sposata	in chiesa,	Carla?	Im Fragesatz ohne Fragewort kann das Subjekt aber auch am Ende des Satzes stehen.

Wenn das Subjekt Bestandteil des Verbs ist, bleibt die Satzstellung in einem Fragesatz dieselbe wie in einem Aussagesatz:

Aussagesatz:	Si è sposata in chiesa.	*Sie hat kirchlich geheiratet.*
Fragesatz:	Si è sposata in chiesa?	*Hat sie kirchlich geheiratet?/ Sie hat kirchlich geheiratet?*

1 *Mama, wann kommt der Weihnachtsmann?*
2 *Übermorgen.*
3 *Und bringt er mir viele Geschenke?*

4 *Wohnt dein Kollege außerhalb der Stadt?*
5 *Arbeitet Herr Renzi in deinem Büro?*

Der Fragesatz mit Fragewort

1 **Quando** è tornato Gianni?

2 **Dove** hai comprato il computer?

1. Die Satzstellung

3 **Chi** c'era all'invito?

4 Al matrimonio chi c'era?

Wenn eine Frage mit einem Fragewort gestellt wird, haben Sie bei der Satzstellung meistens zwei Möglichkeiten.

Die meisten Fragen mit Fragewort haben die Satzstellung: Fragewort - Prädikat - Subjekt bzw. Ergänzung.

Fragewort	Prädikat	Subjekt/Ergänzung/Orts- und Zeitbestimmung
Come	stai?	
Chi	viene	stasera?
Dove	hai messo	il giornale?
Cosa	hai detto	a Franca?
Perché	è partito	Gianni?

Perché **Gianni** è partito? Perché **Carla** si è sposata a Berlino?	Bei der Frage mit **perché** kann das Subjekt auch vor dem Prädikat stehen.
Tuo marito come sta? **Gianni** perché è partito? **Stasera** chi viene? **A Franca** cosa hai detto?	Bei den meisten Fragen, die ein Subjekt bzw. eine Ergänzung haben, können diese auch am Satzanfang stehen. Sie werden damit hervorgehoben.
Il giornale quando **lo** leggi? **La spesa** chi **la** fa? **La carne** come **la** prepari? **Gli occhiali** dove **li** hai messi? **Le tue amiche** quando **le** inviti?	Wenn die Ergänzung ein direktes Objekt ist, dann muss dieses durch das entsprechende unbetonte Objektpronomen wieder aufgenommen werden.

Bei der Frage mit **perché** können Sie unter drei Satzstellungen wählen:

Perché Pia è triste?

Perché è triste **Pia**?

Pia perché è triste?

1 *Wann ist Gianni zurückgekommen?*
2 *Wo hast du den Computer gekauft?*
3 *Wer kam alles zu der Einladung?*
4 *Wer war alles bei der Hochzeit dabei?*

Diese Fragewörter sind in ihrer Form unveränderlich. Ihre Bedeutung jedoch verändert sich in Verbindung mit einer Präposition und je nach nachfolgendem Verb.

2. Unveränderliche Fragewörter

1 Con **chi** sei uscito?

2 **Chi** hai incontrato ieri?

3 A **chi** hai telefonato?

Chi

Chi è quel signore? **Chi** hai invitato?	**Chi** heißt *wer* oder *wen*.

In Verbindung mit Präpositionen übersetzt man **chi** in der Regel mit:

A chi hai scritto? **Con chi** esci? **Di chi** parlate? **Per chi** è il caffè?	– *wem* – *mit wem* – *über wen* – *für wen*

Mit **di chi è/sono** fragt man nach dem Besitzer eines Gegenstandes:

Di chi sono questi guanti?	*Wem gehören diese Handschuhe?*

Che cosa

Che cos'è questo? **Che cosa** succede?	**Che cosa** bedeutet *was*. Man fragt damit nach Sachen und Sachverhalten.

In Verbindung mit Präpositionen übersetzt man **che cosa** mit:

In der Umgangssprache wird **che cosa** oft zu **cosa** oder **che** verkürzt:
Cosa c'è da bere?
Che fai?

A che cosa pensi? **Con che cosa** si pulisce? **Di che cosa** parlate?	– *woran* – *womit* – *worüber, wovon*

Che

pulire – *putzen*

la taglia – *die Kleidergröße*

Che tipo è il nuovo direttore? **Che** taglia ha, signora?	**Che** heißt *was für ein(e)/ welche(r, s)* und steht vor einem Substantiv.
Che ora è? **Che** tempo fa?	Mit **che** fragen Sie nach der Uhrzeit und nach dem Wetter.
A che ora parte il treno?	Mit **a che** fragen Sie nach einem Zeitpunkt.

1 *Mit wem bist du ausgegangen?*
2 *Wen hast du gestern getroffen?*
3 *Wen hast du angerufen?*

Come

Come si arriva al Duomo? **Come** stai? **Come** ti chiami?	**Come** heißt *wie*.

Dove

Dove sono i bambini?	**Dove** bedeutet *wo*.
Dove andate?	Mit **andare** bedeutet es *wohin*.
Di dove sei?	Mit **di dove** fragt man nach dem Geburtsort/Heimatort.
Da dove vieni a quest'ora?	**Da dove** heißt *woher*.

Quando

Quando vai in vacanza?	**Quando** bedeutet *wann*.

In Verbindung mit Präpositionen heißt **quando**:

Da quando sei tornato? **Fino a/fin quando** rimani?	*– seit wann* *– bis wann*

Perché

— **Perché/come mai** sei qui? — **Perché** ti voglio vedere.	**Perché** und **come mai** bedeuten *warum*. In der Antwort heißt **perché** *weil*. **Come mai** kann in der Antwort nicht benutzt werden.

3. Veränderliche Fragewörter

Es gibt zwei veränderliche Fragewörter: **quale** und **quanto**.

Quale – quali

Einzahl	
Quale pullover preferisci? **Quale** rivista leggi?	Mit **quale** fragen Sie nach einer Person bzw. Sache innerhalb einer bestimmten Menge. Übersetzt wird es mit *welche(r, s)*.

1 *Welche Filme von Antonioni hast du gesehen?*
2 *Welcher hat dir am besten gefallen?*

Ob Sie die Frage mit **quale** oder **quali** stellen, hängt von der Zahl des Substantivs ab, nach dem Sie fragen.

Mehrzahl	Mit **quali** fragen Sie nach mehreren Personen oder Sachen. Im Deutschen wird es mit *welche* wiedergegeben.
Quali libri hai letto? **Quali** sono le Sue valigie?	

In Verbindung mit Präpositionen heißen **quale** und **quali**:

Con quale treno arrivi? **Con quale** amica viaggi? **Per quale** collega è il vino?	– *mit welchem* – *mit welcher* – *für welche(n, s)*
A quale dei tuoi amici hai prestato la macchina?	Mit **a quale** fragen Sie nach einer Person, die im italienischen Satz indirektes Objekt ist.
A quali vicini mandi una cartolina?	Mit **a quali** fragt man nach mehreren Personen, die indirektes Objekt sind.
Qual è il tuo indirizzo? **Qual era** il vostro albergo?	**Quale** wird vor **è** und **era** zu **qual** verkürzt.

In der Umgangssprache werden **quale** und **quali** vor einem Substantiv oft durch **che** ersetzt: **A quale/A che** nome? *Auf welchen Namen?*

Quanto – quanta – quanti – quante

	männlich	weiblich
Einzahl	**Quanto** vino vuoi?	**Quanta** gente c'era?
Mehrzahl	**Quanti** figli hai?	**Quante** lingue sai?

Quanto richtet sich in Geschlecht und Zahl nach dem Substantiv, auf das es sich bezieht. Sie fragen damit nach:

Quanto costa questo vestito? **Quanto costano** le scarpe verdi?	dem Preis (*wie viel*),
Quanto (tempo) rimani qui?	der Dauer (*wie lange*),
Quanti anni hai?	dem Alter (*wie alt*).

In Verbindung mit Präpositionen heißen die Formen von **quanto**:

Con quanti amici vai in vacanza?	– *mit wie vielen*
Per quante persone è la cena?	– *für wie viele*
A quanta gente hai dato l'indirizzo?	– *wie vielen*
Di quanti soldi disponete?	– *über wie viel(e)*

disporre di – *verfügen über*

●● **1.** Hier geht es um eine gewisse Claudia. Sie erfahren etwas über sie, wenn Sie die Satzteile jeweils zu einem Aussagesatz zusammenfügen.

a) 28 anni – Claudia – ha

____

b) sposata – è – non – perché – l'uomo giusto – ha – trovato – non – ancora

____

____

c) è – innamorata – per il momento – neanche – non

____

d) quasi mai – in casa – la sera – è – non

____

e) va – il sabato – in discoteca – spesso

____

f) fa – niente – la domenica – non

____

g) una passeggiata – fa – nemmeno – non

____

h) un appartamento – da qualche mese – sta cercando – in città

____

i) abitare – più – fuori città – vuole – non – anche se – meno caro – è

____

____

●● **2.** Mit folgenden Wörtern stellen Sie nun Claudia einige Fragen.

a) vai – la sera – dove ?

____

b) tutta la domenica – fai – a casa – che cosa?

____

c) vuoi – fuori città – non – abitare – perché – più?

____

●● **3.** Ergänzen Sie die folgenden Fragen mit dem jeweils passenden Fragepronomen. Drei Fragepronomen bleiben übrig.

A chi	Quando	Che	Come
Da dove	Dove	Perché	Quanto
Quanti	Qual è	Da quanto tempo	Di dove

a) ______________ ti chiami?

b) ______________ sei?

c) ______________ abiti?

d) ______________ anni hai?

e) ______________ lavoro fai?

f) ______________ sei qui a Roma?

g) ______________ il tuo numero di telefono?

rivedersi - *sich wiedersehen*

h) ______________ possiamo rivederci?

i) ______________ non vuoi rispondermi?

●●● **4.** Übersetzen Sie bitte folgende Fragen.

a) Darf ich Sie etwas fragen?

____

b) Wie viel kosten diese Schuhe?

____

c) Welcher Bus fährt zum Bahnhof?

____

d) Wie spät ist es?

____

e) Um wie viel Uhr fängt der Film an?

____

f) Gefällt Ihnen Deutschland?

____

g) Wie ist das Wetter bei euch?

____

31 DER RELATIVSATZ

Relativsätze werden durch Relativpronomen eingeleitet. Das Relativpronomen steht in der Regel unmittelbar nach dem Substantiv, auf das es sich bezieht. Dabei werden die meisten Relativsätze ohne Komma an den Hauptsatz angeschlossen.
Nur Relativsätze, deren Informationen für das Verständnis des Hauptsatzes unwichtig sind, werden durch Kommas abgetrennt, z. B.:

Haben Sie bemerkt, dass in den italienischen Beispielen kein Komma vor dem Relativsatz steht?

Ieri ho incontrato Maria, **che non vedevo da tempo**.	*Gestern habe ich Maria getroffen, die ich schon seit langem nicht gesehen habe.*
Marta, **che amava tanto la sua vita da single**, si è sposata un mese fa.	*Marta, die ihr Leben als Single so sehr liebte, hat vor einem Monat geheiratet.*

Der Relativsatz mit che

5 Ho visto il film **che** mi hai consigliato. A me però non piacciono i film **che** finiscono male.

6 Hai già letto il libro **che** ti ho regalato?

Die meisten Relativsätze werden von dem Relativpronomen **che** eingeleitet. **Che** ist unveränderlich.

1 *Wie heißt die Kollegin, die gestern angerufen hat?*
2 *Marta.*
3 *Ist es die Kollegin, mit der du in Mailand warst?*
4 *Nein, Marta ist die Kollegin, deren Ehemann das neue Einkaufszentrum gebaut hat.*
5 *Ich habe den Film gesehen, den du mir empfohlen hast. Ich mag aber keine Filme, die schlecht enden.*
6 *Hast du das Buch, das ich dir geschenkt habe, schon gelesen?*

Benutzen Sie auf keinen Fall **chi** für das Subjekt.

C'è un signore **che** vuole parlare con te. Quanto costa la borsetta nera **che** è in vetrina?	**Che** kann Subjekt sein in der Bedeutung: *der, die, das, welche(r, s).*
Le pesche **che** ho comprato al mercato sono dolcissime. Questo è il libro **che** mi ha regalato Piero.	**Che** kann auch Objekt sein in der Bedeutung: *den, die, das, welche(n, s).*

Lernen Sie die Verben immer zusammen mit ihrer Ergänzung! Dann wissen Sie welches Relativpronomen Sie nehmen müssen. Z. B.:

aiutare qu ▸ **che**

dare a qu ▸ **a cui**

parlare di qu ▸ **di cui**

Der Relativsatz mit cui

1 È Mario il collega **a cui** hai venduto la macchina?

2 No, Mario è il collega **di cui** ti ho parlato ieri.

Chi sono i ragazzi **con cui** esci ogni sera? Come si chiama il film **di cui** mi hai parlato ieri sera? Roma è una città **in cui** mi piacerebbe vivere. Carla è l'amica **(a) cui** mando sempre gli auguri di Natale.	**Cui** ist unveränderlich und wird in Verbindung mit einer Präposition verwendet. **Cui** kann nicht alleine stehen. Nur die Präposition **a** kann weggelassen werden.

Wenn **in cui** eine örtliche Bedeutung hat, können Sie es mit **dove** ersetzen: Roma è una città **dove/in cui** mi piacerebbe vivere.

Der Relativsatz mit il quale, la quale, i quali, le quali

3 È Mario il collega **al quale** hai venduto la macchina?

4 No, Mario è il collega **del quale** ti ho parlato ieri.

Il quale, **la quale**, **i quali** und **le quali** können anstelle von **cui** stehen.

il quale:	È un programma **con il quale/con cui** si lavora molto bene. È quello l'uomo **del quale/di cui** si è innamorata Chiara?
i quali:	Il museo è diviso in tre livelli **nei quali/in cui** si possono vedere diverse esposizioni.

1 *Ist Mario der Kollege, dem du das Auto verkauft hast?*
2 *Nein, Mario ist der Kollege, über den ich gestern mit dir gesprochen habe.*
3 *Ist Mario der Kollege, dem du das Auto verkauft hast?*
4 *Nein, Mario ist der Kollege, über den ich gestern mit dir gesprochen habe.*

la quale:	La ditta **per la quale/per cui** lavoro è tedesca. Ecco la casa **nella quale/in cui** ho abitato tanti anni.
le quali:	Veronica e Debora sono le amiche **con le quali/con cui** sono andata in Inghilterra.

la ditta – *die Firma*

Il quale, **la quale**, **i quali** und **le quali** richten sich in Geschlecht und Zahl nach dem Substantiv, auf das sie sich beziehen.
Denken Sie daran, dass die Präpositionen **a**, **da**, **di**, **in** und **su** mit dem bestimmten Artikel von **il/la quale** bzw. **i/le quali** verschmelzen.

Der Relativsatz mit chi

1 **Chi** scrive molto ha bisogno del computer.

2 Non aprire la porta **a chi** non conosci!

Chi kann alleine oder mit einer Präposition verwendet werden.

Chi desidera partecipare alla gita lo dica alla receptionist. **Chi** tornerà dopo mezzanotte troverà la porta chiusa.	**Chi** wird nur im verallgemeinernden Sinn benutzt und kann sich nicht auf eine bestimmte Person beziehen.
Non presto la macchina **a chi** non conosco. Io esco solo **con chi** mi piace. Ho saputo **per chi** lavora Enzo.	**Chi** bedeutet *wer*. Je nach Verb heißt **a chi** *wem*. **Con chi** bedeutet *mit wem* und **per chi** *für wen*.

la receptionist – *die Rezeptionistin*

Der Relativsatz mit quello che, ciò che

3 Pago solo **ciò che** ho mangiato e bevuto veramente.

4 È vero **quello che** raccontano gli altri?

Ciò che vorrei sapere, è la tua opinione sul nuovo governo. È tutto **quello che** sappiamo.	**Quello che** und **ciò che** sind unveränderlich und haben dieselbe Bedeutung. **Sie** werden mit *(das,) was* ins Deutsche übersetzt.

l'opinione – *die Meinung*

il governo – *die Regierung*

1 *Wer viel schreibt, braucht den Computer.*
2 *Öffne niemandem die Tür, den du nicht kennst!*
3 *Ich bezahle nur, was ich wirklich gegessen und getrunken habe.*
4 *Ist es wahr, was die anderen erzählen?*

Ho pensato **a quello che** mi hai detto ieri. Ha vissuto **con ciò che** aveva ereditato da suo zio.	**Quello che** und **ciò che** werden auch mit Präpositionen benutzt. **A quello che** heißt hier *an das, was* und **con ciò che** *mit dem, was.*

ereditare – *erben*

Der Relativsatz mit il che

1 Stamattina ha telefonato il dott. Renzi, **il che** mi ha fatto molto piacere.

2 Carla vuole perdere dieci chili, **il che** non sarà facile.

Statt **il che** können Sie auch **e ciò** oder **ciò che** sagen: Ha scritto Rita, **il che / ciò che / e ciò** è raro.

Il che ist unveränderlich. Es bezieht sich auf den ganzen vorhergehenden Satz bzw. auf die darin enthaltene Aussage und wird im Deutschen mit *was* oder *und das* übersetzt.

Der Relativsatz mit il cui, la cui, i cui, le cui

3 La prima città italiana **il cui** centro storico è stato chiuso al traffico è Bologna.

4 Visconti, **i cui** film sono conosciuti nel mondo intero, era un uomo molto affascinante.

Il cui, **la cui**, **i cui** und **le cui** richten sich in Geschlecht und Zahl nach dem nachfolgenden Substantiv. Sie werden im Deutschen mit *dessen* oder *deren* wiedergegeben:

attirare – *anziehen*
valere – *wert sein*
la fortuna – *das Vermögen*
l'artista – *der Künstler*
privo di – *ohne*

il cui:	Bologna è la prima città italiana **il cui centro storico** è stato chiuso al traffico.
la cui:	La Sardegna è una regione **la cui bellezza** attira molti turisti.
i cui:	Van Gogh, **i cui quadri** valgono una fortuna, è morto povero.
le cui:	Heinz Spoerli è un artista **le cui coreografie** non sono prive di ironia.

Il cui, **la cui**, **i cui** und **le cui** werden auch mit Präpositionen gebraucht:

La ditta **dei cui** prodotti sto parlando si trova nel Friuli.

1 *Heute Morgen hat Dr. Renzi angerufen, was mich sehr gefreut hat.*
2 *Carla will zehn Kilo abnehmen, und das wird nicht einfach sein.*
3 *Die erste italienische Stadt, deren historisches Zentrum verkehrsfrei wurde, ist Bologna.*
4 *Visconti, dessen Filme weltweit bekannt sind, war ein sehr faszinierender Mann.*

• **1. Ergänzen Sie die Fragen mithilfe der angegebenen Relativpronomen.**

che	con cui	a cui	che	in cui	di cui

a) C'è una città tedesca ________________ Le piacerebbe vivere?

b) Ci sono persone ________________ non telefona volentieri?

c) Ci sono cose ________________ Lei non potrebbe mai mangiare?

d) Conosce una persona ________________ può parlare di tutto?

e) Ci sono animali ________________ ha particolarmente paura?

f) C'è una scrittrice ________________ Le piace particolarmente?

• **2. Verbinden Sie die rechten und die linken Satzteile.**

a) Chi è la ragazza
b) Non è facile vivere con qualcuno
c) Ecco i libri
d) Mi stai raccontando delle cose
e) C'è una cosa
f) Bravo, hai fatto un esame

1. che pensa solo al lavoro.
2. della quale abbiamo tutti bisogno.
3. con la quale ti ho visto ieri?
4. del quale puoi essere contento.
5. dei quali ti ho parlato.
6. alle quali non posso credere.

••• **3. Ergänzen Sie den Text mit dem jeweils passenden Relativpronomen.**

a) Ragazzi, vi prego di non fare confusione perché visitiamo ora la chiesa di S. Vitale ________________ è molto antica. b) La chiesa ________________ ci troviamo è stata costruita nel VI secolo. c) Fate attenzione soprattutto ai mosaici ________________ abbiamo parlato a scuola e ________________ siamo venuti. d) I colori ________________ gli artisti hanno usato sono bellissimi. e) Spero che ricordiate la lezione ________________ abbiamo parlato di questi capolavori. f) I mosaici ________________ dovrete poi scrivere le vostre impressioni, rappresentano l'imperatore Giustiniano e l'imperatrice Teodora. g) Quando avrete finito la visita, uscite dalla chiesa e ritornate nel piazzale ________________ siamo venuti.

la confusione – *der Lärm*
il colore – *die Farbe*
il capolavoro – *das Meisterwerk*
l'impressione – *der Eindruck*
l'imperatore – *der Kaiser*

●●● **4.** Übersetzen Sie bitte.

a) Ihr müsst sagen, was ihr wisst.

____

b) Das Buch, das du mir geschenkt hast, ist sehr interessant.

____

c) Ich weiß nicht mehr, was ich sagen wollte.

____

d) Gestern hat mich Enrico angerufen, und das hat mich sehr gefreut.

____

e) Wer müde ist, kann zu Hause bleiben.

____

f) Wem klassische Musik nicht gefällt, kann in die Disco gehen.

____

g) Am Sonntag haben wir den Film gesehen, von dem du uns erzählt hast.

____

h) Wie heißt der Junge, dessen Mutter mit dir Yoga macht?

____

i) Ist das der Mantel, für den du 500 Euro ausgegeben hast?

____

●● **5.** Und zum Schluss ein kleines Ratespiel. Was wird jeweils umschrieben?

a) È qualcosa da cui esce l'acqua. la f_______________
b) È qualcosa con cui si fa il vino. l'u_______________
c) È un oggetto in cui si mettono i soldi. il p_______________
d) È una cosa con cui si paga senza soldi. la c_______________
e) È un oggetto per cui si può spendere molto. il q_______________
f) È una cosa davanti a cui ci si deve fermare. il s_______________

32 DER BEDINGUNGSSATZ

Es gibt reale und irreale Bedingungssätze. Sie bestehen aus Haupt- und Nebensatz. Der Nebensatz, in diesem Fall auch **se**-Satz genannt, drückt eine Bedingung aus. Die daraus resultierende Folge enthält der Hauptsatz.

Der Hauptsatz kann auch vor dem **se**-Satz stehen: **Potremmo adottare** misure più drastiche per proteggere i mari, **se fossimo** più consapevoli dell'inquinamento marino.

Der reale Bedingungssatz

2 **Se** mi **accompagni**, mi **fai** piacere.

3 **Se sai** l'inglese, **troverai** facilmente lavoro.

4 **Se** non **stai** bene, **dimmelo**.

Den realen Bedingungssatz benutzen Sie, wenn Sie von einer möglichen Bedingung ausgehen und daraus eine erfüllbare Schlussfolgerung ziehen.

Die Zeitenfolge im realen Bedingungssatz

se-Satz	Hauptsatz
Se mi **accompagni**,	mi **fa** piacere.
Se sai l'inglese,	**trovi/troverai** facilmente lavoro.
Se non **stai** bene,	**dimmelo**.

Im **se**-Satz steht das Präsens und im Hauptsatz:

- das Präsens, wenn die Folge gleichzeitig eintritt.
- das Präsens oder das Futur I, wenn die Folge in der Zukunft eintreten wird.
- der Imperativ, wenn eine Aufforderung folgt.

1 *Wenn wir uns der Verschmutzung der Meere bewusster wären, könnten wir drastischere Maßnahmen ergreifen, um die Meere zu schützen.*

2 *Wenn du mich begleitest, freut es mich.*

3 *Wenn du Englisch kannst, wirst du leicht Arbeit finden.*

4 *Wenn es dir nicht gut geht, sag es mir.*

Der irreale Bedingungssatz

1 **Se conoscessi** la verità, te la **direi**.

2 **Se fossimo partiti** prima, adesso **saremmo** già a casa.

3 **Se ti fossi messo** il cappotto, **non ti saresti ammalato**.

Den irrealen Bedingungssatz benutzen Sie, wenn Sie von einer unwahrscheinlichen oder unmöglichen Bedingung ausgehen und daraus eine unwahrscheinliche oder unerfüllbare Schlussfolgerung ziehen.

Die Zeitenfolge im irrealen Bedingungssatz

se-Satz	Hauptsatz
Se conoscessi la verità,	te la **direi**/te l'**avrei detta**.
Se avessi più tempo libero,	**andrei** regolarmente a correre.
Se tu facessi un po' di sport,	**staresti** meglio.

Wenn sich die unwahrscheinliche oder unmögliche Bedingung auf die Gegenwart bezieht, dann steht im **se-**Satz der **Congiuntivo imperfetto** und im Hauptsatz:

- der Konditional I, wenn die Folge in der Gegenwart eintreten würde.
- der Konditional II, wenn die Folge in der Vergangenheit eingetreten wäre.

In der Umgangssprache wird bei irrealen Bedingungssätzen in der Vergangenheit oft das **Imperfetto** benutzt: **Se ti mettevi** il cappotto, non **ti ammalavi**.

se-Satz	Hauptsatz
Se fossimo partiti prima, **Se tu avessi letto** il giornale,	adesso **saremmo** già a casa. adesso **saresti** informato.
Se ti fossi messo il cappotto, **Se aveste fatto** attenzione,	non **ti saresti ammalato**. non **sarebbe successo** niente.

Wenn sich die Bedingung auf die Vergangenheit bezieht, dann steht im **se-**Satz der **Congiuntivo trapassato** und im Hauptsatz:

- der Konditional I, wenn die Folge in der Gegenwart eintreten würde.
- der Konditional II, wenn die Folge in der Vergangenheit eingetreten wäre.

1 *Wenn ich die Wahrheit kennen würde, würde ich sie dir sagen.*
2 *Wenn wir früher abgereist wären, wären wir jetzt schon zu Hause.*
3 *Wenn du den Mantel angezogen hättest, wärst du nicht krank geworden.*

1. Erkennen Sie die irrealen Bedingungssätze? Kreuzen Sie sie an.

a) ☐ Non ti avrei mai detto la verità, se avessi saputo quanto ti saresti arrabbiato.
b) ☐ Se non troviamo un taxi, dobbiamo tornare a piedi.
c) ☐ Se non avessi partecipato al torneo di tennis, non ti avrei mai conosciuto.
d) ☐ Non avresti il raffreddore se ti fossi messo il cappello.
e) ☐ Appena saremo a casa ti manderemo un'e-mail.
f) ☐ Che ne dite, andiamo al lago se domenica fa bel tempo?
g) ☐ Saremmo felici se tu potessi venire con noi.
h) ☐ Andrei io a fare la spesa se non dovessi andare dal medico.
i) ☐ Se mi aspettate vengo con voi.

partecipare – *teilnehmen*

il raffreddore – *der Schnupfen*

2. Vervollständigen Sie die Sätze, indem Sie die Verben in Klammern ins Präsens oder in den **Congiuntivo imperfetto** setzen. Benutzen Sie dieselbe Person, die im jeweiligen Hauptsatz steht.

a) Se (arrivare) ______________ prima dell'una, potete mangiare con noi.
b) Cercherei un altro lavoro se (essere) ______________ più giovane.
c) Se (venire) ______________ con noi in piscina, non ti annoierai.
d) Andrei al mare se (avere) ______________ la macchina.
e) Se (prendere) ______________ un taxi, arriviamo in tempo.
f) Avresti più tempo per leggere se (guardare) ______________ meno la televisione.
g) Lino non ti telefonerebbe tutti i giorni se non ti (amare) ______________.
h) Non saresti tanto stanca, se (dormire) ______________ di più.
i) Se non ti vedo tutti i giorni, non (essere) ______________ contento.
j) Cambiereste vita se (potere) ______________?
k) Dovete dirlo se (volere) ______________ andare a teatro.

33 DIE INDIREKTE REDE

1 Sandro **dice che sta meglio**

2 Sandro **disse che stava meglio**.

Im Italienischen benutzt man in der indirekten Rede nur selten den **Congiuntivo**.

Die indirekte Rede wird durch ein redeeinleitendes Verb, d. h. ein Verb des Sagens bzw. des Schreibens und **che** eingeleitet. Redeeinleitende Verben sind z. B. **dire**, **promettere**, **raccontare**, **rispondere**, **spiegare** und **scrivere**. Die Zeit, in der das redeeinleitende Verb steht, bestimmt die Zeitenfolge bei der indirekten Rede.

Indirekte Rede mit Hauptsatz im Präsens, Futur oder Passato prossimo

3 Che cosa dice Cinzia?

4 **Dice che è** contenta, **che ha trovato** lavoro e **che dovrà trasferirsi** in Belgio.

Direkte Rede:		
Cinzia:	„**Sono** contenta."	Präsens
	„**Ho trovato** lavoro."	Passato prossimo
	„**Dovrò** trasferirmi in Belgio."	Futur I

Indirekte Rede:		
Cinzia	**dice/dirà/ha detto**	
	che è contenta.	Präsens
	che ha trovato lavoro.	Passato prossimo
	che dovrà trasferirsi in Belgio.	Futur I

Wenn das redeeinleitende Verb im Präsens oder Futur steht, dann benutzt man in der indirekten Rede dieselbe Zeit wie in der direkten Rede.
Steht das redeeinleitende Verb im **Passato prossimo**, dann benutzt man in der indirekten Rede dieselbe Zeit wie in der direkten Rede, wenn die Aussage des Nebensatzes immer noch gültig ist. Das **Passato prossimo** gilt in diesem Fall als Zeit der Gegenwart.

1 *Sandro sagt, dass es ihm besser geht/gehe.*
2 *Sandro sagte, dass es ihm besser ginge.*
3 *Was sagt Cinzia?*
4 *Sie sagt, dass sie zufrieden ist/sei, dass sie Arbeit gefunden hat/habe und dass sie nach Belgien werde ziehen müssen.*

1. Das Passato prossimo als Zeit der Gegenwart

Das **Passato prossimo** gilt als Zeit der Gegenwart, wenn die Aussage im Nebensatz immer noch Gültigkeit hat, in der Zwischenzeit also nichts Neues eingetreten ist, z. B.:

Cinzia **ha detto** che adesso **è contenta**.	*Cinzia hat gesagt, dass sie jetzt froh ist.*
Cinzia **ha detto** che **ha trovato** lavoro. Comincerà domani.	*Cinzia hat gesagt, dass sie Arbeit gefunden hat. Sie wird morgen anfangen.*
Quando mio padre è andato in pensione, **ha detto** che **farà** un viaggio attraverso l'Australia. Ieri è andato in un'agenzia viaggi.	*Als mein Vater in Rente gegangen ist, hat er gesagt, dass er eine Reise durch Australien machen wird. Gestern ist er in ein Reisebüro gegangen.*

2. Das Passato prossimo als Zeit der Vergangenheit

Das **Passato prossimo** zählt zu den Zeiten der Vergangenheit, wenn die Aussage im Nebensatz nicht mehr gültig ist, weil in der Zwischenzeit etwas Neues eingetreten ist. Die Aussage im Nebensatz gehört somit der Vergangenheit an, z. B.:

Cinzia **ha detto** che ieri **era contenta**. Adesso purtroppo non lo è più.	*Cinzia hat gesagt, dass sie gestern froh war. Jetzt ist sie es leider nicht mehr.*
Cinzia **ha detto** che **aveva trovato** lavoro. Adesso però è di nuovo disoccupata.	*Cinzia hat gesagt, dass sie Arbeit gefunden hatte. Jetzt ist sie aber wieder arbeitslos.*
Quando mio padre è andato in pensione, **ha detto** che **avrebbe fatto** un viaggio attraverso l'Australia. Purtroppo ha dovuto rinunciarvi per motivi di salute.	*Als mein Vater in Rente gegangen ist, hat er gesagt, dass er eine Reise durch Australien machen würde. Leider musste er aus gesundheitlichen Gründen darauf verzichten.*

Wie Sie sehen, verändern sich in diesem Fall die Zeiten des Nebensatzes. Sie folgen den Regeln der indirekten Rede mit Hauptsatz in einer Vergangenheitsform.

Indirekte Rede mit Hauptsatz in einer Vergangenheitsform

1 Ti ricordi cosa aveva detto Cinzia?

2 Certo, **aveva detto che era contenta, che aveva trovato** lavoro e **che avrebbe dovuto trasferirsi** in Belgio.

Zu den Vergangenheitsformen gehören das **Imperfetto**, das **Passato prossimo**, das **Passato remoto** und das **Trapassato prossimo**.

Direkte Rede:		
Cinzia:	„**Sono** contenta."	Präsens
	„**Ho trovato** lavoro."	Passato prossimo
	„**Dovrò** trasferirmi in Belgio."	Futur I

Indirekte Rede:		
Cinzia	**diceva/ha detto/disse/aveva detto**	
	che era contenta.	Imperfetto
	che aveva trovato lavoro.	Trapassato prossimo
	che avrebbe dovuto trasferirsi ...	Konditional II

Wenn das redeeinleitende Verb in einer Vergangenheitsform steht, dann verändern sich in der indirekten Rede die meisten Zeiten.
Beim **Passato prossimo** gehört in diesem Fall die Aussage des Nebensatzes der Vergangenheit an und gilt für die Gegenwart nicht mehr.

Im Nebensatz ändern sich folgende Zeiten:

Lelio: „Mi **piace** la Germania."
Lelio diceva/ha detto/disse/aveva detto che gli **piaceva** la Germania.

Präsens wird zu **Imperfetto.**

Lelio: „**Ho** già **visitato** varie città."
Lelio diceva/ha detto/disse/aveva detto che **aveva** già **visitato** varie città.

Passato prossimo wird zu **Trapassato prossimo.**

1 *Erinnerst du dich daran, was Cinzia gesagt hatte?*
2 *Sicher, sie hatte gesagt, dass sie froh war, dass sie Arbeit gefunden hätte und dass sie nach Belgien würde ziehen müssen.*

Lelio: „Quest'anno **andrò** a Berlino."
Lelio diceva/ha detto/disse/aveva detto che quell'anno **sarebbe andato** a Berlino.

Futur I wird zu **Konditional II.**

Lelio: „Mi **piacerebbe** vivere ad Amburgo."
Lelio diceva/ha detto/disse/aveva detto che gli **sarebbe piaciuto** vivere ad Amburgo.

Konditional I wird zu **Konditional II.**

Folgende Zeiten bleiben gleich:

Lelio: „Quando **ero** piccolo mi **sarebbe piaciuto** vivere a Monaco."
Lelio diceva/ha detto/disse/aveva detto che quando **era** piccolo gli **sarebbe piaciuto** vivere a Monaco.

Imperfetto bleibt **Imperfetto** und **Konditional II** bleibt **Konditional II.**

Lelio: „**Ero stato** a Monaco con i miei genitori."
Lelio diceva/ha detto/disse/aveva detto che **era stato** a Monaco con i suoi genitori.

Trapassato prossimo bleibt **Trapassato prossimo.**

Die indirekte Frage

1 Sandro **chiede se vogliamo un aperitivo.**

2 Lara **ha domandato quanto vino deve comprare.**

Die indirekte Frage wird durch **chiedere**, **domandare** oder **voler sapere** eingeleitet, gefolgt von **se** oder einem Fragepronomen, z. B. **(che) cosa**, **come**, **dove**, **quando**, **quanto** usw.

Die Zeitenfolge in der indirekten Frage

Für die Zeitenfolge in der indirekten Frage gelten ähnliche Regeln wie in der indirekten Rede. Die Unterscheidung beim **Passato prossimo** in der indirekten Rede zwischen noch gültiger und nicht mehr gültiger Aussage im Nebensatz entfällt jedoch. Bei der indirekten Frage kann man sowohl die eine als auch die andere Zeitenfolge wählen.

1 *Sandro fragt, ob wir einen Aperitif wollen.*
2 *Lara hat gefragt, wie viel Wein sie kaufen soll.*

Das frageeinleitende Verb im Präsens, Futur I oder Passato prossimo

disturbare - *stören*

Lalla: „**Posso** disturbarti?" „Cosa **hai comprato**?" „Quando **partirai**?"	Präsens Passato prossimo Futur I
Lalla mi **chiede/chiederà/ha chiesto**	
se **può** disturbarmi. cosa **ho comprato**. quando **partirò**.	Präsens Passato prossimo Futur I

Wenn das frageeinleitende Verb im **Präsens**, **Futur I** oder **Passato prossimo** steht, dann benutzt man in der indirekten Frage dieselbe Zeit wie in der direkten Frage.

Das frageeinleitende Verb in einer Vergangenheitsform

Lalla: „**Posso** disturbarti?" „Cosa **hai comprato**?" „Quando **partirai**?"	Präsens Passato prossimo Futur I

Lalla mi **chiedeva/ha chiesto/chiese/aveva chiesto**	
se **poteva** disturbarmi. cosa **avevo comprato**. quando **sarei partito**.	Imperfetto Trapassato prossimo Konditional II

Steht das frageeinleitende Verb in einer Vergangenheitsform, z. B. **Imperfetto**, **Passato prossimo**, **Passato remoto**, **Trapassato prossimo**, dann verändern sich im Nebensatz der indirekten Frage die Zeiten wie im Nebensatz der indirekten Rede, d. h.

- **Präsens** wird zu **Imperfetto**,
- **Passato prossimo** wird zu **Trapassato prossimo**
- und **Futur I** wird zu **Konditional II**.

Lalla mi **chiedeva/ha chiesto/chiese/aveva chiesto**	
se **potesse** disturbarmi. cosa **avessi comprato**.	Congiuntivo imperfetto Congiuntivo trapassato

In der gehobenen Sprache wird anstelle des **Imperfetto** der **Congiuntivo imperfetto** benutzt und anstelle des **Trapassato prossimo** der **Congiuntivo trapassato**.

Die indirekte Aufforderung

1 I genitori **mi dicono di fare attenzione.**

2 Mio padre **mi pregò di non tornare a casa troppo tardi.**

3 L'insegnante **ci raccomanderà di studiare di più.**

Die indirekte Aufforderung ist ganz einfach. Sie wird durch **dire**, **pregare**, **ordinare** oder **raccomandare** eingeleitet, gefolgt von **di** + Infinitiv oder gefolgt von **di** + **non** + Infinitiv bei einer verneinten Aufforderung.

Die Zeitenfolge in der indirekten Aufforderung

Direkte Aufforderung:	
Carlo:	„**Ascoltami**, per favore!"

Indirekte Aufforderung:	
Carlo	mi **dice/dirà/ha detto di ascoltarlo**.
Carlo	mi **diceva/ha detto/disse/aveva detto di ascoltarlo**.

Bei der indirekten Aufforderung mit **di** + (**non**) + Infinitiv hat die Zeitform des einleitenden Verbs keinen Einfluss auf den Nebensatz. Das Verb des Nebensatzes bleibt immer im Infinitiv.

Veränderungen bei der Umwandlung in die indirekte Rede

Bei der indirekten Rede werden im Italienischen wie im Deutschen einige Elemente der neuen Perspektive angepasst:

Carlo: „Luca, **vieni** da **me domani** sera? **Ti** presenterò **mia** sorella.
Luca: „Carlo mi chiede se **vado** da **lui** domani sera. **Mi** presenterà **sua** sorella."
Luca: „Carlo mi chiese se **andavo** da **lui l'indomani** sera. Mi avrebbe presentato **sua** sorella."

l'indomani sera – *am darauffolgenden Abend*

Die Umwandlung der direkten in die indirekte Rede wirkt sich nicht nur auf die Zeitform der Verben aus, sondern auch auf Pronomen, Ortsangaben und Zeitangaben. In vielen Fällen wird **venire** zu **andare**.

1 *Die Eltern sagen (mir), ich soll aufpassen.*
2 *Mein Vater bat mich, nicht zu spät nach Hause zu kommen.*
3 *Der Lehrer wird (uns) raten, mehr zu lernen.*

●● **1.** **Ordnen Sie die direkten Aufforderungen ihren indirekten Entsprechungen zu.**

a) Carlo: „State attenti!"	**1.** Carlo ci ha detto di aiutarlo.
b) Carlo: „Aiutami!"	**2.** Carlo mi ha detto di aiutarlo.
c) Carlo: „Sta' attento!"	**3.** Carlo ci ha detto di stare attenti.
d) Carlo: „Aiutatemi!"	**4.** Carlo mi ha detto di stare attento.

a) ☐ b) ☐ c) ☐ d) ☐

●● **2.** **Berichten Sie, was Claudio erzählt, indem Sie die Sätze in die indirekte Rede umformen.**

a) Ho conosciuto una ragazza molto interessante. b) Mi sono innamorato di lei. c) Ci vediamo tutti i giorni. d) Quando non ci vediamo ci telefoniamo. e) Chissà se un giorno ci sposeremo? f) A me, comunque, piacerebbe vivere con lei.

a) Claudio racconta che

____.

b) Dice che

____.

c) E che

____.

d) Dice anche che

____.

e) Claudio si chiede se

____.

f) Alla fine dice che

____.

●●● **3.** **Einige Jahre später erinnern Sie sich noch an das, was Ihnen Claudio gesagt hat und erzählen es einem Freund.**

a) Claudio aveva raccontato che

____.

b) Aveva detto che

____ .

c) E che

____ .

d) Aveva anche detto che

____ .

e) Claudio si era chiesto se

____ .

f) Alla fine aveva detto che

____ .

●●● **4. Furio hat mit seiner Frau die Familie in Italien besucht. Wie lauten Aussagen, Fragen und Aufforderungen seines Berichts in der direkten Rede?**

a) Mio padre ci ha detto che era contento di rivederci.

____

b) La mamma ci ha chiesto se volevamo un caffè.

____

c) La nonna voleva sapere se avevamo fatto buon viaggio.

____

d) Il nonno invece ha domandato quanto tempo saremmo rimasti.

____

e) La mia sorella maggiore ci ha detto di non partire troppo presto.

____

f) Anche la mia sorellina ci ha pregato di rimanere almeno due settimane.

____

g) Mio fratello ha chiesto se avevamo voglia di andare al mare con lui.

____

h) E poi ha detto che gli sarebbe piaciuto partire con noi per la Germania.

____

5. Wie verändern sich die Orts- und Zeitangaben, wenn das redeeinleitende Verb in der Vergangenheit steht? Ordnen Sie zu.

là	~~quel posto~~	il giorno prima	quella sera
il giorno dopo	un mese prima	allora	la sera prima
quel giorno	la settimana successiva	quella mattina	

	Dice che	**Disse che**
a)	questo posto	*quel posto*
b)	adesso	
c)	qui	
d)	oggi	
e)	ieri sera	
f)	ieri	
g)	domani	
h)	la settimana prossima	
i)	stamattina	
j)	stasera	
k)	un mese fa	

6. Bilden Sie mit den folgenden Elementen sechs Sätze.

la Via dell'Amore – berühmter Wanderweg entlang der ligurischen Küste von Riomaggiore bis Manarola

Dice che Disse che	l'anno dopo ieri sera alcuni anni prima quella sera sabato prossimo oggi	dovrà lavorare. era stato in quel luogo. è troppo stanco per uscire. avrebbero rifatto la Via dell'Amore. è rimasto a casa da solo. erano tutti molto allegri.

a) *Dice che ieri sera* __________

b) __________

c) __________

d) __________

e) __________

f) __________

7. Frau Rota telefoniert mit ihrem Sohn Luca. Seine Frau will gleich alles erfahren. Wie formuliert Luca seinen Bericht? Vervollständigen Sie.

a) A che ora verrete domani?

Vuole sapere ____________________.

b) Mi fate un favore e mi portate un chilo di mele?

Ci chiede ____________________.

c) Ho molto lavoro e per domenica non ce la faccio a preparare il brasato.

Poi dice ____________________.

d) Cucinerò una cosa veloce.

Dice ____________________.

e) Ho invitato anche Franca e Vito. Porteranno loro il dolce.

Poi ha detto ____________________.

f) Voi occupatevi del vino, per favore.

Ci prega ____________________.

g) Un'ultima cosa: tra due settimane vado a trovare Ada.

Alla fine ha detto ____________________...

h) Me lo puoi fare tu il biglietto online, per favore?

e mi chiede ____________________.

8. Wie verändern sich die Sätze aus Übung 7, wenn im einleitenden Satz eine Zeit der Vergangenheitsgruppe steht?

a) *La mamma voleva sapere* ____________________.

b) *Ci chiese* ____________________.

c) *Poi disse* ____________________.

d) *Disse* ____________________.

e) *Poi disse* ____________________.

f) *Ci pregò* ____________________.

g) *Infine disse* ____________________...

h) *e mi chiese* ____________________.

34 PRÄPOSITIONEN

Der Gebrauch der Präpositionen ist nicht einfach. Die meisten haben mehrere Funktionen. Zwei oder mehr können aber auch dieselbe Funktion haben.

A, **da**, **di**, **in** und **su** können sich mit dem bestimmten Artikel verbinden, z. B.: **a** + **la** ▸ **alla**, **di** + **i** ▸ **dei**.

Die Präposition a

Der bestimmte Artikel S. 16

Beachten Sie, dass es **a Bologna** aber **in città** heißt.

	A wird verwendet:
Ho scritto **a** Gianna. Che cosa regaliamo **al** nonno?	zur Angabe des indirekten Objekts.
Prima siamo andati **a** Napoli, poi **a** Capri. Ci vediamo **al** bar? Mi piace mangiare **al** ristorante. Vengo a prenderti **alla** stazione.	als Orts- und Richtungsangabe bei Städten, Ortschaften und kleinen Inseln sowie bei zahlreichen anderen Orts- und Richtungsangaben.
Accanto **al** cinema c'è un bar. Abito vicino **all'**ospedale.	zusammen mit zahlreichen Ortspräpositionen.
Il prossimo paese è **a** 20 chilometri.	um die Entfernung anzugeben.
Il risotto **ai** funghi porcini è ottimo. Vado in ufficio **a** piedi.	um die Art und Weise zu bezeichnen.
Ho comprato un vestito **a** righe. Sul lago ci sono molte barche **a** vela. Io non porto le scarpe **a** tacco alto.	zur Bildung zusammengesetzter Substantive, bei denen das zweite Substantiv ein Merkmal des ersten Substantivs angibt.
Sei riuscito **a** leggere il giornale? Carlo si è preparato **all'**esame.	nach bestimmten Verben.

a piedi – *zu Fuß*
a righe – *gestreift*
la barca a vela – *das Segelboot*
il tacco – *der Absatz*
l'esame – *die Prüfung*

1 *Wenn Sie etwas Leichtes wünschen, gibt es zu Mittag das Businessmenü.*
2 *Oder als Tagesspezialität haben wir Leber auf venezianische Art und als ersten Gang Risotto mit Steinpilzen.*

A Natale e **a** Pasqua andiamo al mare. Ci vediamo **alle** quattro. Mi sono sposata **a** vent'anni.	als Zeitangabe und in Verbindung mit **anno** bzw. **anni** als Altersangabe in der Bedeutung *mit ... Jahren*.
Ci vediamo due volte **all'**anno. Il prezzo della camera è di 65 euro **al** giorno e **a** persona.	zur Angabe der Häufigkeit und im Sinne von *pro*.

Die Präposition con

Con wird verwendet:

Chi gioca a carte **con** me?	in der Bedeutung *mit*.
Ezio lavora **con** grande serietà. Vi incontro **con** piacere.	zur Angabe der Art und Weise.
Con questo chiasso io non dormo. **Con** questo tempo si sta in casa.	in der Bedeutung *bei*, wenn ein Zustand beschrieben wird.

la serietà – *die Tüchtigkeit*

il chiasso – *der Lärm*

lodare – *loben*

la conferenza – *der Vortrag*

Die Präposition da

Da wird verwendet:

Questo film è lodato **dalla** critica. La conferenza verrà tenuta **dal** dott. Baldini.	um beim Passiv den Urheber der Handlung anzugeben.
Saremo **da** voi alle sette. Alle due devo essere **dal** medico.	als Orts- und Richtungsangabe bei Personen.
Torno **dall'**ufficio verso le sette. Ho saputo **dalla** radio che ha vinto la Germania.	zur Angabe des Ausgangsortes und der Herkunft.
Per andare a Torino passiamo **dal** Gran San Bernardo. I ladri sono passati **dalla** finestra.	in Verbindung mit **passare** in der Bedeutung *über, durch*.
Ci mancano i bicchieri **da** cognac. La camera **da** letto è bella grande. Hai visto i miei occhiali **da** sole? Devo comprare delle scarpe **da** tennis.	zur Bildung zusammengesetzter Substantive, bei denen das zweite Substantiv den Verwendungszweck des ersten bezeichnet.

Wenn mit Herkunft der Heimatort gemeint ist, dann nimmt man die Präposition **di**:
Sono **di** Napoli.
Ich komme aus Neapel.

il ladro – *der Dieb*

il bicchiere da cognac – *das Cognacglas*

gli occhiali da sole – *die Sonnenbrille*

le scarpe da tennis – *die Tennisschuhe*

Quella ragazza **dagli** occhi azzurri mi piace. Carlo è un ragazzo **dalla** volontà di ferro.	um bei Personen ein körperliches oder charakterliches Merkmal zu bezeichnen.
Abito in una villetta **dalle** persiane azzurre. Vorrei cambiare un biglietto **da** 500 euro.	um bei Sachen ein äußerliches oder wertbezogenes Merkmal anzugeben.
C'è gente che piange **dalla** gioia. Sto tremando **dal** freddo.	zur Angabe der Ursache.
Sono sposata **da** quattro anni.	in der Bedeutung *seit*.
La lezione è **dalle** otto **alle** nove. Ho lavorato **dalla** mattina **alla** sera.	in Verbindung mit **a** zur Angabe eines Zeitabschnittes.
Da bambino ero molto timido. **Da** studente dormivo molto.	in Bezug auf Personen in der Bedeutung *als*.
Il direttore mi tratta **da** amico. Si comporta **da** vero gentiluomo.	in der Bedeutung *wie* bei Verhaltensweisen.

azzurro/-a – *(himmel)blau*
la volontà di ferro – *der eiserne Wille*
la persiana – *der Fensterladen*
la gioia – *die Freude*
trattare – *behandeln*
comportarsi – *sich verhalten*
il gentiluomo – *der Gentleman*

Die Präposition di

Di wird verwendet:

La casa **dei** nonni è nel centro. Questa è la camera **di** Emma.	um Zugehörigkeit und Besitz anzugeben.
Dov'è la chiave **della** macchina? Il professore **d'**inglese è giovane.	zur Bildung zusammengesetzter Substantive.
Mi dia un chilo **di** pere, per favore.	bei Mengenangaben.
Per il pranzo di Natale preparo qualcosa **di** speciale. Non dice niente **di** interessante.	in Verbindung mit **qualcosa** bzw. **niente** zur Wiedergabe von *etwas/nichts* + Substantiv.
Pia è **di** Pisa, il marito è **di** Parma. Lei è **del** Sud, lui **del** Nord.	um die Herkunft, d. h. den Heimatort anzugeben.
Ho un figlio **di** vent'anni. Ho bevuto un vino **di** quindici anni.	zur Altersangabe in der Bedeutung *-jährig* und *... Jahre alt*.

la pera – *die Birne*

Lavoro **di** notte e dormo **di** giorno. **D'**estate non mi piace viaggiare.	zur Angabe der Tages- und Jahreszeit.
Ho ricevuto un orologio **d'**oro. Leo ha messo una giacca **di** pelle.	zur Angabe des Materials.
Noi mangiamo **prima dell'**una. **A sinistra della** chiesa c'è il cimitero.	in Verbindung mit einigen örtlichen und zeitlichen Präpositionen.
Ricordati **di** telefonare al medico! Non ho voglia **di** uscire, stasera.	nach bestimmten Verben und Ausdrücken.

!

Die Jahreszeiten kann man ebenso mit **in** angeben:
d'estate/**in** estate
d'autunno/**in** autunno
d'inverno/**in** inverno
Mit **primavera** ist nur **in** möglich.

l'oro - *das Gold*

la pelle - *das Leder*

il cimitero - *der Friedhof*

Die Präposition in

In wird verwendet:

Dal 1850 al 1914 milioni di italiani sono emigrati **in** America e **in** Australia. Abbiamo dei parenti **in** Francia. Quest'estate andremo **in** Sicilia.	als Orts- und Richtungsangabe bei Kontinenten, Ländern und Regionen sowie bei zahlreichen weiteren Orts- und Richtungsangaben.
In ufficio ci vado **in** bicicletta; non ci vado mai **in** macchina.	zur Angabe der Fortbewegungsart bei Verkehrsmitteln.
In agosto saremo al mare. **In** primavera può ancora nevicare.	bei Monaten und Jahreszeiten.
Mi sono sposata **nel** 2010. **Nel** '900 ci sono state due guerre mondiali.	zur Angabe von Jahreszahlen, Jahrhunderten und Epochen.
Questo piatto si fa **in** pochi minuti. **In** dieci minuti sono in ufficio.	in der zeitlichen Bedeutung *in(nerhalb)*.
Il menu è scritto **in** italiano, **in** tedesco e **in** inglese.	um anzugeben, in welcher Sprache etwas ausgedrückt wird.

emigrare - *auswandern*

il/la parente - *der/die Verwandte*

il bosco - *der Wald*

Bei Monaten hat sich auch die Verwendung von **a** durchgesetzt:
In/A luglio non ci siamo.

la guerra mondiale - *der Weltkrieg*

il piatto - *das Gericht*

Die Präposition per

l'aiuto – *die Hilfe*

il traghetto – *die Fähre*

la conferma – *die Bestätigung*

	Per wird verwendet:
— **Per** chi è l'aranciata? — **Per** la bambina.	zur Wiedergabe von *für*.
Ti telefono **per** scusarmi.	zur Wiedergabe von *um zu*.
Sono a Roma **per** motivi di lavoro. La ringrazio **per** il Suo aiuto.	zur Angabe des Grundes.
Il traghetto **per** Olbia è già partito. Quando partite **per** Londra? Prima di continuare **per** la Sicilia ci fermiamo un po' a Napoli.	in Verbindung mit Verkehrsmitteln oder mit Verben wie **partire** und **continuare** zur Angabe der Zielrichtung.
Ho camminato **per** la campagna. Ha viaggiato **per** tutta l'Europa.	mit **camminare** und **viaggiare** in der Bedeutung *über/durch*.
Le mando la conferma **per** fax.	zur Angabe des Mittels.
Ho camminato **per** ore e ore. Ha piovuto **per** tutta la notte.	zur Angabe der Dauer.
La carne è **per** domani. **Per** le otto la cena sarà pronta.	zur Angabe eines Zeitpunktes.

Die Präposition su

dare su – *gehen auf*

la conferenza – *der Vortrag*

i giovani – *die jungen Leute, die Jugend*

la scimmia – *der Affe*

		Su wird verwendet:
Siamo saliti **sull'**Etna. **Sull'**autostrada c'è molto traffico. La mia camera dà **sul** giardino.		als Orts- und Richtungsangabe.
È una donna **sui** cinquant'anni. Abbiamo speso **sui** 1000 euro. Toni pesa **sugli** ottanta chili.		als ungefähre Alters-, Preis- und Maßangabe.
Ho visto un documentario **su** Roma. La conferenza è **sui** giovani. Hai letto l'articolo **sulle** scimmie?		um anzugeben, worüber gesprochen bzw. geschrieben wird.
Su, vieni! **Su**, svelto! **Su** con il morale!	*Los, komm!* *Los, beeil dich!* *Kopf hoch!*	in der Umgangssprache bei Aufforderungen.

●● **1. Ergänzen Sie die Sätze mit den angegebenen Präpositionen.**

a	al	da	da	dal	del	della
delle	di	in	in	in	sui	sulla

a) Che tempo! Piove ________ stamattina.

b) ________ Torino ________ Ivrea ci vuole circa mezz'ora, ________ treno.

c) Il programma «Onda verde» informa ________ situazione ________ traffico.

il traffico – *der Verkehr*

d) Fufi è il cane ________ signora che sta ________ terzo piano.

e) La professoressa ________ tedesco è una signora ________ quarantacinque anni.

f) Oggi mia moglie tornerà ________ lavoro prima ________ sette.

g) Quest'estate andremo ________ Spagna. Ci andremo ________ aereo.

●● **2. Eine Reisegruppe irgendwo in Italien. Wie die einzelnen den letzten Ferientag verbringen, erfahren Sie, wenn Sie den Text mit a, da oder in vervollständigen und, falls nötig, den bestimmten Artikel hinzufügen.**

a) Irene è ________ parrucchiere, perché stasera va ________ ristorante con suo marito. b) Hans vorrebbe andare ________ museo, ma invece deve andare ________ medico, poveretto. c) Susanne è andata ________ città, perché vuole fare le ultime fotografie e poi deve anche andare ________ posta, perché vuole assolutamente mandare un pacchetto ________ suo nipote ________ Austria. d) Carina è ________ albergo e fa le valigie, mentre suo marito è ancora ________ letto. e) Brigitte e Rainer non sono insieme. Lei è andata ________ centro a fare gli ultimi acquisti, lui ha preferito andare ________ cinema. f) Horst è andato ________ Paolo ed Elena, una coppia che ha conosciuto ________ discoteca. g) Christiane è andata ________ bar di fronte ________ albergo e si gode le ultime ore di vacanza mangiando un gelato. h) Domani saranno di nuovo tutti insieme ________ bus che li riporterà ________ Düsseldorf.

poveretto! – *armer Kerl!*

la coppia – *das Paar*

godersi qc – *etw genießen*

Die Grundzahlen

Von 11-16 steht die Zehnerzahl am Ende des Wortes (un**dici**, do**dici**, ...), von 17-19 am Wortanfang (**dici**assette, **dici**otto, **dici**annove).

Sessanta (60) und **settanta** (70) werden gerne verwechselt. Merken Sie sich, dass **settanta** mit **sette** (7) zusammenhängt.

0	zero	18	diciotto	50	cinquanta
1	uno	19	diciannove	60	sessanta
2	due	20	venti	70	settanta
3	tre	21	ven**tu**no	80	ottanta
4	quattro	22	ventidue	90	novanta
5	cinque	23	ventitré	100	cento
6	sei	24	ventiquattro	101	cent**ou**no
7	sette	25	venticinque	108	cent**oot**to
8	otto	26	ventisei	200	duecento
9	nove	27	ventisette	360	trecento-sessanta
10	dieci	28	ven**to**tto	1000	mille
11	undici	29	ventinove	2000	duemil**a**
12	dodici	30	trenta	3100	tremil**a**cento
13	tredici	31	tren**tu**no	1000000	un milione
14	quattordici	32	trentadue	2000000	due milion**i**
15	quindici	33	trentatré	1000000000	un miliardo
16	sedici	38	tren**to**tto	2000000000	due miliard**i**
17	diciassette	40	quaranta		

Haben Sie bemerkt, dass fast alle Grundzahlen unveränderlich sind? Veränderlich sind lediglich **mille**, **milione** und **miliardo**.

Gebrauch

la fortuna – *das Glück*

il numero vincente – *die Gewinnzahl*

lo spumante – *der Sekt*

Il tredici mi porta fortuna.
Il numero vincente è **il ventotto**.

- Als Substantive sind die Grundzahlen männlich.

Io prendo **un** tè, Gianni prende **una** birra, Emma **un'**aranciata e Lucio **uno** spumante.

- Wenn **uno** vor einem Substantiv steht, dann verhält es sich wie der unbestimmte Artikel, ...

Sergio ha ventu**n** anni.
Fino a Natale ci sono quarantu**n** giorni.
Il libro ha novantu**n** pagine.

- ... und bei Zehnerzahlen, die mit **uno** verbunden sind, entfällt in der Regel das **-o** am Ende des Zahlwortes.

1.000.000	un milione **di** macchine
4.000.000.000	quattro miliardi **di** persone

- Nach **milione** und **miliardo** wird das Substantiv mit **di** angeschlossen.

3.530.000 €	tre milioni cinquecentotrentamila euro

- Das **di** entfällt jedoch, wenn auf **miliardo** oder **milione** Hunderter, Zehner oder Einer folgen.

Das Datum

1 Il compleanno di Marcello è **il 1º** (primo) aprile, vero?

2 No, **il 1º** aprile è l'onomastico. Il compleanno è **il 27** (ventisette) marzo.

Das Datum wird im Italienischen anders angegeben als im Deutschen.

Pasqua è **il 23** (ventitré) aprile.
Oggi è **il 31** (trentun) luglio.
Il 15 (quindici) marzo è il compleanno di Lea.

- Mit dem bestimmten Artikel **il** und den Grundzahlen geben Sie das Datum an.

Il 1° (primo) maggio i negozi sono chiusi.
Il 1° (primo) agosto parto per Parigi.

- Nur beim Monatsersten müssen Sie wie im Deutschen die Ordnungszahl benutzen.

Parma, **2 gennaio 2001** Parma, **02/01**
(due gennaio duemilauno)

- Beim Datum in Briefen entfällt **il** sowohl beim Tag als auch beim Jahr.

Nel 1933 c'è stato un inverno freddissimo.
Per il passaggio **dal** 1999 **al** 2000 ci sono stati grandi festeggiamenti.

- Ansonsten werden Jahreszahlen mit dem bestimmten Artikel benutzt.

il passaggio – *der Übergang*
il festeggiamento – *die Feierlichkeit*

Il **1968** (millenovecentosessantotto) è stato un anno importante.
Leo è nato nel **1986** (millenovecentoottantasei).

- Jahreszahlen werden wie normale Grundzahlen gelesen.

1 *Marcello hat am 1. April Geburtstag, nicht wahr?*
2 *Nein, am 1. April ist sein Namenstag. Der Geburtstag ist am 27. März.*

Mengenangaben

1 Mi dia **mezzo chilo di** tortellini con il ripieno di zucca e **tre etti di** parmigiano grattugiato, per favore.

Die Maßeinheit 100g hat im Italienischen eine besondere Bezeichnung: **un etto**.

100 g:	un etto **di** parmigiano
250 g:	due etti e mezzo **di** burro
1 kg:	un chilo **di** mele
2,5 kg:	due chili e mezzo **di** patate

Zwischen der Mengenangabe und dem nachfolgenden Substantiv steht die Präposition **di**.

1/2 kg:	**mezzo** chilo **d'**uva
1/2 l:	**mezzo** litro **di** vino

Die Uhrzeit

2 **Che ora è,** per favore?

3 **Sono le cinque meno un quarto.**

Che or**a è?**
Che or**e sono?**

Die Frage nach der Zeit können Sie in der Einzahl mit **è** oder in der Mehrzahl mit **sono** bilden.

È mezzogiorno

È mezzanotte.

È l'una.

Sono le due.

Bei Mittag und Mitternacht gibt man die Zeit mit **è** an, bei 1 Uhr mit **è** + **l'**, ansonsten gibt man sie mit **sono** + **le** an.

1 *Geben Sie mir bitte ein halbes Kilo Tortellini mit Kürbisfüllung und 300 g geriebenen Parmesankäse.*
2 *Wie spät ist es, bitte?*
3 *Es ist Viertel vor fünf.*

Sono le due.

Sono le due e un quarto.

Sono le due e mezza.

Sono le due e trentacinque.

Die Minuten werden in der Regel von der vollen Stunde bis zur 39. Minute mit **e** angeschlossen. *Viertel nach* heißt **e un quarto**, *halb* wird mit **e mezza** wiedergegeben.

Denken Sie daran, dass Sie **le** bei der Zeitangabe **sono le** nie apostrophieren dürfen. Es heißt also:

Sono le undici.
Sono le otto.

Sono le tre meno venti.

Sono le tre meno un quarto.

Sono le tre meno cinque.

Ab der 40. Minute werden die Minuten meist von der nächsten Stunde mit **meno** abgezogen. *Viertel vor* heißt **meno un quarto**.

Parto alle otto **del mattino** e arrivo alle tre **del pomeriggio**.
Parto alle tre **di notte** e arrivo alle otto **di sera**.

Die Uhrzeit wird mit den Grundzahlen von 1–12 angegeben.
Die Tageszeit fügt man mit **del mattino**, **del pomeriggio**, **di sera** und **di notte** hinzu.

— **A** che ora venite? — **Alle** otto e mezza.

Mit der Präposition **a** können Sie einen Zeitpunkt angeben bzw. erfragen.

a che ora ...? – *um wie viel Uhr...?*

alle otto e mezza – *um halb neun*

18:44 Il treno parte alle **18:44** (diciotto e quarantaquattro).

21:15 C'è un Intercity alle **21:15** (ventuno e quindici).

Bei offiziellen Zeitangaben werden die Stunden und Minuten wie bei einer digitalen Uhr bis 24 Stunden bzw. 60 Minuten durchgezählt.

Die Ordnungszahlen

La nostra casa ha tre piani. Al **primo** piano c'è un commercialista, al **secondo** ci siamo noi e al **terzo** ci abita una famiglia con due bambini.

1°	primo	Die Ordnungszahlen haben von 1. bis 10. unregelmäßige Formen.
2°	secondo	
3°	terzo	
4°	quarto	
5°	quinto	
6°	sesto	
7°	settimo	
8°	ottavo	
9°	nono	
10°	decimo	
11°	undicesimo	Ab 11. bildet man sie, indem man **-esimo** anstelle des Endvokals setzt, z. B. **vent(i)** + **esimo** ▸ **ventesimo**.
12°	dodicesimo	
20°	ventesimo	
24°	ventiquattresimo	
25°	venticinquesimo	
23°	ventitr**ee**simo	Zahlen, die mit **tre** oder **sei** zusammengesetzt sind, behalten den Endvokal bei.
33°	trentatr**ee**simo	
46°	quarantase**ie**simo	
66°	sessantase**ie**simo	

Gebrauch

1° piano:	il **primo** piano
2ª classe:	la **seconda** classe
Scendiamo alla **terza** fermata.	
Le **prime** file sono già occupate.	

▸ Wenn sich Ordnungszahlen auf ein Substantiv beziehen, dann stehen sie vor diesem Substantiv und stimmen in Geschlecht und Zahl mit diesem überein.

Unser Haus hat drei Stockwerke. Im ersten Stock ist ein Steuerberater, im zweiten sind wir und im dritten wohnt eine Familie mit zwei Kindern.

Carlo V	(Carlo **quinto**)
Giovanni XXIII	(Giovanni **ventitreesimo**)

- Bei Königen und Päpsten sind die römischen Ziffern zwar nicht als Ordnungszahl gekennzeichnet, werden aber trotzdem als solche gelesen.

il IV secolo a. C. (il **quarto** secolo avanti Cristo)
il II secolo d. C. (il **secondo** secolo dopo Cristo)
il XXI secolo (il **ventunesimo** secolo)

avanti Cristo – *vor Christus*

dopo Cristo – *nach Christus*

- Dasselbe gilt bei den Jahrhunderten.

Vom 13. - 20. Jahrhundert gibt es neben der Angabe mit der Ordnungszahl noch zwei weitere, sehr häufig verwendete Möglichkeiten, z. B.:

13. Jahrhundert:	**il '200 / il Duecento**
14. Jahrhundert:	**il '300 / il Trecento**
19. Jahrhundert:	**l'800 / l'Ottocento**
20. Jahrhundert:	**il '900 / il Novecento**

Besondere Ordungszahlen

11°	**decimoprimo**
12°	**decimosecondo**
13°	**decimoterzo**
14°	**decimoquarto**
...	**...**
19°	**decimonono**
21°	**ventesimoprimo**
22°	**ventesimosecondo**
31°	**trentesimoprimo**
Pio XI	**Pio decimoprimo**
il secolo XIX	**il secolo decimonono**

Für die Ordnungszahlen von 11. - 99. gibt es eine Variante, die sich aus der Ordnungszahl des Zehners (decimo, ventesimo ...) und der Ordnungszahl des Einers (primo, secondo, terzo ...) zusammensetzt. Der Gebrauch dieser Form ist selten und beschränkt sich auf die Bezeichnung von Jahrhunderten, Päpsten und Herrschern.

Die Bruchzahlen

1 **Un quarto** dei turisti sceglie di alloggiare in un appartamento in affitto.

2 Oltre **un terzo** dei vacanzieri intervistati è venuto in Italia per il paesaggio.

Mezzo wird ohne den unbestimmten Artikel benutzt: **mezzo chilo di pere** (*ein halbes Kilo Birnen*).

1/2 1/3 1/4 1/5	**mezzo** **un terzo** **un quarto** **un quinto**	Mit Ausnahme von **mezzo** (*halb*) werden die Bruchzahlen wie im Deutschen mit der Grundzahl und der Ordnungszahl gebildet.
2/3 4/5 2/16	**due** terzi **quattro** quinti **due** sedicesimi	Wenn der Zähler in der Mehrzahl ist, wird auch der Nenner in die Mehrzahl gesetzt.

Die Prozentzahlen

3 **Il quarantacinque per cento** della popolazione mondiale vive in aree rurali.

4 Il **settanta per cento** della superficie terrestre è ricoperta d'acqua.

è aumentato del 6 % – *ist um 6 % gestiegen*

a un anno da – *ein Jahr nach*

In un anno il prezzo del gasolio è aumentato **del** 6%.
Il 40% dei turisti **sceglie** gli agriturismi.
Il 25% delle persone **usa** la bicicletta.
Il 64,7% dei teenager **legge** romanzi fantasy.
A un anno dalla laurea **il** 30% dei medici **è** disoccupato.

Anders als im Deutschen benutzt man bei den Prozentzahlen den bestimmten Artikel. Das sich darauf beziehende Verb steht in der Einzahl.

1 *Ein Viertel der Touristen wählt als Übernachtungsmöglichkeit eine Mietwohnung.*
2 *Mehr als ein Drittel der befragten Urlauber und Urlauberinnen ist wegen der Landschaft nach Italien gekommen.*
3 *Fünfundvierzig Prozent der Weltbevölkerung leben in ländlichen Gebieten.*
4 *Siebzig Prozent der Erdoberfläche sind mit Wasser bedeckt.*

• **1.** Schreiben Sie die Zahlen in Ziffern bzw. in Buchstaben auf.

a) 16 ____________________
b) 67 ____________________
c) ________ settantasei
d) ________ centotredici
e) 119 ____________________
f) ________ milleduecentododici
g) 2217 ____________________
h) ________ undicimilatrecentoquindici
i) ________ quindicimilaquattrocentoquattordici
j) 1.619.788 ____________________

____

• **2.** Schreiben Sie die angegebenen Zahlen jeweils als Wort auf.

a) Ho (4) __________ figli. b) Nicola ha (7) __________ anni e frequenta la (2ª) __________ elementare. c) Daniela ha (10) __________ anni ed è in (5ª) __________ elementare. d) Matteo ha già (16) __________ anni e fa la (3ª) __________ liceo, mentre Simona, la più grande è al (4°) __________ anno di ingegneria, anche se ha già (28) __________ anni.

•• **3.** Übertragen Sie diesen Einkaufszettel ins Italienische. Schreiben Sie dabei die Mengenangaben in Worten aus.

a) ½ kg Spinat ____________________
b) 1 kg Äpfel ____________________
c) 2 ½ kg Trauben ____________________
d) 1 Flasche Olivenöl ____________________
e) 250 g Parmesan ____________________
f) 300 g Rohschinken ____________________

●●●● **4.** Welche Zahlwörter bezeichnen dieselbe Ordnungszahl? Ordnen Sie zu.

a) ventiduesimo	___ A ventesimosesto
b) sedicesimo	___ B decimosettimo
c) diciannove	___ C decimoprimo
d) diciassettesimo	___ D ventesimosecondo
e) undicesimo	___ E decimoquinto
f) ventiseiesimo	___ F decimosesto
g) quindicesimo	___ G decimonono

●●●● **5.** Ergänzen Sie die fehlenden Elemente. Schreiben Sie die Prozentzahlen in Worten.

in genere – *im Allgemeinen*

la pasta in bianco – *Nudeln mit Butter oder Olivenöl und Parmesankäse*

la cotoletta – *Schnitzel*

il contorno – *Beilage*

le patate fritte – *Pommes frites*

I gusti dei bambini della classe di Martina sono molto diversi. Di questi ...

a) ... preferiscono in genere la pizza: 75,7 %.

b) ... amano la pasta in bianco: 84,3 %.

c) ... preferiscono le lasagne al risotto: 59,4 %.

d) ... mangiano volentieri la cotoletta: 31 %.

e) ... come contorno preferiscono le patate fritte: 67,2 %.

f) ... amano mangiare il pesce: 3,8 %.

g) ... come dolce preferiscono il gelato: 49,6 %.

a) *Il settantacinque virgola sette per cento dei bambini preferisce in genere la pizza*.

b) *Il* ______ *dei bambini* ______.

c) *Il* ______ *dei bambini* ______.

d) *Il* ______ *dei bambini* ______.

e) *Il* ______ *dei bambini* ______.

f) *Il* ______ *dei bambini* ______.

g) *Il* ______ *dei bambini* ______.

●●●● **6.** Schreiben Sie die Bruchzahlen in Worten.

a) 1/4 ______	d) 4/5 ______
b) 3/4 ______	e) 1/8 ______
c) 2/3 ______	f) 2/10 ______

36 KONJUNKTIONEN

Nebenordnende Konjunktionen

Mit einer Konjunktion verbinden Sie zwei Satzteile oder Sätze miteinander.

3 Hai comprato il giornale?

4 Sì, **ma** non l'ho ancora letto.

Nebenordnende Konjunktionen fügen zwei gleichrangige Teile wie z. B. Substantive, Adjektive und Hauptsätze zusammen. Dazu gehören:

Luca **e** Giorgio sono fratelli.	**e** (*und*),
Ho comprato il giornale, **ma/però** non l'ho ancora letto.	**ma/però** (*aber*),
Vuoi un caffè **o/oppure** un tè?	**o/oppure** (*oder*),
A Pia regalo **o** un libro **o** un disco.	**o … o** (*entweder … oder*),
Oggi non fa **né** caldo **né** freddo.	**né … né** (*weder … noch*),
Se mi inviti tu, **allora** vengo.	**allora** (*dann*),
Allora, dov'è il problema?	**allora** (*also*),
Lucio è un tipo molto socievole, **infatti** è simpatico a tutti.	**infatti** (*tatsächlich, nämlich*),

il disco – *die Schallplatte*

socievole – *gesellig, aufgeschlossen*

1 *Kommst du mit in die Pizzeria oder gehst du lieber nach Hause?*
2 *Nein, nein, ich komme mit euch, auch wenn ich noch lernen müsste.*
3 *Hast du die Zeitung gekauft?*
4 *Ja, aber ich habe sie noch nicht gelesen.*

il pranzo – *das Mittagessen*

Piove, **e tuttavia** non fa freddo.	**(e) tuttavia** (*trotzdem*),
Simona non c'è, **perciò/quindi/dunque** prepari tu il pranzo.	**perciò/quindi/dunque** (*deshalb, folglich*).

Unterordnende Konjunktionen

1 **Quando** mi vede gira la testa.

2 Sandro cammina **come se** avesse bevuto un po' troppo.

Unterordnende Konjunktionen leiten einen Nebensatz ein.

dimmelo! – *sag es mir!*

stare con qu – *mit jdm zusammensein*

andare/venire a trovare qu – *jdn besuchen*

Wenn Haupt- und Nebensatz das gleiche Subjekt haben, wird ***nachdem*** mit **dopo** + Infinitiv Perfekt wiedergegeben: **Dopo essere stata** in banca/**Dopo aver fatto** la spesa, sono andata a casa.

triste – *traurig*

mettersi a – *anfangen zu*

piangere – *weinen*

1. Konjunktionen, die den Indikativ verlangen

Quando avrai finito, dimmelo!	**quando** (*wenn*),
Quando esco con te non mi annoio.	**quando** (*jedes Mal wenn*),
Quando mi ha visto si è girato.	**quando** (*als*),
Da quando sta con te è più calmo.	**da quando** (*seitdem*),
Appena sarò libero, verrò a trovarti.	**appena** (*sobald*),
Leo è arrivato **dopo che** eri uscito.	**dopo che** (*nachdem*),
Potete stare qui **finché** volete.	**finché** (*solange*),
Aspettateci **finché non** arriviamo.	**finché non** (*bis*),
Mentre andavo a scuola, ho incontrato Furio.	**mentre** (*während*),
Non esco **perché** ho mal di testa.	**perché** (*weil*),
Siccome/Dato che/Visto che è il tuo compleanno, andiamo a Roma.	**siccome/dato che/visto che/poiché** (*da*),
Il film piace, **anche se** è difficile.	**anche se** (*obwohl*),
La storia è **così/tanto/talmente** triste **che** ci si mette a piangere.	**così/talmente/tanto ... che** (*so ..., dass*),

 *Wenn er mich sieht, schaut er weg.*

 *Sandro läuft, als ob er zu viel getrunken hätte.*

C'era **un tale** vento **che** si faceva fatica a camminare.	**un tale ... che** (*solch ein ..., dass*),
Sto male **di modo che/in modo che/per cui** non posso partecipare alla riunione.	**di modo che/in modo che/ per cui** (*sodass*).

fare fatica – *Mühe haben*

partecipare a – *teilnehmen an*

la riunione – *die Versammlung*

parlare piano – *langsam sprechen*

nascondere – *verstecken*

il cioccolatino – *die Praline*

2. Konjunktionen, die den Congiuntivo verlangen

Parla piano, **di modo che/in modo che** tutti ti capiscano.

- **di modo che/in modo che** (*sodass*), wenn der Nebensatz etwas Erwünschtes beinhaltet,

Ho nascosto i cioccolatini **affinché/perché** Giorgio non li mangi.

- **affinché/perché** (*damit*),

Benché/Malgrado/Nonostante/Sebbene dorma poco, non sono stanco.

- **benché/malgrado/nonostante/sebbene** (*obwohl*),

Ho preparato il dessert **prima che** arrivassero gli ospiti.

- **prima che** (*bevor*),

Ti presto la macchina **purché/a condizione che/a patto che** tu sia a casa prima di mezzanotte.

- **purché/a condizione che/a patto che** (*vorausgesetzt, dass*),

Ti portiamo noi all'aeroporto, **a meno che non** lo faccia Giorgio.

- **a meno che non/salvo che non** (*es sei denn, dass; außer wenn*),

La mia vicina si comporta **come se** fosse lei la padrona di casa.

- **come se** (*als ob*),

Siamo usciti **senza che** gli altri se ne siano accorti.

- **senza che** (*ohne dass*).

Wenn Haupt- und Nebensatz das gleiche Subjekt haben, nimmt man für *bevor* **prima di** + Infinitiv: **Prima di uscire** mi trucco.

prestare qc a qu – *jdm etw (aus)leihen*

la padrona di casa – *die Hausbesitzerin*

accorgersi di qc – *etw bemerken*

3. Konjunktionen, die in bestimmten Fällen den Indikativ und in anderen hingegen den Congiuntivo verlangen

Che

Sappiamo **che siete** arrivati ieri sera.

- **che** (*dass*) + Indikativ, wenn der Nebensatz von einem Verb eingeleitet wird, das eine Sicherheit ausdrückt, z. B. **sapere**.

Carlo dice **che** non **ha** tempo.

Die indirekte Rede S. 238

- **che** (*dass*) + Indikativ, wenn der Hauptsatz eine indirekte Rede einleitet.

Con questo tempo non penso **che si possa** partire in macchina.

- **che** (*dass*) + **Congiuntivo**, wenn der Nebensatz von einem Verb eingeleitet wird, das z. B. Zweifel ausdrückt, wie **non pensare**.

Der Congiuntivo S. 154

Se

Non so **se** il ristorante **sia** aperto anche la domenica.

- **se** (*ob*) + **Congiuntivo**, wenn der Nebensatz von einem Verb eingeleitet wird, das Unsicherheit ausdrückt, wie **non sapere**.

la mostra – *die Ausstellung*

Se abbiamo tempo andiamo a vedere la mostra del Perugino.

- **se** (*wenn, falls*) + Indikativ bei realen Bedingungssätzen.

Se avessimo tempo andremmo a vedere la mostra del Perugino.

- **se** (*wenn, falls*) + **Congiuntivo** bei irrealen Bedingungssätzen.

Der Bedingungssatz S. 236

1. Congiuntivo oder Indikativ? Markieren Sie die jeweils passende Verbform.

a) Non ti ho scritto perché non avevo / avessi il tuo indirizzo.
b) Vi abbiamo telefonato, affinché siete / siate informati.
c) Il signor Rossi è sempre molto gentile quando mi telefona / telefoni.
d) Vorrei vedervi prima che partite / partiate.
e) Anche se ho studiato / abbia studiato molto, l'esame non è andato bene.
f) Vi accompagno io alla stazione se volete / voleste.
g) Roberto guida come se è / fosse un campione di formula 1.
h) Ho fatto la spesa dopo che eri uscito / tu fossi uscito.
i) Vado io a prendere la nonna, a meno che non vuoi / voglia andarci tu.

l'indirizzo - *die Adresse*
l'esame - *die Prüfung*
il campione - *der Champion*
la formula 1 - *die Formel 1*

2. Ergänzen Sie die Sätze mit den angegebenen Konjunktionen.

dopo che	anche se	mentre	benché
a patto che	perché	appena	

a) ________ il vino mi piaccia, non ne bevo più di un bicchiere.
b) Sono tornato a casa ________ avevo dimenticato il biglietto.
c) Il negozio era ancora chiuso ________ erano già le 10.
d) ________ avrò fatto l'esame partirò per il Canada.
e) La lettera è arrivata ________ eri uscito.
f) Mio padre ci ha lasciato andare in Australia ________ gli telefonassimo almeno tre volte alla settimana.
g) Abbiamo incontrato i Mazza ________ andavamo a teatro.

3. Unter den angegebenen Konjunktionen finden Sie für jeden Satz eine, welche die benutzte Konjunktion ersetzen kann. Schreiben Sie sie auf.

appena	affinché	per cui	anche se
a patto che	nonostante	siccome	senza che

a) Carlo continua a fumare, sebbene gli faccia male. ________
b) Visto che è domenica, rimango a letto più a lungo. ________
c) C'era tanto traffico, di modo che ho perso il treno. ________
d) Ti do le chiavi di casa perché tu ti senta più libero. ________
e) Ti compro il telefonino purché tu non lo usi a scuola. ________

37 BEDEUTUNGSVERÄNDERNDE VOR- UND NACHSILBEN

Nachsilben bei Substantiven und Adjektiven

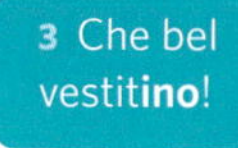

4 Ti piace? L'ho trovato da «Moda Eva». Hanno delle cosette abbastanza carine e per niente care.

Mithilfe von Vor- und Nachsilben kann die Bedeutung eines Substantivs, eines Adjektivs oder auch eines Verbs verändert werden.

Im Italienischen gibt es zahlreiche Nachsilben, die der Grundbedeutung eines Substantivs oder eines Adjektivs eine bestimmte Note hinzufügen. Es gibt Verkleinerungsformen, Vergrößerungsformen, verniedlichende Formen und abwertende Formen.

1. Die Verkleinerungsformen -ino, -ina, -etto, -etta, -uccio, -uccia

il ragazzo	il ragazz**ino**	*der kleine Junge*
la ragazza	la ragazz**ina**	*das junge Mädchen*
l'uccello	l'uccell**ino**	*das Vögelchen*
bello, -a	bell**ino**, **-a**	*ziemlich schön, nett*
brutto, -a	brutt**ino**, **-a**	*relativ hässlich*
giallo	giall**ino**, **-a**	*gelblich*
piccolo, -a	piccol**ino**, **-a**	*ziemlich klein*

Als Verkleinerungsform wird die Endung **-ino** bzw. **-ina** am häufigsten benutzt. In Verbindung mit einem Adjektiv wird die Grundbedeutung des Adjektivs entschärft.

1 *Was für ein schrecklicher Tag, heute!*
2 *Du hast recht, aber du weißt, dass der Direktor ab und zu dumm daherredet. ... Jetzt aber trinken wir ein Gläschen (Grappa) und sprechen nicht mehr darüber.*
3 *Was für ein schönes Kleidchen!*
4 *Gefällt es dir? Ich habe es bei „Moda Eva" gefunden. Sie haben recht nette Sachen und gar nicht teuer.*

il pacco	il pacch**etto**	*das Päckchen*
la cosa	la cos**etta**	*die kleine Sache*
il lavoro	il lavor**etto**	*die kleine, unbedeutende Arbeit*
il gioco	il gioch**etto**	*das Spielchen, die Spielerei*
fresco, -a	fresch**etto**, **-a**	*etwas frisch*

Die Endung -**etto** bzw. -**etta** ist auch sehr beliebt. Je nach Wort, mit dem sich diese Nachsilbe verbindet, und je nach Zusammenhang, in dem die neue Wortbildung benutzt wird, kann zum verkleinernden auch ein leicht verschlechternder Sinn hinzukommen.

la casa	▸	la cas**etta**	▸	la cas**ettina**
la cosa	▸	la cos**etta**	▸	la cos**ettina**
la villa	▸	la vill**etta**	▸	la vill**ettina**
il pacco	▸	il pacch**etto**	▸	il pacch**ettino**
il libro	▸	il libr**etto**	▸	il libr**ettino**

Die Endungen **-etto** und **-ino** lassen sich auch kombinieren. Die verkleinernde Bedeutung wird dadurch verstärkt, was man im Deutschen mit *ganz klein* wiedergeben könnte.

la bocca	la bocc**uccia**	*der süße kleine Mund*
il letto	il lett**uccio**	*das (niedliche) Bettchen*
il caldo	il cald**uccio**	*die wohlige Wärme*
la cosa	la cos**uccia**	*die kleine, bescheidene Sache*
la casa	la cas**uccia**	*das kleine, bescheidene Haus*
l'avvocato	l'avvocat**uccio**	*der unbedeutende Anwalt*
l'attore	l'attor**uccio**	*der unbedeutende Schauspieler*
il medico	il medic**uccio**	*der unbedeutende Arzt*
caro	car**uccio**	*etwas, ziemlich teuer*
debole	debol**uccio**	*ein bisschen schwach*
lontano	lontan**uccio**	*relativ weit entfernt*

Die Nachsilbe **-uccio**, **-uccia** ist grundsätzlich eine Verkleinerungsform. Sie kann aber auch, je nach Wort und Zusammenhang, eine verniedlichende Bedeutung haben. Bei Personen- und Berufsbezeichnungen kann sie sogar abwertenden Charakter annehmen.

Warum sich ein Wort eher mit der einen als mit der anderen Nachsilbe verbindet, bestimmt der Gebrauch. Als Nichtmuttersprachler ist es also ratsam, sich auf das Verstehen von bestehenden Wortbildungen zu beschränken.

2. Die abwertende Form -accio, -accia

il ragazzo	il ragazz**accio**	*der Lausejunge*
la donna	la donn**accia**	*die Schlampe, die Nutte*
il film	il film**accio**	*der miserable Film*
il giornale	il giornal**accio**	*die schlechte Zeitung*
il tempo	il temp**accio**	*das Hundewetter*
la parola	la parol**accia**	*das Schimpfwort*

Die Nachsilbe **-accio** bzw. **-accia** fügt der Grundbedeutung einen abwertenden und verschlechternden Sinn hinzu.

3. Die Vergrößerungsform -one, -ona

il libro	il libr**one**	*das große, dicke Buch*
il bacio	il baci**one**	*der dicke Kuss*
la donna	il donn**one** la donn**ona**	*die große, korpulente Frau*
la nuvola	il nuvol**one** la nuvol**ona**	*die riesige Wolke*
la borsa	il bors**one** la bors**ona**	*die große Tasche*

Was im Deutschen mit den Adjektiven *groß, riesig, mächtig* ausgedrückt wird, kann im Italienischen mit der Nachsilbe **-one** bzw. **-ona** wiedergegeben werden. Die männliche Endung **-one** wird auch an ein weibliches Substantiv angehängt. Das neu entstandene Wort ist dann männlichen Geschlechts und wird der weiblichen Variante auf **-ona** vorgezogen.

4. Lexikalisierte Ableitungen

Es gibt Wörter, die ursprünglich mithilfe von Nachsilben gebildet wurden, mittlerweile aber zu eigenständigen Begriffen geworden sind, z. B.:

le manette	(la mano)	*die Handschellen*
l'ombrellone	(l'ombrello)	*der Sonnenschirm*
la lampadina	(la lampada)	*die Glühbirne*
il padrino	(il padre)	*der Taufpate*
la madrina	(la madre)	*die Taufpatin*
gli orecchini	(l'orecchio)	*die Ohrringe*

Vorsilben bei Substantiven und Adjektiven

1 La **dis**occupazione è più alta nel sud che nel nord del Paese.

2 La **stra**grande maggioranza delle persone è contro la guerra.

1. Die Vorsilben dis-, in-, im-, s-

l'interesse	**il dis**interesse	*die Interesselosigkeit*
l'attenzione	**la dis**attenzione	*die Unachtsamkeit*
occupato	**dis**occupato	*unbeschäftigt, arbeitslos*
abitato	**dis**abitato	*unbewohnt, menschenleer*
la capacità	**l'in**capacità	*die Unfähigkeit*
la possibilità	**l'im**possibilità	*die Unmöglichkeit*
naturale	**in**naturale	*unnatürlich*
morale	**im**morale	*unmoralisch*
il vantaggio	**lo s**vantaggio	*der Nachteil*
contento	**s**contento	*unzufrieden*

Die Vorsilben **dis-**, **in-**, **im-** und **s-** kehren die Bedeutung des Ausgangswortes um. Wenn ein Wort mit **b**, **p** oder **m** beginnt, dann steht **im-** anstelle der Vorsilbe **in-**.

2. Die Vorsilben arci- und stra-

il vescovo	**l'arci**vescovo	*der Erzbischof*
il duca	**l'arci**duca	*der Erzherzog*
noto	**arci**noto	*überall bekannt*
contento	**arci**contento	*überglücklich*
ricco	**stra**ricco	*steinreich*
pieno	**stra**pieno	*überfüllt, gesteckt voll*
carico	**stra**carico	*schwer beladen, vollkommen überfüllt*
cotto	**stra**cotto	*total verkocht*

Vor einem Substantiv hat **arci-** die Bedeutung *Erz-*, vor einem Adjektiv hingegen steigert die Vorsilbe **arci-** die Bedeutung des Ausgangswortes ins Übermäßige. Ebenso drückt **stra-** einen sehr hohen Grad einer Eigenschaft aus. Die Anwendung von **arci-** und **stra-** bei Adjektiven ist meist auf die Umgangssprache beschränkt.

1 *Die Arbeitslosigkeit ist im Süden des Landes höher als im Norden.*
2 *Die überwältigende Mehrheit der Menschen ist gegen den Krieg.*

Vorsilben bei Verben

Mi **dis**piace molto che non ci possiamo **ri**vedere prima di Pasqua.

1. Die Vorsilbe ri-

Verwechseln Sie nicht **risposarsi** *(wieder heiraten)* mit **riposarsi** *(sich ausruhen).*

sposarsi	**ri**sposarsi	*wieder heiraten*
cominciare	**ri**cominciare	*neu anfangen, von vorn beginnen*
dare	**ri**dare	*zurückgeben*
avere	**ri**avere	*zurückbekommen, wieder haben*

Die Vorsilbe **ri-** wird sehr häufig benutzt. Sie kann die Wiederholung einer Tätigkeit ausdrücken oder die Bedeutung *zurück* wiedergeben.

2. Die Vorsilben dis-, s- und de-

Die Verben mit Vorsilbe werden wie das jeweilige Grundverb konjugiert.

dire	**dis**dire	*absagen*
fare	**dis**fare	*auseinandernehmen, zerlegen*
approvare	**dis**approvare	*missbilligen*
caricare	**s**caricare	*abladen, entladen*
consigliare	**s**consigliare	*abraten*
parlare	**s**parlare	*lästern, dumm daherreden*
ragionare	**s**ragionare	*faseln, dummes Zeug reden*
colorare	**de**colorare	*entfärben, bleichen*
comporre	**de**comporre	*auseinandernehmen*

Mit den Vorsilben **dis-**, **s-** und **de-** wird die Bedeutung des Ausgangsverbs ins Gegenteil gekehrt. Je nach Verb kann die Vorsilbe **s-** eine negative Färbung hinzufügen, wie bei **sparlare** und **sragionare**. Bei neueren Wortbildungen ist die Vorsilbe **de-** sehr beliebt.

3. Die Vorsilbe stra-

fare	**stra**fare	*zu viel tun, übertreiben*
vincere	**stra**vincere	*haushoch gewinnen*
cuocere	**stra**cuocere	*total zerkochen*
pagare	**stra**pagare	*überbezahlen, zu viel bezahlen*
parlare	**stra**parlare	*irrereden, fantasieren*

Mit **stra-** als Vorsilbe wird die Bedeutung des Ausgangsverbs bis zu einem Übermaß verstärkt.

Es tut mir sehr leid, dass wir uns nicht vor Ostern wiedersehen können.

• **1.** Können Sie bei folgenden Verben das Grundverb erkennen? Schreiben Sie es auf.

a) ______________________ ricostruire
b) ______________________ disinnamorarsi
c) ______________________ deconcentrare
d) ______________________ sbloccare
e) ______________________ straperdere
f) ______________________ rimettere
g) ______________________ spiovere
h) ______________________ rivendere
i) ______________________ deformare

•• **2.** Ordnen Sie die italienischen Wörter der passenden deutschen Entsprechung zu.

schiudere	rivisitare	la disattenzione	la riscoperta	lo strapotere
disimparare	struccarsi	strabere	lo stradone	stragrande
la stradina	stravolere	il disaccordo	la stradaccia	

a) zu viel wollen ______________________
b) wieder besuchen ______________________
c) riesengroß ______________________
d) die Uneinigkeit ______________________
e) das Sträßchen ______________________
f) die Unachtsamkeit ______________________
g) sich abschminken ______________________
h) die schlechte Straße ______________________
i) die breite Straße ______________________
j) die Wiederentdeckung ______________________
k) zu viel trinken ______________________
l) verlernen ______________________
m) die Allmacht ______________________
n) (halb) aufmachen ______________________

●●● **3.** Die Zwillingsschwestern Silvia und Rosa sind zwei ganz unterschiedliche Persönlichkeiten. Ergänzen Sie deren Beschreibung mit dem Gegenteil des jeweils hervorgehobenen Wortes. Benutzen Sie dabei die Vorsilben **dis-**, **in-** und **s-**.

a) Silvia è una ragazza **onesta**, Rosa invece tende ad essere ______ ______.

b) La camera di Silvia è molto **ordinata**, mentre quella della sorella è sempre ______.

c) Rosa è una persona piuttosto **sicura** di sé; Silvia purtroppo si sente spesso ______.

d) Passare la serata con degli amici per Silvia è una cosa molto **piacevole**, per Rosa invece fa parte delle cose che trova ______.

e) Rosa vorrebbe diventare una persona molto **conosciuta**, a Silvia non importa di rimanere del tutto ______.

f) A scuola Silvia era molto **attenta**, Rosa era spesso ______.

g) Quando escono insieme Rosa è sempre **elegante**, mentre Silvia si veste spesso in modo piuttosto ______.

●●● **4.** Drücken Sie bei folgenden Sätzen den hervorgehobenen Satzteil mit einem einzigen Wort aus. Benutzen Sie dabei die Endungen **-one**, **-ino**, **-etto** und **-accio**.

l'asilo – *der Kindergarten*

il mazzo di fiori – *der Blumenstrauß*

la prima – *die Premiere*

a) Secondo me Rosa ha un **brutto carattere** ______.

b) L'anno prossimo il mio **fratello più piccolo** ______ andrà all'asilo.

c) Non voglio che tu dica delle **brutte parole** ______.

d) Ho comprato un **piccolo mazzo** ______ di fiori per Roberta.

e) La prima dell'*Aida* è stata un **grande successo** ______.

f) Sembra che faccia bene fare una **breve passeggiata** ______ ______ dopo aver mangiato.

g) I nonni ti hanno mandato un **piccolo pacco** ______.

h) Se parti senza salutare farai una **gran brutta figura** ______ ______.

1

Lösungen

2

Wortliste

3

Sach- und Stichwortverzeichnis

1

LÖSUNGEN

Bei Substantiven, wie **l'aceto**, **l'olio**, **l'uva**, **l'insalata** können Sie anhand des bestimmten Artikels **l'** das Geschlecht des Substantivs nicht erkennen. In solchen Fällen erkennen Sie es meist an seiner Endung.

Sprachen sind immer männlichen Geschlechts.

Lernen Sie ein Substantiv immer zusammen mit seinem bestimmten Artikel. So lernen Sie das Geschlecht gleich mit.

Lösungen

ARTIKEL

S. 20 - 21

1.

männlich Einzahl: un caffè - uno spumante - l'aceto - il gelato - lo zucchero; **männlich Mehrzahl**: gli spaghetti - i panini; **weiblich Einzahl**: la città - un'aranciata - l'uva - una birra - un'insalata; **weiblich Mehrzahl**: le uova - le mele

2.

b) alle/a+le - dei/di+i c) delle/di +le d) alle/a+le e) all'/a+l' f) nel/in+il - dal/da+il g) della/di+la h) del/di+il i) dalla/da+la

3.

uno scialle - lo scialle, una borsetta - la borsetta, un'agenda - l'agenda, un pigiama - il pigiama, un abbonamento - l'abbonamento, una sciarpa - la sciarpa, una camicia - la camicia

4.

a) - b) le c) la, il, il d) il, i, gli e) la, il, la f) l', il, lo

SUBSTANTIV

S. 30 - 31

1.

il vestito - i vestiti, il cinema - i cinema, il ristorante - i ristoranti, il caffè - i caffè
lo specchio - gli specchi, lo sciopero - gli scioperi, lo zio - gli zii, lo sport - gli sport
l'ufficio - gli uffici, l'arancia - le arance, l'albergo - gli alberghi, l'uovo - le uova
la radio - le radio, la stazione - le stazioni, la città - le città

2.

a) la, collega b) figlie c) una ragazza, amiche, medico, madre d) una bambina e) l'attrice

3.

a) gli uffici informazioni b) i marciapiedi c) le madri modello d) i libri di cucina e) le camere da letto f) i pianoforti g) gli asciugamani h) gli anni record

4.

a) il foglio b) la banca c) la fine d) la capitale e) la porta f) il capitale

5.

a) la professoressa b) l'autrice c) l'insegnante d) la moglie e) la donna f) la lavoratrice g) l'impiegata h) la farmacista i) la tedesca j) la studentessa k) la psicologa l) la parrucchiera

männliche Substantive	
il computer	il fax
Internet	il sito
lo scanner	il modem
il software	l'hardware
il mouse	il display
il file	l'allegato
il laptop	lo schermo
il messaggio	il vocale
weibliche Substantive	
l'e-mail/la mail	la chat
la stampante	la chiavetta USB

ADJEKTIV

S. 41 - 42

1.

a) lunghi, corti b) italiana, francese c) tranquille, attive d) bianco, rosso e) moderni, antichi f) stretti, larghi g) rossi, viola h) bianchi, verdi

2.

bello + buono: a) bella a) buon b) belle b) buona c) bei c) buono d) bel d) buoni e) bell' e) buone f) bello f) buona g) begli g) buoni

3.

a) di b) che c) che d) che e) del f) che

4.

b) Ho incontrato alcune persone molto interessanti. c) Ho visto un ottimo film francese. d) Ho rotto il bel vaso antico di mia nonna. e) Ho passato una serata molto divertente con alcuni vecchi amici. f) Ho fatto una lunga telefonata con una cara amica d'infanzia. g) Ho fatto una breve passeggiata nel bosco. h) Ho comprato un motorino blu.

5.

a) Emma è la mia migliore amica. b) È più giovane di me e molto carina. c) È un'ottima traduttrice. d) Ha tre sorelle maggiori, Rita, Maria e Lucia. e) Emma però è la più grande di tutte.

ADVERB

S. 49 - 50

1.

a) normalmente b) raramente c) leggermente d) felicemente e) follemente f) male g) violentemente h) direttamente

2.

a) facile b) facilmente c) difficile d) naturalmente, bene, buon, puntuale, regolarmente

3.

a) I clienti sono appena arrivati. b) Il film non è ancora cominciato. c) Carlo suona anche il pianoforte. Anche Carlo suona il pianoforte. d) Non riesco a finire il lavoro per venerdì, purtroppo. Purtroppo non riesco a finire il lavoro per venerdì. e) Sandra è uscita tardi. f) Cerca di non stancarti tanto. g) Sono già partiti gli ospiti? h) Dovresti rispondere subito. i) Ines non vuole mai uscire il sabato sera.

4.

a) peggio, malissimo b) meglio, benissimo c) meno, pochissimo d) più, moltissimo e) più tardi, tardissimo f) più rapidamente, molto rapidamente

POSSESSIVPRONOMEN

S. 56 - 57

1.

a) i miei b) la tua c) i suoi d) il nostro e) le vostre f) i loro

2.

a) il suo b) suo, la loro c) le loro d) le sue e) i loro f) la loro, il loro

3.

la mia, mia, la mia, i miei, la mia, mio i tuoi, la tua, il tuo, la tua, le tue, la tua suo, la sua, i suoi, suo, le sue, il suo

4.

a) Mia, La mia b) I miei, i Suoi, i miei c) Mio, Il mio d) mia, il suo, Sua, la mia, il suo e) I miei, i tuoi, i miei f) Mio, il tuo, Il mio

5.

a) a casa mia b) da parte nostra, di mio padre c) è colpa tua d) in camera sua, con suo cugino

DEMONSTRATIVPRONOMEN

S. 61

1.

a) quell' b) quella c) quei d) quell' e) quello f) quel g) quegli

Verwandtschaftsbezeichnungen			
männlich		**weiblich**	
il padre	lo zio	la madre	la zia
il figlio	il cugino	la figlia	la cugina
il fratello	il suocero	la sorella	la suocera
il nonno	il genero	la nonna	la nuora
il nipote	il marito	la nipote	la moglie

Besonderheiten bei Verwandtschaftbezeichnungen			
il nipote	*Neffe, Enkel*	la nipote	*Nichte, Enkelin*
i figli	*Söhne, Kinder*		
i fratelli	*Brüder, Geschwister*		
i nonni	*Großväter, Großeltern*		
gli zii	*Onkel, Onkel und Tanten*		
i suoceri	*Schwiegerväter, Schwiegereltern*		
i nipoti	*Enkel, Neffen, Enkelkinder, Nichten und Neffen*		

Denken Sie daran, dass der Superlativ auf **-issimo** keinen Vergleich herstellt, sondern nur einen sehr hohen Grad einer Eigenschaft ausdrückt. Als Eselsbrücke könnten Sie sich das **s** merken, das sowohl im Deutschen als auch im Italienischen vorkommt: **s**ehr ▸ -i**ss**imo

Ich bin sehr traurig. Sono tristissimo.

Wenn jemand eine Tätigkeit gut kann, wird *gut* mit **bene** wiedergegeben:

Er schwimmt gut. – **Nuota bene**.

Ebenso heißt es **va bene** für *es ist okay* und **sto bene** für *es geht mir gut*.

Folgende Wörter gelten nicht als Verwandtschaftsbezeichnung:

il ragazzo/la ragazza, **il fidanzato/ la fidanzata** **l'amico/l'amica**, **il compagno/ la compagna** (*Partner/Partnerin*), **la famiglia**

Achten Sie auf die Wiedergabe von *Freund/Freundin*:

Es heißt **amico/ amica** bei Kameradschaft und **ragazzo/ ragazza** bei einer intimen Beziehung.

2.
a) questa, quella, quella b) quel c) quei, quello d) quest' e) questi, quelli, quelli f) quegli, quelli, quelli, Quelli

UNBESTIMMTE PRONOMEN

S. 68

1.
a) Ogni b) Ognuno c) Qualche d) qualsiasi e) Tutti gli f) troppa g) nessuno h) niente

2.
a) nessun b) nessun c) nessuno d) nessuno e) nessuna f) nessuna g) nessuno h) nessun' i) nessun j) nessun' k) nessuno l) nessuna

Vergessen Sie nicht, dass die Formen von **suo** benutzt werden, wenn es um einen Besitzer bzw. eine Besitzerin geht. Bei mehreren Besitzern bzw. Besitzerinnen nimmt man **loro**.

PERSONALPRONOMEN

S. 80 - 82

1.
io, voi - io, loro, Ci, Ci - tu - ci, ci, io, lei

2.
a) Le b) La c) Le d) Le e) La f) Le

3.
a) 3) b) 5 c) 4 d) 8) e) 2) f) 7) g) 1) h) 6)

4.
a) ci b) li c) La d) Gli e) Ne f) le g) le h) lo i) Ne j) gli k) le l) ne

5.
b) Posso telefonarLe stasera? c) Ne posso assaggiare un po'? d) Dobbiamo vederci stasera. e) Carlo si deve trasferire a Roma. f) Vorrei scusarmi per ieri sera. g) Al cinema non voglio andarci. h) Vi vorrei presentare un mio collega. i) Purtroppo non ti so spiegare niente.

Wie können Sie sich die unregelmäßigen Verben am besten merken? Fertigen Sie eine Liste dieser Verben an und konjugieren Sie sie immer wieder laut durch.

6.
a) Mi scuso. b) La posso aiutare/Posso aiutarLa, signora Nuti? c) Gli telefono domani. d) Vi mando una mail/un'e-mail. e) La ringrazio, signor Carli. f) L'aspetto, signora Lanzi.

7.
a) glielo b) Me li c) ce lo, ve lo d) glieli

PRÄSENS

S. 92 - 93

1.
io: bevo; tu: leggi, tieni; lui/lei/Lei: è, vuole, parte; noi: mangiamo; voi: cercate; loro: dicono

2.
avere: ho, hai, ha, abbiamo, avete, hanno
dare: do, dai, dà, diamo, date, danno
essere: sono, sei, è, siamo, siete, sono
sapere: so, sai, sa, sappiamo, sapete, sanno

3.
andiamo, vado, va, vanno, fate, Andate, rimaniamo

4.
a) rimango, rimanere b) spengono, spegnere c) salgono, salire d) tiene, tenere e) tengono, tenere f) piacciono, piacere g) vogliono, volere h) scelgono, scegliere i) produce, produrre

5.
a) vado b) Stanno c) dormo, faccio, vado d) incontro e) rimaniamo, giochiamo, chiacchieriamo, andiamo, facciamo f) decidiamo g) sono, preferisco, leggo, guardo h) esco, devo

PASSATO PROSSIMO

S. 100 - 101

1.
lavorare: ho/hai/ha/abbiamo/avete/hanno lavorato **partire:** sono/sei/è partito, -a, siamo/siete/sono partiti,-e **capire:** ho/hai/ha/abbiamo/avete/hanno capito **sapere:** ho/hai/ha/abbiamo/avete/hanno saputo

2.
a) risposto, mosso, visto b) rotto, dovuto, deciso, messo c) venuto, promesso, vissuto, rimasto

3.
a) comprato, comprati b) fatto, fatta, trovato c) prese, comprate

4.
a) ho conosciuto, ho aperto, ho disdetto b) sono stato/-a, ho prodotto, ho bevuto, ho chiesto c) ho discusso, ho offerto, ho letto, sono nato/-a

5.
b) Pia ha comprato un paio di scarpe. c) Le scarpe sono costate molto. d) I soldi non sono bastati. e) Ha dovuto pagare con la carta di credito. f) Paola e Maria sono uscite alle 8. g) Anna e Marco sono andati al bar. h) Michela e Franco hanno mangiato ... i) Maurizio è andato al cinema. j) Il film è cominciato alle 7:30 ed è finito alle 8. k) Il film gli è piaciuto. l) .... Maurizio è dovuto tornare ... m) Ha fatto molto caldo. n) Chiara non è voluta uscire.

IMPERFETTO

S. 108

1.
stare: stavo, stavi, stava, stavamo, stavate, stavano **sapere:** sapevo, sapevi, sapeva, sapevamo, sapevate, sapevano **partire:** partivo, partivi, partiva, partivamo, partivate, partivano **capire:** capivo, capivi, capiva, capivamo, capivate, capivano

2.
a) avevo, piacevano b) Compravo, tornavo, ascoltavo c) erano, studiavo, ero

3.
a) ero b) piaceva c) detestavo, era d) è arrivato e) Era, piaceva, ho cominciato, sono diventata

PASSATO REMOTO

S. 114 - 117

1.
pagare: pagai, pagasti, pagò, pagammo, pagaste, pagarono **dovere:** dovetti, dovesti, dovette, dovemmo, doveste, dovettero **dormire:** dormii, dormisti, dormì, dormimmo, dormiste, dormirono

2.
studiò - studiare, si laureò - laurearsi, cominciò - cominciare, tradusse - tradurre, venne - venire, scrisse - scrivere, fu - essere, pubblicò - pubblicare, arrivò - arrivare, si tolse - togliersi

3.
a) chiese, discusse b) chiusero, conobbe c) crebbi, ebbe d) corse, furono e) persi, successero f) presero, si accorsero g) misero, scese h) piovve, videro i) lessi, vinsi j) vollero, venne

4.
faceva, disegnava, realizzava, prese, cominciò, tornava, riempiva, andava, si trasferì, iniziò, comprò, aprì, investì, aveva, si mise, nacque

5.
aiutare: (tu) aiutasti, (lui/lei/Lei) aiutò, (noi) aiutammo, (voi) aiutaste, (loro) aiutarono; **temere:** (io) temei/temetti, (tu) temesti, (lui/lei/Lei) temé/temette, (noi) tememmo, (voi) temeste, (loro) temerono/temettero; **spedire:** (io) spedii, (tu) spedisti, (lui/lei/Lei) spedì, (noi) spedimmo, (voi) spediste, (loro) spedirono

6.
a) andai, fece, diedero b) fosti, potemmo, vedeste c) pose, taceste, vennero d) contraddissi, piacque, steste e) condusse, fummo, sottrassero f) nascesti, rimase, raccogliemmo

7.
a) venimmo b) scrissero, frequentaste c) fummo, stesti d) sapesti, cominciò, e) perdé/perdette, vinsero f) rimanemmo, produssero

8.
a) scoprì b) fu, fece c) distrusse, avvenne d) iniziò, assalì e) fu, riabbracciò

9.
b) faceva, lavorava c) era, sembrava, se ne innamorò d) era, ci mise e) ebbe, accettò f) era, sognava, trovava g) si fidanzarono, si sposarono h) rimasero i) festeggiarono, morirono

TRAPASSATO PROSSIMO

S. 120 - 121

1.
a) era tornata b) erano tornati c) era tornato d) erano tornate

2.
a) era uscita, aveva preso b) avevano litigato c) era caduta, si era fatta male d) aveva lavorato e) aveva lavati, aveva rotto f) aveva trovato

3.
Passato prossimo: ha ritrovato, è ritornato, ha riconosciuto, è morto **Imperfetto**: aveva, mancavano, sopportava, stava **Trapassato**

Nicht vergessen:

Es hat mir gefallen wird mit **mi è piaciuto** wiedergegeben. Wenn Ihnen etwas bzw. jemand Bestimmtes gefallen hat, dann richtet sich **piaciuto** in Geschlecht und Zahl nach dieser Sache bzw. Person:

Il film mi è piaciut**o**. **La cantante** mi è piaciut**a**.

Le lasagne mi sono piaciut**e**.

I tuoi amici mi sono piaciut**i**.

prossimo: era scappato, aveva vissuto
Passato remoto: sparì

4.
a) è stata b) ha perso c) era successo, correva d) è arrivata, aveva sentito e) è andata, faceva, ha rubato f) andava, è rimasta, aveva dimenticato g) tornava, ha visto, è caduta h) aveva comprato, si è rotta

TRAPASSATO REMOTO

S. 123

1.
a) ebbe mangiato, furono arrivati, ebbero guardato b) fui uscita, si fu sposata, vi foste alzate c) avemmo bevuto, ebbi letto, avesti suonato d) ti fosti lavata, aveste finito, ci fummo separati

2.
b, c, f

3.
a) ebbe letto, si mise b) ebbe spento, squillò c) ebbe ricevuto, rubò d) iniziò, ebbero fatto e) si furono accomiatati, si coricò

Denken Sie daran, dass die reflexiven Verben alle zusammengesetzten Zeiten mit dem Hilfsverb **essere** bilden.

FUTUR I

S. 128

1.
a) vedrò b) avrai c) vorrà d) rimarremo e) vivranno f) otterrò g) berrai h) cercherà i) dovremo j) starete k) lascerò l) saprai m) mangerà n) faremo o) pagheranno

2.
a) andrai, potrò b) andremo, faremo c) passeranno, verrà, passerà, saranno d) saremo, potrete

Das mit **avere** gebildete **Trapassato prossimo** verändert sich nach denselben Regeln wie das **Passato prossimo**, wenn ein direktes Objektpronomen (**lo**, **la**, **li**, **le**) oder **ne** vor dem Hilfsverb **avere** steht.

FUTUR II

S. 131

1.
a) sarò arrivata b) avrà smesso c) avrai fatto d) saranno arrivati e) mi sarò rimesso, -a

2.
a) avrò finito (finirò), partirò b) tornerai, avremo mangiato c) sarai stato, parlerai d) presterò, avrò letto e) rientreranno, sarà andato (andrà)

3.
a) Avrà dormito b) Sarà uscita, avrà preso c) Avrà mangiato d) Avrà lavorato e) Avrà fatto

KONDITIONAL I

S. 136 - 137

1.

Konditional	Infinitiv
sarebbe	essere
verreste	venire
darei	dare
berremmo	bere
dovrebbero	dovere
terrei	tenere
sapresti	sapere
vivrei	vivere
vedresti	vedere
rimarrebbero	rimanere
andrei	andare
avrei	avere

2.
a) realizzerei, prenderei, partirei b) servirebbero, potrei, potremmo c) farebbero d) spenderei, metterei, darei

3.
a) Accompagneresti tu ...? b) Mi farebbe vedere ...? c) Mi potrebbe fare ...? d) Ci fareste vedere ...? e) Potrei provare ...? f) Ci porterebbe ...? g) Ci aiutereste a fare ...? h) Potrebbe dirmi ...? i) Mi passeresti il pane ...? j) Letizia, faresti un caffè ...? k) Signora, Le dispiacerebbe ...?

KONDITIONAL II

S. 140

1.
a) Sarei venuto, -a b) avrebbe fatto c) saremmo voluti partire d) avrebbe preferito e) avremmo aiutato f) Avresti dovuto dirmi, avrei preparato

2.
a) avrebbe salvato b) sarebbe sparita c) sarebbero giunti d) si sarebbero opposti

IMPERATIV

S. 148 - 149

1.
tu: a, e, f, h, i **Lei**: b, c, d, g, j

2.
a) Mi aiuti,...! b) Stia ...! c) Guardi...! d) ..., mi ascolti! e) Ci aspetti! f) Non si preoccupi! g) Venga ...! h) Risponda Lei, ...! i) Sia gentile e mi faccia ...!

3.
a) Non guardare! b) Non ci aspetti! c) Non prendete ...! d) Non telefonarmi ...!/Non mi telefonare ...! e) Non si fermi! f) Non venga ...! g) Non usciamo ...! h) Non andartene!/ Non te ne andare! i) Non lasciatemi/ Non mi lasciate ...! j) Non passi ...! k) Non prendere ...!

4.
a) Scusi, entri pure, dica b) Senta, faccia pure

5.
a) Mi telefoni, per favore! b) Lasci un messaggio, per favore! c) Aspetti un momento, per ...! d) Si accomodi/Si sieda, per ...!
e) Scusi il ritardo! f) Prenda la prima strada a destra!

DER CONGIUNTIVO

S. 165 - 169

1.
a) faccia b) vada c) abbia cambiato, stia
d) dovesse e) fosse

2.
Cong. presente, Cong. imperfetto: a) parli, parlassi b) cerchi, cercassi c) cresca, crescesse d) viviamo, vivessimo e) partiate, partiste f) finiscano, finissero g) sappia, sapessi h) possa, potessi i) debba, dovesse j) vogliamo, volessimo k) vadano, andassero l) sia, fossi m) abbia, avessi

3.
a) sia b) ha c) abbia letto d) succeda
e) puoi f) sa g) possano

4.
a) stessi b) fosse uscito c) sarebbero ritornati/ritornassero d) fosse e) avesse fatto f) pagaste g) avrei potuto/potessi h) andasse

5.
a) voglia b) si sposino c) si sia annoiato d) abbiano divorziato e) andiate f) abbia detto g) possiate h) faccia i) sia piaciuto j) telefoniate

6.
a) facessi, faccia b) esca, rimanessi
c) prenda, andassi d) si riunisse, suonasse
e) restasse, stia

7.
a) B,C b) A,C c) B,C d) A, B

8.
a) ieri sera vi siate divertiti. b) Carlino si fosse fatto male. c) Luisa ha trovato un lavoro. d) in montagna potesse fare tanto caldo.

9.
a) Non sappiamo se b) Saremmo felici se c) Preferisco che d) Sarebbe bello se
e) Confermo che f) Eravamo sorpresi che
g) Carlo raccontava che h) Desidero che
i) Mara credeva che j) Ero sicuro che

10.
a) abbia b) fosse c) possa d) vedo e) capisca f) vada g) sto h) esca i) faccia

11.
Übersetzungsvorschlag: a) Wie wär's mit einem Spaziergang? b) Sie sollen (bloß) aufpassen, die Jungs! c) Wenn Marco wenigstens kochen könnte! d) Wenn Filippo sich wenigstens eine Krawatte umgebunden hätte! e) Emilia findet den Schlüssel nicht. Ob sie ihn verloren hat?

12.
a) Penso di partire nel pomeriggio. d) Spero di poter venire domani.

DIE REFLEXIVEN VERBEN

S. 174

1.
a) ci svegliamo b) si alza, prepara c) mi alzo
d) si lava, si fa, si prepara e) lavarmi, vestirmi, occuparmi f) mi metto g) ci vediamo
h) mi faccio, va i) usciamo, ci sediamo

2.
a) si è sposato b) hanno dovuto trasferirsi/ si sono dovuti trasferire c) ti sei informata
d) si sono incontrati e) ha potuto riposarsi/ si è potuta riposare f) ha voluto iscriversi/si

Merken Sie sich bei den Verben mit regelmäßigem Imperativ für jede Konjugation eine Befehlsform in der Du-Form, z. B.:
scusare ▸ scusa!
rispondere ▸ rispondi!
sentire ▸ senti!

Von diesen Formen aus können Sie auf den Imperativ der **Lei**-Form schließen. Die Endungen sind jeweils entgegengesetzt:

TU	LEI
scusa!	scusi!
rispondi!	risponda!
senti!	senta!

Denken Sie daran, dass nach **sembra che** der **Congiuntivo** folgt.

è voluto iscrivere g) se n'è andata h) non si è divertita i) non è riuscito ad addormentarsi j) si è annoiato k) non ha voluto mettersi/non si è voluta mettere

VERBEN MIT ZWEI PRONOMEN

S. 177 - 178

1.

a) me la sento, ce la mette tutta, se ne fregano b) ce l'hai, ce ne andiamo, ve la sentite c) se la cava, ce l'avete, se ne vanno d) ce la metto tutta, se ne va, ve la cavate e) se ne frega, ce l'abbiamo, se la sentono f) me ne infischio, te la prendi, ce la facciamo

2.

a) D b) B, C c) A d) A, D e) B, C f) A, D g) B, C h) C i) B j) A, D

Nicht vergessen! Die reflexiven Verben bilden das **Passato prossimo** und die anderen zusammengesetzten Zeiten mit dem Hilfsverb **essere**.

3.

a) me ne andavo; b) ce la farò, me la caverò c) me la prenderei, me ne fregherei

4.

a) se la sono presa b) me la sono sentita c) ce l'ha fatta d) ce l'abbiamo messa tutta e) ce ne siamo andati/andate f) se l'è sentita g) me la sono cavata

5.

a) ce l'ha fatta, ce l'aveva messa tutta b) fregatene c) se la sente, se la prenda d) andarsene, se la caverà

6.

a) te la prendi b) ce la fate c) se la prende/ce l'ha d) te la senti e) se la prende f) se la cava

UNPERSÖNLICHE VERBEN

S. 181

1.

a) ha fatto bel tempo, ha fatto un po' fresco b) è/ha nevicato, ha fatto molto freddo c) ha fatto caldo, non sono bastati d) è/ha piovuto

2.

a) basta, bastano, ci vuole b) piace, bisogna c) c'è, ci sono, piacciono d) ci vogliono, sembra, basti

DER INFINITIV

S. 189 - 191

1.

a) a b) da, - c) - d) di e) da f) - g) - h) - i) a j) di k) a l) di m) di n) a

2.

a) di avervi incontrati, -e b) di aver litigato c) di aver lavorato d) di essere andata

3.

a) Non vorrei incontrarli/Non li vorrei incontrare. b) Dovresti telefonargli/Gli dovresti telefonare. c) Sono felice di rivederli. d) Hai promesso di scriverle. e) Mi pare di averlo già visto.

4.

a, c, e, f, g

5.

a) - b) di c) - d) di e) di

6.

b) Emma disse di non essere ancora mai stata negli Stati Uniti. c) Vito dice di non sentirsi tanto bene. d) Diego è sicuro di incontrare la donna giusta. e) Dopo aver letto il giornale, ho fatto una passeggiata. f) Gaia sapeva di dover dimagrire.

7.

a) di b) cosa c) che d) di e) - f) che g) se h) che i) che

8.

Lösungsvorschlag: a) Carla dice di essere molto stanca. b) Credo che il film sia già iniziato. c) Gina teme di dover ripetere l'esame. d) Dopo aver mangiato, abbiamo fatto una passeggiata. e) Mi pare che Paolo sia dimagrito. f) Mi dispiace di non poter venire al tuo compleanno. g) Maria dice di non aver voglia di uscire. h) So di non saper cantare bene.

DAS PARTIZIP

S. 197 - 199

1.

a) sorridente, seguente, affascinante
b) attraente, impressionante, persuadente
c) perdente, ubbidiente, stupefacente
d) vivente, conveniente, accogliente
e) seducente, imponente, fumante

2.
d, f, i, j

3.
a) piangente b) corrente c) ruspante d) volante e) cadente f) frizzante g) vincente h) crescente

4.
b) che riguarda il divorzio breve c) che contengono acidi grassi saturi d) che urlavano slogan animalisti e) che proviene da Bolzano f) La lista dei prodotti che mancano g) che fa parte dell'antico palazzo

5.
a) ferire, fare b) sorridere, scegliere, scommettere c) sorprendere, produrre, dire d) rispondere, vedere, coprire e) morire, offrire, promuovere

6.
a, c, e, f

7.
a) Mangiato b) Rimasta c) Tornati d) uscita

8.
b) Arrivati gli ospiti, il gatto si è nascosto sotto il letto. c) L'aereo partito da Roma ha segnalato problemi al carrello destro. d) Finiti gli studi, Rosa è partita per l'Australia. e) La casa ristrutturata un anno fa è ancora vuota. f) Svegliatosi più volte di notte, il giorno dopo Ivo era stanco. g) Crollato un ponte, non abbiamo potuto prendere l'autostrada.

DAS GERUNDIUM

S. 204 - 205

1.
a) Stiamo giocando a carte. b) Si sta vestendo per uscire. c) Stanno guardando la televisione. d) Stavamo cenando. e) Stavo facendo la spesa. f) Sta ascoltando la musica.

2.
a) Mentre leggeva la lettera, Maria piangeva. b) Se passi per il centro, farai ... c) Siccome non ho/non avevo il tuo indirizzo e-mail, ti ... d) Ho cambiato opinione su di te quando ti ho visto giocare ... e) Anche se aveva fretta, Carla ... f) Se ti organizzi bene, riuscirai ... g) Ho incontrato Piero mentre uscivo dal cinema.

3.
a) Avendo bevuto b) avendo sentito c) Essendo salita d) avendo fatto e) Essendo rimasta f) Essendosi offesi g) avendo letto h) Essendosi sposata

4.
a) G b) V c) G d) G e) N f) V g) V

5.
a) Pur avendo molto lavoro, ti porto volentieri all'aeroporto. b) Essendosi alzata tardi, Rosa non ha tempo di fare colazione. c) Non avendo il navigatore, abbiamo preso la strada sbagliata. d) Emilio ha perso le chiavi facendo jogging nel parco. e) Avendo un pomeriggio impegnativo, preferisco tenermi leggero. f) Essendo stata seduta tutto il giorno, ora voglio andare in palestra. g) Pur/Anche essendosi messa sciarpa, guanti e berretto, Claudia si era raffreddata.

PASSIV

S. 209

1.
Aktivsätze: c, e, f, g; Passivsätze: a, b, d, h

2.
b) I turisti venivano accolti molto bene. c) I turisti verrebbero accolti molto bene. d) I turisti sono stati accolti molto bene. e) Credo che i turisti vengano accolti molto bene.

Das Verb **andarsene** *weggehen*	
Präsens:	(io) me ne vado, (tu) te ne vai, (lui/lei/Lei) se ne va, (noi) ce ne andiamo, (voi) ve ne andate, (loro) se ne vanno
Passato prossimo:	(io) me ne sono andato,-a; (tu) te ne sei andato, -a; (lui/lei/Lei) se n'è andato, -a; (noi) ce ne siamo andati, -e; (voi) ve ne siete andati, -e; (loro) se ne sono andati, -e

Ho visto Chiara uscendo dal cinema.

Ich habe C. gesehen, als ich aus dem Kino kam. (gleiches Subjekt)

Ho visto C. uscire/ che usciva dal cinema. *Ich habe C. aus dem Kino kommen sehen/Ich habe C. gesehen, als sie aus dem Kino kam.*

3.

a) verrà costruito b) è stata inaugurata c) viene eletta d) sono stati trovati/ vennero trovati

UNPERSÖNLICHE FORM SI

S. 213

1.

a) si scrive b) si deve c) si guarda d) si spende e) si dicono f) si mangiano g) si vede h) si prendono

2.

a) si preparano b) si mangia c) si comprano d) si festeggia e) si trovano f) si va

3.

a) si è giovani, si pensa b) si è costruito c) si sono restaurati d) si è brilli, si dovrebbe e) si è vista f) si è timidi, si diventa rossi

VERNEINUNG

S. 218 - 219

1.

a) non b) no, No, non c) No, non d) di no, Non, No, non e) non, Non, no, Non, non

2.

a) Silvia non è molto simpatica. b) Non è nemmeno molto carina. c) Non invita mai nessuno. d) La sera non esce mai./Non esce mai la sera. e) Non si interessa di niente. f) Così nessuno le telefona e nessuno va a trovarla.

3.

a) Oggi non ho mangiato molto. b) Sonia non mangia né la carne né il pesce. c) Stefania non mangia il dessert. Non prende nemmeno la/della frutta. d) I bambini non hanno ancora fatto colazione. e) A colazione non mangio molto. f) La sera non mangio mai. g) Stefano non vuole più bere vino, la sera. h) Non abbiamo ancora mai mangiato la polenta. i) Non stiamo ancora mangiando.

SATZSTELLUNG

S. 227 - 228

1.

a) Claudia ha 28 anni. b) Non è sposata, perché non ha ancora trovato l'uomo giusto. c) Per il momento non è neanche innamorata./Non è neanche innamorata, per il momento. d) La sera non è quasi mai in casa./Non è quasi mia in casa, la sera. e) Il sabato va spesso in discoteca./Va spesso in discoteca, il sabato. f) La domenica non fa niente./Non fa niente, la domenica. g) Non fa nemmeno una passeggiata. h) Da qualche mese sta cercando un appartamento in città. i) Non vuole più abitare fuori città, anche se è meno caro.

2.

a) La sera dove vai?/Dove vai la sera? b) Che cosa fai tutta la domenica a casa?/ Che cosa fai a casa, tutta la domenica? c) Perché non vuoi più abitare fuori città?

3.

a) Come b) Di dove c) Dove d) Quanti e) Che f) Da quanto tempo g) Qual è h) Quando i) Perché

4.

a) Posso chiederLe qualcosa?/Le posso chiedere qualcosa? b) Quanto costano queste scarpe? c) Quale autobus va alla stazione? d) Che ora è?/Che ore sono? e) A che ora comincia il film? f) Le piace la Germania?/La Germania Le piace? g) Com'è il tempo da voi?

RELATIVSATZ

S. 233 - 234

1.

a) in cui b) a cui c) che d) con cui e) di cui f) che

2.

a) 3. b) 1. c) 5. d) 6. e) 2. f) 4.

3.

a) che b) in cui/nella quale c) di cui/dei quali, per cui/per i quali d) che e) in cui/ nella quale f) su cui/sui quali g) da cui/dal quale

4.

a) Dovete dire quello che/ciò che sapete. b) Il libro che mi hai regalato è molto interessante. c) Non so più quello che/ciò che volevo dire. d) Ieri mi ha telefonato Enrico, il che/e ciò/ciò che mi ha fatto molto piacere. e) Chi è stanco può rimanere a casa. f) A chi non piace la musica classica può andare in discoteca. g) Domenica abbiamo visto il film di cui/del quale ci hai parlato. h) Come si chiama il ragazzo la cui madre fa yoga con te? i) È questo il cappotto per cui/per il quale hai speso 500 euro?

5.
a) la fontana b) l'uva c) il portafoglio d) la carta di credito e) il quadro f) il semaforo

BEDINGUNGSSATZ

S. 237

1.
irreale Bedingungssätze: a, c, d, g, h

2.
a) arrivate b) fossi c) vieni d) avessi e) prendiamo f) guardassi g) amasse h) dormissi i) sono j) poteste k) volete

DIE INDIREKTE REDE

S. 244 - 247

1.
a) 3. b) 2. c) 4. d) 1.

2.
a) ha conosciuto ... b) si è innamorato di lei. c) si vedono tutti i giorni. d) quando non si vedono si telefonano. e) un giorno si sposeranno. f) a lui, comunque, piacerebbe vivere con lei.

3.
a) aveva conosciuto b) si era innamorato c) si vedevano d) quando non si vedevano, si telefonavano e) se un giorno si sarebbero sposati f) a lui, comunque, sarebbe piaciuto vivere con lei

4.
a) Sono contento di rivedervi. b) Volete un caffè? c) Avete fatto buon viaggio? d) Quanto tempo rimanete/rimarrete? e) Non partite troppo presto! f) Rimanete almeno due settimane! g) Avete voglia di venire con me al mare? h) Mi piacerebbe partire con voi per la Germania.

5.
b) allora c) là d) quel giorno e) la sera prima f) il giorno prima g) il giorno dopo h) la settimana successiva i) quella mattina j) quella sera k) un mese prima

6.
a) Dice che ieri sera è rimasto a casa da solo. b) Dice che sabato prossimo dovrà lavorare. c) Dice che oggi è troppo stanco per uscire. d) Disse che l'anno dopo avrebbero rifatto la Via dell'Amore. e) Disse che alcuni anni prima era stato in quel luogo. f) Disse che quella sera erano tutti molto allegri.

7.
a) Vuole sapere a che ora andremo da lei domani. b) Ci chiede se le facciamo un favore e le portiamo un chilo di mele./Ci chiede di farle un favore e di portarle un chilo di mele. c) Poi dice che ha molto lavoro e che per domenica non ce la fa a preparare il brasato. d) Dice che cucinerà una cosa veloce. e) Poi ha detto che ha invitato anche Franca e Vito e che porteranno loro il dolce. f) Ci prega di occuparci del vino. g) Alla fine ha detto che tra due settimane va a trovare Ada ... h) e mi chiede se glielo posso fare io il biglietto online.

8.
a) La mamma voleva sapere a che ora saremmo andati da lei l'indomani. b) Ci chiese se le facevamo/facessimo un favore e le portavamo/portassimo un chilo di mele./ Ci chiese di farle un favore e di portarle un chilo di mele. c) Poi disse che aveva molto lavoro e che per la domenica seguente non ce l'avrebbe fatta/non ce la faceva a preparare il brasato. d) Disse che avrebbe cucinato una cosa veloce. e) Poi disse che aveva invitato anche Franca e Vito e che avrebbero portato loro il dolce. f) Ci pregò di occuparci del vino. g) Infine disse che due settimane dopo sarebbe andata a trovare Ada ... h) e mi chiese se glielo potevo/ potessi fare io il biglietto online.

PRÄPOSITIONEN

S. 253

1.
a) da b) da, a, in c) sulla, del d) della, al e) di, sui f) dal, delle g) in, in

2.
a) dal, al b) al, dal c) in, alla, a, in d) in, a e) in, al f) da, in g) al, all' h) nel, a

Viele Fehler beim Gebrauch der Präpositionen können Sie vermeiden, wenn Sie sich bei den Orts- und Richtungsangaben drei Regeln merken:

- **andare/essere a** + Stadt/Ortschaft,
- **andare/essere in** + Land/Region,
- **andare/essere da** + Person

Nach **dire che** und **raccontare che** steht kein **Congiuntivo**.

DIE ZAHLEN

S. 261 - 262

1.

a) sedici b) sessantasette c) 76 d) 113 e) centodiciannove f) 1212 g) duemiladuecentodiciassette h) 11.315 i) 15.414 j) un milione seicentodiciannovemilasettecentoottantotto

2.

a) quattro b) sette, seconda c) dieci, quinta d) sedici, terza, quarto, ventotto

3.

a) mezzo chilo di spinaci b) un chilo di mele c) due chili e mezzo d'uva d) una bottiglia di olio d'oliva e) due etti e mezzo di parmigiano f) tre etti di prosciutto crudo

4.

a) D; b) F; c) G; d) B; e) C; f) A; g) E

5.

b) L'ottantaquattro virgola tre per cento dei bambini ama la pasta in bianco. c) Il cinquantanove virgola quattro per cento dei bambini preferisce le lasagne al risotto. d) Il trentun per cento dei bambini mangia volentieri la cotoletta. e) Il sessantasette virgola due per cento dei bambini come contorno preferisce le patate fritte. f) Il tre virgola otto per cento dei bambini ama mangiare il pesce. g) Il quarantanove virgola sei per cento dei bambini come dolce preferisce il gelato.

Denken Sie daran, dass **mille** nur für (ein)tausend, also von 1000 - 1999, verwendet werden kann. Ab 2000 wird *tausend* mit **mila** wiedergegeben:

duemila, **tremila**, **quattromila**, ...

6.

a) un quarto: b) tre quarti; c) due terzi; d) quattro quinti; e) un ottavo; f) due decimi

KONJUNKTIONEN

S. 267

1.

a) avevo b) siate c) telefona d) partiate e) ho studiato f) volete g) fosse h) eri uscito i) voglia

2.

a) Benché b) perché c) anche se d) Appena e) dopo che f) a patto che g) mentre

3.

a) nonostante b) Siccome c) per cui d) affinché e) a patto che

BEDEUTUNGSVERÄNDERNDE VOR- UND NACHSILBEN

S. 273 - 274

1.

a) costruire b) innamorarsi c) concentrare d) bloccare e) perdere f) mettere g) piovere h) vendere i) formare

2.

a) stravolere b) rivisitare c) stragrande d) il disaccordo e) la stradina f) la disattenzione g) struccarsi h) la stradaccia i) lo stradone j) la riscoperta k) strabere l) disimparare m) lo strapotere n) schiudere

3.

a) disonesta b) disordinata c) insicura d) spiacevoli e) sconosciuta f) disattenta g) inelegante

4.

a) caratteraccio b) fratellino c) parolacce d) mazzetto e) successone f) passeggiatina g) pacchetto h) figuraccia

Tageszeiten	
Vengo ...	*Ich komme ...*
stamattina.	*heute Morgen.*
oggi a mezzogiorno.	*heute Mittag.*
oggi pomeriggio.	*heute Nachmittag*
stasera.	*heute Abend.*
domani mattina.	*morgen Vormittag.*
domani pomeriggio.	*morgen Nachmittag.*
domani sera.	*morgen Abend.*
domenica mattina.	*am Sonntagvormittag.*
lunedì pomeriggio.	*am Montagnachmittag.*
martedì sera.	*am Dienstagabend.*
la mattina.	*morgens.*
il/nel pomeriggio.	*nachmittags.*
la sera.	*abends.*

Wortliste

A

a	*in; auf; um*
a casa	*nach Hause; zu Hause*
a causa di	*wegen*
a che ora?	*um wie viel Uhr?*
a condizione che	*vorausgesetzt, dass*
a cui	*dem, der*
a destra	*rechts; nach rechts*
a lei	*ihr*
a Lei	*Ihnen* (Höflichkeitsform)
a loro	*Ihnen* (3. Person Plural)
a Loro	*Ihnen* (Höflichkeitsform)
a lui	*ihm*
a lungo	*lange*
a me	*mir*
a meno che	*es sei denn*
a noi	*uns*
a patto che	*vorausgesetzt, dass*
a piedi	*zu Fuß*
a sinistra	*links; nach links*
a tavola	*bei Tisch; zu Tisch*
a te	*dir*
a voi	*euch*
a Voi	*Ihnen* (Höflichkeitsform)
abbastanza	*ziemlich; genug*
l'abbonamento	*Abonnement*
l'abbraccio	*Umarmung*
abitare	*wohnen*
abitato/-a	*bewohnt*
l'abitazione	*Wohnhaus*
abituarsi a qc	*sich an etw gewöhnen*
accanto	*daneben*
accanto a	*neben*
accendere	*anzünden; einschalten*
l'accesso	*Zugang*
accettare	*akzeptieren*
Accidenti!	*Verflixt!*
accogliere	*empfangen*
accomodarsi	*Platz nehmen*
accompagnare	*begleiten*
accorgersi di qc	*etw bemerken*
l'aceto	*Essig*
l'acqua	*Wasser*
l'acqua minerale	*Mineralwasser*
adesso	*jetzt*
adottare	*anwenden, ergreifen*
l'adulto/a	*Erwachsene/r*
l'aereo	*Flugzeug*
l'aeroporto	*Flughafen*
affascinante	*charmant*
affascinato/-a	*fasziniert*
affermare	*bestätigen*
affinché	*damit*
l'Africa	*Afrika*
l'agenda	*Notizbuch, Terminkalender*
l'agenzia viaggi	*Reisebüro*
agosto	*August*
aiutare	*helfen*
l'aiuto	*Hilfe*
al più presto	*so schnell wie möglich*
l'albergo	*Hotel*
l'albero	*Baum*
alcuni, alcune	*einige*
l'allegato	*der Anhang*
alle sette	*um sieben Uhr*
allora	*also*
almeno	*mindestens; wenigstens*
alto/-a	*groß; hoch*
altro/-a	*andere(r, s)*
alzarsi	*aufstehen*
amare	*lieben*
Amburgo	*Hamburg*
l'America	*Amerika*
americano	*amerikanisch*
l'amico/-a	*Freund/in*
ammalarsi	*erkranken*
ammettere	*zugeben*
l'analisi	*Analyse*
anche	*auch*
ancora	*noch*
andare	*gehen*
andare a trovare qu	*jdn besuchen (gehen)*
andare d'accordo	*sich verstehen*
andare in pensione	*in Rente gehen*
andarsene	*weggehen*
anni fa	*vor Jahren*
l'anno	*Jahr*
l'anno record	*Rekordjahr*
annoiarsi	*sich langweilen*
antico/-a	*antik*
antifascista	*antifaschistisch*
l'aperitivo	*Aperitif*
apparire	*erscheinen*
l'appartamento	*Wohnung*
appena	*gerade erst; kaum; sobald*
l'appetito	*Appetit*
approvare	*billigen*
l'appuntamento	*Verabredung*
aprile	*April*
aprire	*öffnen*
l'arancia	*Orange*
l'aranciata	*Orangenlimonade*

arancione	*orange*
l'architetto/-a	*Architekt/in*
l'armadio	*Schrank*
arrabbiarsi	*sich ärgern; wütend werden*
arrivare	*ankommen*
l'arrosto di vitello	*Kalbsbraten*
l'arte	*Kunst*
l'articolo	*Artikel*
l'artista	*Künstler/in*
l'asciugamano	*Handtuch*
ascoltare	*zuhören; anhören; hören*
l'asilo	*Kindergarten*
aspettare	*warten (auf)*
assolutamente	*absolut* (Adv.)
assoluto/-a	*absolut* (Adj.)
assurdo/-a	*absurd*
astratto/-a	*abstrakt*
attento/-a	*aufmerksam*
l'attenzione	*Aufmerksamkeit*
l'attività	*Aktivität*
attivo/-a	*aktiv*
l'attore/attrice	*Schauspieler/in*
attrarre	*anziehen; verlocken*
attraversare	*durch-, überqueren*
attraverso	*quer durch*
l'Australia	*Australien*
l'Austria	*Österreich*
l'auto	*Auto*
l'autobus	*Bus*
l'autore/autrice	*Autor/in*
l'autostrada	*Autobahn*
l'autunno	*Herbst*
avanzare	*vorangehen*
avere	*haben*
avere bisogno di	*brauchen*
avere l'impressione	*den Eindruck haben*
avere male	*Schmerzen haben*
avere paura di	*Angst haben vor*
avere paura che	*(be)fürchten, dass*
avere ragione	*recht haben*
avere voglia di qc	*Lust auf etw haben*
l'avvocato/avvocatessa	*Rechtsanwalt/-anwältin*
azzurro/-a	*himmelblau*

B

Babbo Natale	*Weihnachtsmann*
baciare	*küssen*
il bacio	*Kuss*
il bagaglio	*Gepäck*
ballare	*tanzen*
il/la bambino/-a	*Kind*
la banca	*Bank*
la banca dati	*Datenbank*
il bar	*Bar, Café*
Basilea	*Basel*
bastare	*genügen*
beh	*nun; also*
beige	*beige*
il Belgio	*Belgien*
la bellezza	*Schönheit*
bello/-a	*schön*
benché	*obwohl*
bene	*gut*
benedire	*segnen*
benissimo	*sehr gut*
bere	*trinken*
Berlino	*Berlin*
bianco/-a	*weiß*
il bicchiere	*Trinkglas*
il bicchierino	*Gläschen*
la bicicletta	*Fahrrad*
il biglietto	*Fahrkarte; Geldschein*
il bikini	*Bikini*
la birra	*Bier*
bisogna	*man muss*
blu	*blau*
la bocca	*Mund*
alla bolognese	*Bologneser Art*
la borsa	*Tasche*
la borsetta	*Handtasche*
la bottiglia	*Flasche*
bravo/-a	*tüchtig; gut*
Bravo!	*Super!, Glückwunsch!*
breve	*kurz*
il brindisi	*Trinkspruch*
il bronzo	*Bronze*
brutto/-a	*hässlich; schlecht*
Buonasera!	*Guten Abend!*
Buongiorno!	*Guten Tag!*
buono/-a	*gut; lecker*
il burro	*Butter*
il bus	*Bus*

C

la cabina telefonica	*Telefonzelle*
cadere	*fallen*
il caffè	*Kaffee*
la Calabria	*Kalabrien*
il caldo	*Hitze*
caldo/-a	*warm; heiß*
calmarsi	*sich beruhigen*
calmo/-a	*ruhig*
caloroso	*herzlich*
cambiare	*sich ändern; ändern*
cambiare casa	*umziehen*
la camera	*Zimmer*

la camera da letto	*Schlafzimmer*
il/la cameriere/-a	*Kellner/in*
la camicetta	*Bluse*
la camicia	*Hemd*
la camicia da notte	*Nachthemd*
camminare	*gehen; laufen*
la campagna	*Land*
il Canada	*Kanada*
il cane	*Hund*
il cane pastore	*Schäferhund*
il/la cantante	*Sänger/in*
cantare	*singen*
la cantina	*Keller*
la capacità	*Fähigkeit*
il capello	*Haar*
capire	*verstehen*
il Capodanno	*Neujahr*
il cappello	*Hut*
il cappotto	*Mantel*
il carattere	*Charakter*
caricare	*beladen*
carico/-a	*beladen* (Adj.)
carino/-a	*hübsch, nett*
la carne	*Fleisch*
caro/-a	*lieb; teuer*
la carta di credito	*Kreditkarte*
la cartolina	*Ansichtskarte*
la casa	*Haus; Wohnung*
il/la casalingo/-a	*Hausmann/-frau*
il cassetto	*Schublade*
cattivo/-a	*schlecht*
il cavatappi	*Korkenzieher*
c'è	*es gibt*
la cena	*Abendessen*
cenare	*zu Abend essen*
il centro	*Zentrum*
il centro commerciale	*Einkaufszentrum*
il centro storico	*Altstadt*
cercare	*suchen; versuchen*
certamente	*sicherlich; gewiss*
certe volte	*manchmal*
certo	*sicher*
la chat	*Chat*
chattare	*chatten*
che	*was für ein; dass; der, die, das* (Relativpronomen)
che cosa?	*was?*
Che ora è?	*Wie spät ist es?*
Che ore sono?	*Wie spät ist es?*
chi	*wer*
chiamarsi	*heißen*
chiaro/-a	*hell; klar*
la chiave	*Schlüssel*
la chiavetta USB	*USB-Stick*
chiedere	*fragen nach; bitten um*
la chiesa	*Kirche*
il chilo	*Kilo*
il chilometro	*Kilometer*
chissà	*wer weiß*
la chitarra	*Gitarre*
chiudere	*schließen*
chiudere a chiave	*abschließen*
chiunque	*wer auch immer*
chiuso/-a	*geschlossen; verschlossen*
ci	*dahin, dorthin; da, dort; daran; uns*
ci sono	*es gibt*
la ciliegia	*Kirsche*
il cinema	*Kino*
cinese	*chinesisch*
cinquanta	*fünfzig*
ciò	*das; dies*
ciò che	*das, was ...*
la cipolla	*Zwiebel*
circa	*circa, ungefähr*
la città	*Stadt*
la classe	*Klasse*
il/la cliente	*Kunde/Kundin*
la coda	*Schwanz*
cogliere	*pflücken; ergreifen*
la colazione	*Frühstück*
il/la collega	*Kollege/Kollegin*
il colloquio	*Gespräch*
colorare	*färben*
la colpa	*Schuld*
come	*wie*
Come no!	*Und wie!*
cominciare	*beginnen*
il/la commercialista	*Steuerberater/in*
comodo/-a	*bequem*
i compiti	*Hausaufgaben*
il compleanno	*Geburtstag*
comporre	*bilden; komponieren*
comportarsi	*sich benehmen*
comprare	*kaufen*
il computer	*Computer*
comunque	*wie auch immer*
con	*mit*
con cui	*mit dem/der/denen*
con piacere	*gern*
concedere	*gewähren; einräumen*
il concerto	*Konzert*
il/la conducente	*(Auto)fahrer/in*
condurre	*fahren; führen*
confermare	*bestätigen*
la/il conoscente	*Bekannte/r*
conoscere	*kennen; kennenlernen*

conoscersi	*sich kennenlernen*
conosciuto/-a	*bekannt*
consapevole	*bewusst*
il conservatorio	*Konservatorium*
consigliare	*raten; empfehlen*
il consiglio	*Ratschlag*
consumare	*verzehren; verbrauchen*
contento/-a	*zufrieden, froh*
il continente	*Kontinent*
continuare	*fortsetzen; fortfahren; weiterreisen*
il conto	*Rechnung*
contraddire	*widersprechen*
contro	*gegen*
convenire	*sich einigen; sich lohnen*
conviene	*es ist angebracht*
convincere	*überzeugen*
convinto/-a	*überzeugt*
la coreografia	*Choreografie*
correre	*laufen; rennen*
il corridoio	*Flur*
il corso	*Kurs*
corto/-a	*kurz*
la cosa	*Sache*
Cosa?	*Was?*
le cosette	*Kleinigkeiten*
così	*so*
così ... come	*ebenso ... wie*
costare	*kosten*
costruire	*bauen*
il costume da bagno	*Badeanzug*
cotto/-a	*gekocht*
la cravatta	*Krawatte*
credere	*glauben*
crescere	*wachsen*
la crisi	*Krise*
la critica	*Kritik*
criticare	*kritisieren*
la cucina	*Küche*
il/la cugino/-a	*Cousin/e*
cui	*dem, der, denen*
cuocere	*kochen*
curioso/-a	*neugierig*

D

da	*zu; bei*
da ... a ...	*von ... bis ...*
da bambino	*als Kind*
da parte di	*vonseiten*
da qualche parte	*irgendwo(hin)*
da quando?	*seit wann?*
da solo	*alleine*
da tempo	*seit langem*
d'accordo	*einverstanden*
dare	*geben*
davanti	*vor*
davvero	*wirklich; tatsächlich*
i debiti	*Schulden*
debole	*schwach*
decidere	*beschließen*
decidersi	*sich entschließen*
deconcentrare	*ablenken*
definitivo/-a	*endgültig*
deformare	*verformen*
il dente	*Zahn*
il/la dentista	*Zahnarzt/-ärztin*
dentro	*drinnen*
desiderare	*wünschen*
il dessert	*Dessert, Nachtisch*
di	*von*
di cui	*von dem/der*
di fronte a	*gegenüber*
di giorno	*tagsüber*
di meno	*weniger*
di modo che	*sodass*
di notte	*nachts*
di nuovo	*wieder*
di più	*am meisten*
di solito	*normalerweise*
diciassette	*siebzehn*
dieci	*zehn*
difendersi	*sich verteidigen*
la differenza	*Unterschied*
difficile	*schwierig*
la difficoltà	*Schwierigkeit*
dimagrire	*abnehmen*
dimenticare	*vergessen*
Dio	*Gott*
Dipende.	*Das kommt darauf an.*
dipingere	*malen*
il diploma	*Abschlusszeugnis*
dire	*sagen*
direttamente	*direkt (Adv.)*
diretto/-a	*direkt (Adj.)*
il/la direttore/direttrice	*Direktor/in*
dirigere	*leiten; dirigieren*
disattento	*unaufmerksam*
il disco	*Schallplatte*
il discorso	*Gespräch*
la discoteca	*Diskothek*
la discussione	*Auseinandersetzung*
discutere	*diskutieren; besprechen*
disdire	*kündigen; absagen*
disegnare	*zeichnen*
disinnamorarsi	*das Interesse verlieren*
disoccupato/-a	*arbeitslos*
la disoccupazione	*Arbeitslosigkeit*
disonesto/-a	*unehrlich*

disordinato/-a	*unordentlich*
il disordine	*Unordnung*
dispiacere	*leidtun*
il display	*Display*
la distanza	*Abstand*
distrarre	*ablenken*
disturbare	*stören*
il dito	*Finger*
diventare	*werden*
divertente	*unterhaltsam*
divertirsi	*sich amüsieren*
divorziare	*sich scheiden lassen*
il dizionario	*Wörterbuch*
il documentario	*Dokumentarfilm*
il documento	*Dokument*
il dolce	*Kuchen; Nachtisch; Süßigkeit*
dolce	*süß*
il dollaro	*Dollar*
le Dolomiti	*Dolomiten*
domani	*morgen*
domenica	*Sonntag*
la donna	*Frau*
dopo	*nach*
dopodomani	*übermorgen*
doppio	*doppelt*
dormire	*schlafen*
il/la dottore/dottoressa	*Arzt/Ärztin*
Dove?	*Wo?*
dovere	*müssen; sollen*
dovunque	*wo(hin) auch immer*
il dramma	*Drama*
drastico/-a	*drastisch*
il duca	*Herzog*
due	*zwei*
dunque	*nun; also*
il duomo	*Dom*
durante	*während*
durare	*dauern*

E

e	*und*
eccellente	*ausgezeichnet*
ecco	*da ist/sind; hier ist/sind*
ecologico	*umweltfreundlich*
l'edificio	*Gebäude*
egoista	*egoistisch*
l'elefante	*Elefant*
elegante	*elegant*
la seconda elementare	*zweite Grundschulklasse*
l'e-mail	*E-Mail*
emigrare	*auswandern*
enorme	*enorm*
entrare	*hereinkommen*
l'entrata	*Eingang*
entro	*bis* (zeitlich)
l'errore	*Irrtum; Fehler*
l'esame	*Prüfung*
escludere	*ausschließen*
l'esempio	*Beispiel*
esistere	*existieren; bestehen*
l'espresso	*Espresso*
essere	*sein*
essere abituato a qc	*etw gewohnt sein*
essere d'accordo con qu	*mit jdm einig sein*
essere del parere	*der Meinung sein*
essere dell'opinione	*der Meinung sein*
essere seduto	*sitzen*
essere stufo di qc	*etw satthaben*
l'estate	*Sommer*
l'Etna	*Ätna*
l'etto	*hundert Gramm*
l'euro	*Euro*
l'Europa	*Europa*
evidente	*offensichtlich*

F

fa	*vor* (zeitlich)
fa caldo	*es ist warm*
fa freddo	*es ist kalt*
fa fresco	*es ist kühl*
facile	*leicht* (Adj.)
facilmente	*leicht* (Adv.)
il falò	*(Lager)feuer*
la fame	*Hunger*
la famiglia	*Familie*
familiare	*familiär*
famoso/-a	*berühmt*
far male a qu	*jdm weh tun*
far parte di qc	*zu etw gehören*
fare	*tun; machen; ausüben*
fare acquisti	*Einkäufe machen*
fare attenzione	*aufpassen; beachten*
fare benzina	*tanken*
fare campeggio	*campen*
fare colazione	*frühstücken*
fare il bagno	*baden*
fare jogging	*joggen*
fare la doccia	*duschen*
fare la maturità	*Abitur machen*
fare la spesa	*einkaufen*
fare le valigie	*Koffer packen*
fare pace	*sich versöhnen*
fare piacere a qu	*jdn freuen*

fare una brutta figura	einen schlechten Eindruck machen
fare vedere	zeigen
il/la farmacista	Apotheker/in
farsi la barba	sich rasieren
farsi male	sich weh tun
il fax	Fax
la febbre	Fieber
il fegato	Leber
felice	glücklich (Adj.)
felicemente	glücklich (Adv.)
fermarsi	anhalten
la fermata	Haltestelle
la festa	Fest; Feiertag
festeggiare	feiern
la fetta	Scheibe; Stück
la fettina di vitello	Kalbsschnitzel
il/la fidanzato/-a	Verlobte/r, Freund/in
i figli	Kinder
la figlia	Tochter
il figlio	Sohn
la fila	Reihe
il file	Datei
il film	Film
la filosofia	Philosophie
finalmente	endlich
il fine settimana	Wochenende
la finestra	Fenster
il finestrino	Fenster (eines Verkehrsmittels)
finire	beenden; aufhören
fino a	bis
il fiore	Blume
il fitwalking	Walking
il fiume	Fluss
folle	verrückt (Adj.)
follemente	verrückt (Adv.)
la fontana	Brunnen
forse	vielleicht
la forza	Kraft
la foto	Foto
fra	in (zeitlich)
la fragola	Erdbeere
il/la francese	Franzose/Französin
francese	französisch
la Francia	Frankreich
il francobollo	Briefmarke
il fratello	Bruder
nel frattempo	in der Zwischenzeit
il freddo	Kälte
freddo/-a	kalt
frequentare	besuchen
fresco/-a	frisch
la fretta	Eile
il Friuli	Friaul
la frutta	Obst
fumare	rauchen
il fungo porcino	Steinpilz
fuori	draußen; außerhalb
futuro/-a	zukünftig

G

la gara	Wettkampf
il gatto	Katze
il gelato	Eis
il genero	Schwiegersohn
i genitori	Eltern
gennaio	Januar
la gente	Leute
gentile	freundlich (Adj.)
gentilmente	freundlich (Adv.)
la Germania	Deutschland
già	schon
la giacca	Jacke
la giacca di pelle	Lederjacke
giallo/-a	gelb
il giardino	Garten
la ginnastica	Gymnastik
il ginocchio	Knie
giocare	spielen
giocare a carte	Karten spielen
giocare a golf	Golf spielen
il giornale	Zeitung
il/la giornalista	Journalist/in
la giornata	Tag
la giornataccia	schrecklicher Tag
il giorno	Tag
un giorno	eines Tages
giovane	jung
giovedì	Donnerstag
la gioventù	Jugend
il giradischi	Plattenspieler
girare	herumdrehen; umdrehen
la gita	Ausflug
giungere ad un accordo	eine Einigung erzielen
giusto/-a	richtig; gerecht
gli	die; ihm
lo gnocco	Klößchen
godersi	genießen
il golf	Strickjacke
la gondola	Gondel
la gonna	Rock
la grammatica	Grammatik
grande	groß; bedeutend
grassottello	dicklich
grattugiare	reiben
grave	schlimm
grazie	danke

grazie a	*dank*
greco/-a	*griechisch*
grigio/-a	*grau*
il grissino	*Grissini*
il gruppo	*Gruppe*
il guanto	*Handschuh*
guardare	*schauen, anschauen*
guardare la televisione	*fernsehen*
la guerra	*Krieg*
la guida	*Stadtführer/in*
guidare	*fahren*

H

l'hardware	*Hardware*

I

l'idea	*Idee*
ieri	*gestern*
il che	*was; und das*
immaginare	*sich vorstellen*
l'imperatore/imperatrice	*Kaiser/in*
l'impiegato/-a	*Angestellte/r*
importante	*wichtig*
importare a qu	*jdm am Herzen liegen; jdn interessieren*
impossibile	*unmöglich*
in	*in*
in piedi	*stehend*
in piena campagna	*mitten auf dem Land*
in poco tempo	*in kurzer Zeit*
in tempo	*pünktlich*
l'incidente	*Unfall*
incontrare	*treffen*
incontrarsi	*sich treffen*
incredibile	*unglaublich* (Adj.)
incredibilmente	*unglaublich* (Adv.)
l'India	*Indien*
l'indirizzo	*Adresse*
indispensabile	*unverzichtbar*
inelegante	*unelegant*
infatti	*in der Tat, tatsächlich*
l'infinità	*Unmenge*
informarsi	*sich informieren*
informato/-a	*informiert*
l'informazione	*Information*
l'ingegnere	*Ingenieur/in*
l'ingegneria	*Ingenieurwesen*
l'Inghilterra	*England*
ingiusto/-a	*ungerecht*
l'inglese	*Englisch*
inglese	*englisch*
iniziare	*beginnen*
innamorarsi	*sich verlieben*
innamorato/-a	*verliebt*
l'inquinamento	*Verschmutzung*
l'insalata	*Salat*
l'insegnante	*Lehrer/in*
insegnare	*unterrichten*
insicuro/-a	*unsicher*
insieme	*zusammen*
insistere	*bestehen, beharren*
l'Intercity	*Intercity*
interessante	*interessant*
interessarsi di qc	*sich für etw interessieren*
l'interesse	*Interesse*
Internet	*Internet*
intero/-a	*ganz*
intervenire	*eingreifen*
invece	*hingegen*
invece di	*anstatt zu*
l'inverno	*Winter*
investire	*investieren*
invitare	*einladen*
l'invito	*Einladung*
io	*ich*
l'Irlanda	*Irland*
l'ironia	*Ironie*
l'Istituto Italiano di Cultura	*italienisches Kulturinstitut*
l'Italia	*Italien*
l'italiano	*Italienisch*
l'italiano/-a	*Italiener/in*
italiano/-a	*italienisch*

J

il jazz	*Jazz*
i jeans	*Jeans*
il jogging	*Jogging*

L

la	*die; sie* (direktes Objektpronomen)
là	*dort*
la domenica	*sonntags*
la sera	*abends*
il laboratorio	*Werkstatt*
il/la ladro/-a	*Dieb/in*
il lago	*See*
la lampada	*Lampe*
il laptop	*Laptop*
largo	*weit*
le lasagne	*Lasagne*
lasciare	*lassen, hinterlassen*

lavare	*spülen*
lavare i piatti	*Geschirr spülen*
lavarsi	*sich waschen*
lavorare	*arbeiten*
il/la lavoratore/ lavoratrice	*Arbeiter/in*
i lavori di casa	*Hausarbeit*
il lavoro	*Arbeit*
le	*ihr, Ihnen*
la legge	*Gesetz*
leggere	*lesen*
leggermente	*leicht* (Adv.)
leggero/-a	*leicht* (Adj.)
lei	*sie* (Subjektpronomen 3. Person Singular)
Lei	*Sie*
lentamente	*langsam* (Adv.)
lento	*langsam* (Adv.)
la lettera	*Brief*
il letto	*Bett*
la lezione	*Lektion*
li	*sie* (Objektpronomen 3. Person Plural)
lì	*dort*
libero/-a	*frei*
il libro	*Buch*
il liceo	*gymnasiale Oberstufe*
lieto/-a	*froh*
lilla	*lila*
il limone	*Zitrone*
la lingua	*Sprache*
litigare	*streiten*
lo	*der* (Artikel)*; ihn/es* (direktes Objektpronomen)
lo stesso	*trotzdem; derselbe*
lodare	*loben*
Londra	*London*
lontano/-a	*fern; entfernt*
loro	*sie* (Subjektpronomen 3. Person Plural)
il/lo/la loro	*ihr* (Possessivpronomen, 3. Person Plural)
Loro	*Sie* (Pluralform)
il lotto	*Lottospiel*
luglio	*Juli*
lui	*er; ihn; ihm*
la luna	*Mond*
lunedì	*Montag*
lungo/-a	*lang*
lungo il Po	*am Po*

M

ma	*aber*
Ma come!	*Wie bitte?*
la macchina	*Auto*
la madre	*Mutter*
maggio	*Mai*
maggiore	*größer; älter*
Mah ...!	*Na ja ...*
mai	*nie*
la mail	*Mail*
il mal di stomaco	*Magenschmerzen*
il mal di testa	*Kopfschmerzen*
malato/-a	*krank*
male	*schlecht*
malissimo	*sehr schlecht*
la mamma	*Mama*
mancare	*fehlen*
mandare	*schicken*
mangiare	*essen*
la mano	*Hand*
mantenere	*halten; unterhalten*
il marciapiede	*Gehweg*
il mare	*Meer*
marino/-a	*Meeres-, Meer-*
il marito	*Ehemann*
martedì	*Dienstag*
marzo	*März*
massimo	*größte/r*
la matematica	*Mathematik*
il matrimonio	*Hochzeit*
la/il mattina/-o	*Morgen*
matto/-a	*verrückt*
me	*mich; mir*
la medicina	*Medizin*
il medico	*Arzt/Ärztin*
meglio	*besser*
la mela	*Apfel*
la melanzana	*Aubergine*
meno (di)	*weniger (als)*
mentre	*während*
il menu	*Menü; Speisekarte*
meravigliosamente	*wunderbar* (Adv.)
meraviglioso/-a	*wunderbar* (Adj.)
il mercato	*Markt*
il mese	*Monat*
il messaggio	*Nachricht*
il Messico	*Mexiko*
il mestiere	*Beruf; Handwerk*
la metà	*Mitte; Hälfte*
la metropoli	*Metropole*
la metropolitana	*U-Bahn*
mettere	*anziehen; tragen; legen*
mettersi a	*anfangen zu*
mettersi d'accordo	*sich einigen*

mettersi qc	*sich etw anziehen*
mezzanotte	*Mitternacht*
i mezzi pubblici	*öffentliche Verkehrsmittel*
mezzo	*halb*
mezzogiorno	*zwölf Uhr mittags*
mi	*mir; mich*
mi dispiace	*es tut mir leid*
i miei	*meine Eltern*
il/la migliore	*der/die Beste*
migliore	*besser*
Milano	*Mailand*
il milione	*Million*
minimo/-a	*kleinste/r*
il ministro/ la ministra	*Minister/in*
minore	*kleiner; jünger*
il minuto	*Minute*
mio	*mein*
la misura	*Maßnahme; Maß*
il mobile	*Möbelstück*
la moda	*Mode*
la modella	*Model*
il modello	*Modell*
il modem	*Modem*
moderno/-a	*modern*
la moglie	*Ehefrau*
moltissimo	*sehr viel*
molto	*sehr; viel*
il momento	*Augenblick, Moment*
Monaco	*München*
il/la monarca	*Monarch/in*
il mondo	*Welt*
nel mondo intero	*weltweit*
la montagna	*Berg; Gebirge*
il morale	*Stimmung*
morale	*moralisch*
morire	*sterben*
la morte	*Tod*
il mosaico	*Mosaik*
la mostra	*Ausstellung*
il motivo	*Motiv; Grund*
la moto	*Motorrad*
il mouse	*Computermaus*
muovere	*bewegen*
muscoloso/-a	*muskulös*
il museo	*Museum*
la musica	*Musik*
la musica classica	*klassische Musik*
la musica jazz	*Jazzmusik*
la musica leggera	*Unterhaltungsmusik*

N

Napoli	*Neapel*
nascere	*geboren werden; entstehen*
il Natale	*Weihnachten*
naturale	*natürlich* (Adj.)
naturalmente	*natürlich* (Adv.)
navigare su Internet	*im Internet surfen*
ne	*davon; dazu; darüber; von dort*
né ... né	*weder ... noch ...*
neanche	*auch nicht; nicht einmal*
necessario/-a	*notwendig*
il negozio	*Geschäft, Laden*
nemmeno	*nicht einmal*
nero/-a	*schwarz*
nervoso/-a	*nervös*
nessuno/-a	*kein(e) einzige(r, s); niemand*
nevicare	*schneien*
niente	*nichts*
il/la nipote	*Neffe; Enkel/Nichte; Enkelin*
no	*nein; nicht*
noi	*wir; uns*
il nome	*Name*
non ... affatto	*überhaupt nicht*
non ... ancora	*noch nicht*
non ... mica	*gar nicht*
non ... più	*nicht mehr*
la nonna	*Großmutter*
i nonni	*Großeltern*
il nonno	*Großvater*
il Nord	*Norden*
normalmente	*normalerweise*
nostro/-a	*unser*
noto	*bekannt*
la notte	*Nacht*
nove	*neun*
nulla	*nichts*
il numero	*Nummer*
il numero di telefono	*Telefonnummer*
la nuora	*Schwiegertochter*
nuotare	*schwimmen*
nuovo/-a	*neu*
la nuvola	*Wolke*

O

gli occhiali	*Brille*
l'occhio	*Auge*
occuparsi di qc	*sich mit etw beschäftigen*
occupato/-a	*besetzt; beschäftigt*

offendere	*beleidigen*
offrire	*anbieten*
l'oggetto	*Gegenstand*
oggi	*heute*
ogni	*jede(r, s)*
ognuno	*jeder einzelne*
l'olio	*Öl*
l'olio d'oliva	*Olivenöl*
l'ombra	*Schatten*
l'ombrello	*Schirm*
l'onda	*Welle*
onesto/-a	*ehrlich*
l'opera	*Oper; Werk*
l'operetta	*Operette*
l'opinione	*Meinung*
opporsi	*sich widersetzen*
o(ppure)	*oder*
l'ora	*Stunde; Uhrzeit*
ordinato/-a	*ordentlich*
l'ordine	*Ordnung*
l'orecchio	*Ohr*
organizzarsi	*sich organisieren*
l'orologio	*Uhr*
l'ospedale	*Krankenhaus*
l'ospite	*Gast*
ottenere	*erreichen*
ottimo/-a	*beste/r; sehr gut*
otto	*acht*

P

il pacchetto	*Päckchen; Schachtel*
il pacco	*Paket*
il padre	*Vater*
il paese	*Land; Dorf*
pagare	*zahlen*
la pagina	*Seite*
il paio	*Paar*
la palestra	*Fitnessstudio*
il pane	*Brot*
il panino	*Brötchen*
la panna	*Sahne*
i pantaloni	*Hose*
parcheggiare	*parken*
il parcheggio	*Parkplatz*
il parco	*Park*
parecchi/-ie	*ziemlich viele*
il/la parente	*Verwandte/r*
parere	*scheinen*
Parigi	*Paris*
il/la parlamentare	*Parlamentarier/in*
parlare	*sprechen*
il parmigiano	*Parmesan*
la parola	*Wort*
il/la parrucchiere/-a	*Friseur/Friseurin*
partecipare	*teilnehmen*
particolarmente	*besonders*
partire	*weggehen; abfahren; abreisen*
la partita di calcio	*Fußballspiel*
la Pasqua	*Ostern*
il passaporto	*Reisepass*
passare	*verbringen; fahren über; vorbeikommen*
la passeggiata	*Spaziergang*
la pasta	*Nudeln*
la patata	*Kartoffel*
la patente	*Führerschein*
il/la patriarca	*Patriarch/in*
paziente	*geduldig*
la pazienza	*Geduld*
peccato	*schade*
peggio	*schlechter (Adv.)*
peggiore	*schlechter (Adj.)*
pensare	*denken*
il peperone	*Paprikaschote*
per	*für; nach*
per esempio	*zum Beispiel*
per favore/piacere	*bitte*
per fortuna	*zum Glück*
per la prima volta	*zum ersten Mal*
per me	*für mich*
per motivi di salute	*aus gesundheitlichen Gründen*
per niente	*überhaupt nicht*
perché	*warum; weil; damit*
perdere	*verlieren; verpassen*
perfetto/-a	*perfekt*
il permesso	*Erlaubnis*
permettere	*erlauben; zulassen*
però	*aber*
persino	*sogar*
la persona	*Person*
il personale	*Personal*
pesare	*wiegen*
la pesca	*Pfirsich*
il pesce	*Fisch*
pessimo	*sehr schlecht*
piacere	*gefallen; schmecken*
piacevole	*angenehm*
piangere	*weinen*
il piano	*Stock(werk)*
piano/-a	*langsam*
il piano(forte)	*Klavier*
il piatto	*Teller; Gericht*
la piazza	*Platz*
il piazzale	*großer Platz*
piccolo/-a	*klein*
il picnic	*Picknick*
pieno/-a	*voll*

il pigiama	*Schlafanzug*
la pioggia	*Regen*
piovere	*regnen*
la piscina	*Schwimmbad*
più	*mehr*
più ... che/di	*mehr ... als*
piuttosto	*eher*
la pizza	*Pizza*
la pizzeria	*Pizzeria*
un po'	*ein wenig*
pochissimo	*sehr wenig*
poco	*wenig*
poi	*dann*
la polenta	*Polenta*
il pomeriggio	*Nachmittag*
porre	*stellen; legen; setzen*
la porta	*Tür*
il portafoglio	*Brieftasche*
portare	*tragen; bringen*
possibile	*möglich*
la possibilità	*Möglichkeit*
la posta	*Post*
il posto	*Ort; Platz*
potere	*können*
povero/-a	*arm*
il pranzo	*Mittagessen*
pratico/-a	*praktisch*
di preciso	*ganz genau*
preferire	*bevorzugen*
pregare	*bitten*
prendere	*nehmen*
prendere freddo	*sich verkühlen*
prenotare	*reservieren; buchen*
preparare	*zubereiten*
prepararsi	*sich vorbereiten; sich fertig machen*
presentare	*vorstellen*
prestare	*verleihen*
presto	*frühzeitig; bald*
il prezzo	*Preis*
prima	*zuerst*
prima che/di	*bevor; vor*
la primavera	*Frühjahr*
primo/-a	*erste/r*
probabilmente	*wahrscheinlich*
il problema	*Problem*
i prodotti biologici	*Bioprodukte*
il prodotto	*Produkt*
produrre	*produzieren*
il/la professore/professoressa	*Professor/in; Lehrer/in*
il programma	*Programm*
promettere	*versprechen*
pronto	*fertig*
Pronto?	*Hallo?* (am Telefon)
proporre	*vorschlagen*
proprio	*eigen; wirklich*
il prosciutto	*Schinken*
il prosciutto crudo	*roher Schinken*
il prosecco	*Prosecco*
prossimo	*nächster*
proteggere	*schützen*
provare	*probieren, anprobieren*
prudente	*vorsichtig*
lo psicologo	*Psychologe*
pubblicare	*veröffentlichen*
il pubblico	*Publikum*
pulire	*putzen*
il pullover	*Pullover*
può darsi	*es kann sein*
pure	*doch, bitte*
purché	*vorausgesetzt, dass*
purtroppo	*leider*

Q

il quadro	*Bild; Gemälde*
qualche	*einige*
qualche volta	*manchmal*
qualcosa	*etwas*
qualcuno	*jemand*
quale	*welche(r, s)*
qualsiasi	*jede(r, s) beliebige; welche(r, s) auch immer*
qualunque	*jede(r, s) beliebige; welche(r, s) auch immer*
quando	*wenn; als; wann*
quanto	*wie (sehr)*
quanto?	*wie viel?*
il quartiere	*Stadtteil*
il quarto	*Viertel*
quasi	*beinahe; fast*
quattro	*vier*
quello/-a	*jene/r*
questo/-a	*diese/r*
qui	*hier*
quindici	*fünfzehn*

R

raccomandare	*empfehlen*
raccontare	*erzählen*
la radio	*Radio*
il raffreddore	*Erkältung, Schnupfen*
la ragazza	*Mädchen; feste Freundin*
il ragazzo	*Junge; fester Freund*
ragionare	*nachdenken; überlegen*
rapidamente	*schnell* (Adv.)

rapido/-a	*schnell* (Adj.)
rappresentare	*darstellen*
raramente	*selten* (Adv.)
raro/-a	*selten* (Adj.)
reagire	*reagieren*
reale	*real*
realista	*realistisch*
realizzare	*realisieren; verwirklichen*
record	*Rekord-*
regalare	*schenken*
il regalo	*Geschenk*
la regata	*Regatta*
la regione	*Region*
regolare	*regelmäßig* (Adj.)
regolarmente	*regelmäßig* (Adv.)
restare	*bleiben*
restaurare	*restaurieren*
ricco/-a	*reich*
riconoscere	*wiedererkennen*
ricordarsi	*sich erinnern*
ricostruire	*wieder aufbauen*
ridere	*lachen*
rientrare	*zurückkehren*
rifare	*wiederholen*
rimanere	*bleiben*
rimettere	*wieder legen*
ringraziare	*sich bedanken*
riparare	*reparieren*
ripartire	*wieder fortgehen; wieder wegfahren*
il ripieno	*Füllung*
riportare	*zurückbringen*
riposarsi	*sich ausruhen*
il riso	*Reis*
risolvere	*lösen*
il risotto	*Risotto*
rispondere	*antworten*
la risposta	*Antwort*
il ristorante	*Restaurant*
il ritardo	*Verspätung*
il ritmo	*Rhythmus*
ritornare	*zurückkommen; zurückkehren*
il ritorno	*Rückkehr; Heimkehr*
ritrovare	*wiederfinden*
riunirsi	*sich versammeln*
riuscire a fare qc	*etw schaffen*
rivedere	*wiedersehen*
rivendere	*wieder verkaufen*
la rivista	*Zeitschrift*
Roma	*Rom*
rompere	*zerbrechen, kaputt machen*
rompersi	*kaputtgehen*
la rosa	*Rose*
rosa	*rosa*
rosso/-a	*rot*
rosso fuoco	*feuerrot*
rotto/-a	*kaputt*
rubare	*stehlen*
la rucola	*Rucola*
il russo	*Russisch*

S

sabato	*Samstag*
la sala da pranzo	*Esszimmer; Speisesaal*
salire	*hoch-, hinaufsteigen*
salutare	*grüßen*
salvare la vita a qu	*jdm das Leben retten*
sano/-a	*gesund*
sapere	*wissen; können; erfahren*
la Sardegna	*Sardinien*
lo sbaglio	*Fehler*
sbloccare	*lösen*
la scala	*Treppe*
lo scanner	*Scanner*
la scarpa	*Schuh*
scegliere	*aussuchen, auswählen*
scendere	*herab-, hinabsteigen*
lo schermo	*der Bildschirm*
la schiavitù	*Sklaverei*
lo sci	*Ski*
lo scialle	*Schultertuch*
sciare	*Ski fahren*
lo sciopero	*Streik*
scivolare	*ausrutschen*
sconosciuto/-a	*unbekannt*
scorso/-a	*vergangen; vorig*
lo/la scrittore/scrittrice	*Schriftsteller/in*
la scrivania	*Schreibtisch*
scrivere	*schreiben*
la scuola	*Schule*
scusare	*entschuldigen*
scusarsi	*sich entschuldigen*
Scusi!	*Entschuldigen Sie!*
se	*wenn; ob*
sé	*sich*
sebbene	*obwohl*
il secolo	*Jahrhundert*
secondo/-a	*zweite(r, s)*
secondo me/te	*meiner/deiner Meinung nach*
sedere	*sitzen*
sedersi	*sich setzen*
seguire	*folgen*
sei	*sechs*
il semaforo	*Ampel*

sembrare	*scheinen*
semplice	*einfach*
sempre	*immer*
sentire	*hören*
senza	*ohne*
senza ... alcuno	*ohne jeglichen*
senza che	*ohne dass*
separarsi	*sich trennen*
la sera	*Abend*
la serata	*Abend*
servire	*nützen; dienen*
servirsi	*sich bedienen*
la servitù	*Dienstboten*
sette	*sieben*
settembre	*September*
la settimana	*Woche*
si	*man; sich*
sì	*ja*
siccome	*da, weil*
la Sicilia	*Sizilien*
sicuro/-a	*sicher*
sicuro di sé	*selbstsicher*
la sigaretta	*Zigarette*
la signora	*Frau*
il signore	*Herr*
simpatico/-a	*sympathisch*
il/la single	*Single*
il sito	*die Homepage*
la situazione	*Situation*
smettere	*aufhören*
snello/-a	*schlank*
la società	*Gesellschaft*
il sofà	*Sofa*
il software	*Software*
il soggiorno	*Wohnzimmer*
i soldi	*Geld*
solito/-a	*gewohnt; üblich*
il solo/la sola	*Einzige(r)*
solo	*nur; einzig; einsam; allein*
la soluzione	*Lösung*
sopportare	*ertragen*
sopra	*auf; über*
soprattutto	*vor allem*
la sorella	*Schwester*
la sorellina	*Schwesterchen; kleine Schwester*
sorpreso/-a	*überrascht*
sotto	*unter*
sotto la pioggia	*im Regen*
il souvenir	*Souvenir*
gli spaghetti	*Spaghetti*
la Spagna	*Spanien*
lo spagnolo	*Spanisch*
sparire	*verschwinden*
spazioso/-a	*geräumig*
lo specchio	*Spiegel*
speciale	*besondere(r, s)*
la specialità	*Spezialität*
la specie	*Art*
spegnere	*ausschalten; löschen*
spendere	*ausgeben*
sperare	*hoffen*
la spesa	*Einkauf*
spesso	*oft*
lo spettacolo	*Vorstellung; Schauspiel*
la spia	*der/die Spion/in*
spiacevole	*unangenehm*
la spiaggia	*Strand*
gli spinaci	*Spinat*
spiovere	*aufhören zu regnen*
sporco/-a	*schmutzig*
lo sport	*Sport*
sposarsi	*heiraten*
sposato/-a	*verheiratet*
lo spumante	*Sekt*
sragionare	*dummes Zeug reden*
stamattina	*heute Morgen*
la stampante	*der Drucker*
stanco/-a	*müde*
stanco morto	*todmüde*
stanotte	*heute Nacht*
la stanza	*Zimmer*
stare	*sein; bleiben*
stare attento	*aufpassen*
stare bene	*wohlauf sein*
stare bene a qu	*jdm gut stehen*
stare male	*krank sein; sich unwohl fühlen*
stare per ...	*im Begriff sein, ...*
stasera	*heute Abend*
gli Stati Uniti	*Vereinigte Staaten*
la stazione	*Bahnhof*
stesso	*selbst*
lo stile	*Stil*
lo stivale	*Stiefel*
la storia	*Geschichte*
storico/-a	*historisch*
la strada	*Straße*
la stragrande maggioranza	*überwältigende Mehrheit*
strano/-a	*seltsam; merkwürdig*
straperdere	*haushoch verlieren*
stretto/-a	*eng*
lo/la studente/studentessa	*Schüler/in; Student/in*
gli studi	*Studium; Studienzeit*
studiare	*lernen; studieren*
lo studio	*Arbeitszimmer*
su	*auf*

subito	*sofort*
succedere	*geschehen*
il successo	*Erfolg*
il sud	*Süden*
il sugo	*Soße*
suo	*sein; ihr*
Suo	*Ihr*
la suocera	*Schwiegermutter*
i suoceri	*Schwiegereltern*
il suocero	*Schwiegervater*
suonare	*(ein Instrument) spielen; läuten*
il supermercato	*Supermarkt*
svegliare	*wecken*
svegliarsi	*aufwachen*
la Svizzera	*Schweiz*
lo/la svizzero/-a	*Schweizer/in*

T

il tabaccaio	*Tabakhändler*
tacere	*schweigen*
il taglio	*Schnitt*
tanti anni fa	*vor vielen Jahren*
tanto	*so sehr; (so) viel*
tanto ... quanto	*ebenso ... wie*
tardi	*spät; zu spät*
tardissimo	*sehr spät*
la tavola	*Tisch*
il tavolo	*Tisch*
il taxi	*Taxi*
te	*dich; dir*
il tè	*Tee*
il teatro	*Theater*
il tedesco	*Deutsch*
il/la tedesco/-a	*Deutsche/r*
tedesco/-a	*deutsch*
telefonare	*anrufen; telefonieren*
la telefonata	*Telefonanruf*
il telefonino	*Handy*
la televisione	*Fernsehen*
il televisore	*Fernseher*
temere	*befürchten*
il tempo	*Wetter; Zeit*
tempo fa	*vor langer Zeit*
tenere	*behalten*
la terrazza	*Terrasse*
terribile	*schrecklich* (Adj.)
terribilmente	*entsetzlich* (Adv.)
terzo	*dritte(r, s)*
la testa	*Kopf*
il testo	*Text*
il tetto	*Dach*
ti	*dir; dich*
timido/-a	*schüchtern*
tipico/-a	*typisch*
il tipo	*Typ*
il tiramisù	*Tiramisu*
togliere	*ab-, wegnehmen*
togliersi la vita	*sich das Leben nehmen*
Torino	*Turin*
tornare	*zurückgehen; zurückkommen*
il torneo di tennis	*Tennisturnier*
i tortellini	*Tortellini*
la Toscana	*Toskana*
la tosse	*Husten*
tra	*in; innerhalb; unter*
tradurre	*übersetzen*
il/la traduttore/traduttrice	*Übersetzer/in*
la traduzione	*Übersetzung*
il traffico	*Verkehr*
tranquillamente	*ruhig* (Adv.)
tranquillo/-a	*ruhig* (Adj.)
trarre	*ziehen; entnehmen*
trasferirsi	*umziehen*
il trasloco	*Umzug*
trasmettere	*übertragen*
trattare	*behandeln*
tre	*drei*
tremare	*zittern*
le trenette	*dünne, flache Nudeln*
il treno	*Zug*
triste	*traurig*
troppo	*zu viel; zu*
troppo a lungo	*zu lange*
trovare	*finden*
trovarsi	*sich befinden*
tu	*du*
tuo/-a	*dein*
il tuono	*Donner*
turchese	*türkis*
il/la turista	*Tourist/in*
turistico/-a	*touristisch*
tuttavia	*dennoch*
tutti	*alle(r, s); jede(r, s)*
tutti i giorni	*jeden Tag*
tutto	*all; alle(s); ganz und gar*
tutto il giorno	*den ganzen Tag*

U

ubriaco/-a	*betrunken*
l'uccello	*Vogel*
l'ufficio	*Büro*
l'ufficio informazioni	*Auskunftsbüro*
ultimo/-a	*letzte(r, s)*
l'una	*ein Uhr*
undici	*elf*
unico/-a	*einzig*

uno	*eins; einer*
uno dopo l'altro	*einer nach dem anderen*
l'uomo	*Mann*
l'uomo di stato	*Staatsmann*
l'uovo	*Ei*
usare	*verwenden*
uscire	*hinausgehen; herauskommen*
utile	*nützlich*
l'uva	*Trauben*

V

la vacanza	*Urlaub; Ferien*
il vagone ristorante	*Speisewagen*
valere	*gelten*
la valigia	*Koffer*
il vantaggio	*Vorteil*
vario/-a	*verschieden*
il vaso	*Vase*
Vattene!	*Geh weg!*
vecchio/-a	*alt*
vedere	*sehen*
vedersi	*sich sehen*
veloce	*schnell*
vendere	*verkaufen*
venerdì	*Freitag*
venire	*kommen*
venire a prendere	*abholen*
venire a sapere	*erfahren*
venti	*zwanzig*
veramente	*wirklich*
verde	*grün*
la verdura	*Gemüse*
la vergogna	*Schande*
la verità	*Wahrheit*
il vernissage	*Vernissage*
vero/-a	*wahr*
Vero?	*Stimmt's?; Oder?*
verso	*gegen*
il vescovo	*Bischof*
vestirsi	*sich anziehen; sich kleiden*
i vestiti	*Kleider*
il vestito	*Kleid*
il vestito da sposa	*Brautkleid*
la vetrina	*Schaufenster*
vi	*euch; Ihnen*
via	*weg*
viaggiare	*reisen*
il viaggio	*Reise*
il/la vicino/-a	*Nachbar/in*
vicino a	*in der Nähe; nahe*
la villa	*Villa*
la villetta	*Haus mit Garten*
vincere	*gewinnen*
il vino	*Wein*
viola	*violett*
violentemente	*gewaltsam* (Adv.)
violento/-a	*gewaltsam; gewalttätig*
il violino	*Geige*
la virtù	*Tugend*
la visita	*Besichtigung*
visitare	*besuchen; besichtigen*
la vista	*(Aus)sicht; (Aus)blick*
la vita	*Leben*
vivace	*lebhaft*
vivere	*leben*
il (messaggio) vocale	*die Sprachnachricht*
voi	*ihr*
Voi	*Sie*
volare	*fliegen*
volentieri	*gerne*
volerci	*brauchen, benötigen*
volere	*wollen*
una volta	*einmal; einst*
la volta	*Mal*
la vongola	*Venusmuschel*
vostro/-a	*euer*
Vostro/-a	*Ihr*

X

lo xilofono	*Xyolofon*

Y

lo yoga	*Yoga*
lo yogurt	*Joghurt*

Z

lo zaino	*Rucksack*
la zia	*Tante*
lo zio	*Onkel*
zitto/-a	*still; ruhig*
lo zoo	*Zoo*
la zucca	*Kürbis*
lo zucchero	*Zucker*
gli zucchini	*Zucchini*
Zurigo	*Zürich*

Sach- und Stichwortverzeichnis

3
SACH- UND STICHWORTVERZEICHNIS

Bildnachweis

U1 Getty Images (Alexander Spatari), München; **13.1** iStockphoto (Rakoskerti), Calgary, Alberta; **17.1** iStockphoto (1001nights), Calgary, Alberta; **19.1** iStockphoto (Andrea Leone), Calgary, Alberta; **20.7** Fotolia (Birgit Reitz-Hofmann), New York; **22** iStockphoto (Turnervisual), Calgary, Alberta; **32.1** Fotolia (markus_kubbutat), New York; **43.1** Shutterstock (Edw), New York; **51.1** iStockphoto (SallyLL), Calgary, Alberta; **54.1** Getty Images (triloks), München; **58.1** Shutterstock (Ollyy), New York; **62.1** Getty Images (FatCamera), München; **69.1** iStockphoto (Don Bayley), Calgary, Alberta; **76.1** iStockphoto (Sergey Tumanov), Calgary, Alberta; **83.1** iStockphoto (fabphoto), Calgary, Alberta; **94** iStockphoto (paul kline), Calgary, Alberta; **102.1** Shutterstock (Marco Saracco), New York; **118.1** Getty Images (Pheelings Media), München; **124** iStockphoto (pidjoe), Calgary, Alberta; **129.1** Fotolia, New York; **132.1** iStockphoto (blueflames), Calgary, Alberta; **138.1** Fotolia (Kivrins Anatolijs), New York; **141.1** iStockphoto (killerb10), Calgary, Alberta; **150.1** Thinkstock (Purestock), München; **170.1** Shutterstock (Rido), New York; **177.1** iStockphoto (Jeff Edney), Calgary, Alberta; **177.2** Shutterstock (Syda Productions), New York; **177.3** Thinkstock (Fuse), München; **177.4** Fotolia (Rido), New York; **179.1** iStockphoto (uniseller), Calgary, Alberta; **182.1** iStockphoto (ynamaku), Calgary, Alberta; **192.1** Fotolia (Sanneberg), New York; **200.1** iStockphoto (Lowryn), Calgary, Alberta; **210.1** Fotolia (Kalani), New York; **222.1** iStockphoto (diane39), Calgary, Alberta; **229.1** Getty Images (Goodshoot), München; **235.1** Adobe Stock (gudkovandrey), Dublin; **248.1** Fotolia (MNStudio), New York; **263.1** iStockphoto (lillisphotography), Calgary, Alberta; **268.1** iStockphoto (Ewald Grabenbauer), Calgary, Alberta